U0074301

心一堂　武學傳承叢書

武當張三丰承架太極拳

李萬斌　著

Śūnyatā

書名：武當張三丰承架太極拳
系列：心一堂　武學傳承叢書
作者：李萬斌
責任編輯：陳劍聰　潘國森

出版：心一堂有限公司
地址／門市：香港九龍尖沙咀東麼地道六十三號好時中心LG 六十一室
電話號碼：+852-6715-0840　+852-3466-1112
網址：sunyata.cc
publish.sunyata.cc
電郵：sunyatabook@gmail.com
網上書店：http://book.sunyata.cc
網上論壇：http://bbs.sunyata.cc/

版次：二零一五年四月初版
平裝

港幣　二百二十八元正
定價：人民幣　二百二十八元正
新台幣　六百九十八元正

國際書號：ISBN 978-988-8316-60-1

版權所有　翻印必究

香港及海外發行：香港聯合書刊物流有限公司
地址：香港新界大埔汀麗路三十六號中華商務印刷大廈三樓
電話號碼：+852-2150-2100
傳真號碼：+852-2407-3062
電郵：info@suplogistics.com.hk

台灣發行：秀威資訊科技股份有限公司
地址：台灣台北市內湖區瑞光路七十六巷六十五號一樓
電話號碼：+886-2-2796-3638
傳真號碼：+886-2-2796-1377
網絡書店：www.bodbooks.com.tw
台灣讀者服務中心：國家書店
地址：台灣台北市中山區松江路二〇九號一樓
電話號碼：+886-2-2518-0207
傳真號碼：+886-2-2518-0778
網絡書店：http://www.govbooks.com.tw/

中國大陸發行・零售：心一堂書店
深圳地址：中國深圳羅湖立新路六號東門博雅負一層零零八號
電話號碼：+86-755-8222-4934
北京地址：中國北京東城區雍和宮大街四十號
心一店淘寶網：http://sunyatacc.taobao.com

目錄

第一章　劉會峙老師與武當張三丰承架太極拳的傳承

武當張三丰繼承架太極拳，爲張三丰祖師所創，明朝、山西人王宗岳繼承了張三丰太極拳，完整地傳授給了河南溫縣的蔣發。

蔣發將此武當太極拳在溫縣趙堡鎮和陳家溝一帶發揚光大，現已形成了趙堡、陳溝、武式、楊式、吳式、孫式、李式、常式等等的太極拳學派。但當時，蔣發還是主要傳授了趙堡鎮的邢西懷。由此，此拳在當地代代相承，至今不絕。

邢西懷傳張初臣、張初臣傳陳敬柏、陳敬柏傳張宗禹、張宗禹傳張彥。到此，武當太極拳已在趙堡鎮完完整整的相傳了六代。

張彥先生被當地人稱爲「神手張彥」，其拳技功夫已到了神妙莫測的程度。張彥傳其子張應昌和愛徒陳清萍、張應昌傳張汶、張汶傳張金梅、張金梅傳張敬芝。這一張姓多代相傳，在趙堡鎮被稱爲張家拳，也可以說是直系嫡傳吧！

張敬芝晚年和本鎮侯春秀一家人過往甚密，隨將此武當太極拳，全盤傳授給了侯春秀先生，此係即爲張三丰太極拳繼承架。

侯春秀先師於抗戰期間，遷居陝西西安，從上世紀六、七十年代開始，侯先生利用業餘時間，傳授了許多人，本太極拳的傳承人劉會峙先生，就是其中的佼佼者，乃侯先生的入室弟子。

劉會峙先生，中共黨員，大學學歷，中國當代著名武術家，武術理論家，武當張三丰太極拳第十四代傳人，他不僅全盤繼承了老師口傳心授的秘訣，是養生健身的極大受益者，也是武當張三丰太極拳法的積極倡導者、耕耘者和奉獻者。先後著有《武當趙堡傳統三合一太極拳》、《武當養生長壽功（亦稱武當內養採光功）》、《武當張三丰太極拳》、《武當張三丰三十六式簡化太極拳》，現爲陝西省文化廳離休幹部。

一九三零年六月二四日，劉會峙先生出生在武當山下、青山港一個文武世家。武當山以道家內家拳法聞名於世，在中華武林中享有「南武當，北少林」之稱譽。劉會峙先生的家庭世代承練武當拳法，其父劉仲芳一生雖以私塾和行醫爲業，但崇文尚武，練功不輟，深諳內家拳法，就是一位身懷內家絕技的高手。清末，一位武當山道長傳授給他武當內家拳法，深得真諦，其身懷絕技而不露。

劉會峙先生在武當背景和父輩崇文尚武環境的熏陶下，五歲起即隨父習文練武，站樁功、轉八卦、修內養採光功和養生長壽功、練太極十三勢等武當內家拳法和功法。三九嚴寒，雨天雪地，十年不輟。

由此，告別了體弱多病的童年，進入了精力旺盛、朝氣蓬勃的少年。在教拳學藝時，其父注重其品德教育。談及此事，現已年逾古稀的劉會峙老師仍十分感慨。幼時，其父在他房間裏，書寫條幅作爲座右銘：

其一：涵養怒中氣，提防順口言，當心忙裏錯，愛惜有時錢。
其二：言出如箭不可亂發，一入人耳有力難拔。
可以說，父親留下的座佑銘，伴隨著他度過了幾十年平安的生涯。這種樸實無華的爲人之道，表面上看，明顯烙有那個時代的印記。

其實，這蘊含有道家深刻的哲理——中和。《道德經》曰：「中氣以爲和」。

正是幼年受到家庭習文練武、修養重德的良好教育，才奠定了他人生的良好基礎。勤學苦練，練就了一身扎實的武功。一九四八年，他十八歲參加革命，考入革命幹部學校——陝南公大行政高級系。同年五月參加中國人民解放軍。

劉會峙先生一九四九年畢業於陝南公大行政高級系，同年五月參加中國人民解放軍，歷任分隊長、隊長等職。在部隊期間，一九五二年曾爲郭沫若所寫《消滅細菌戰》一劇譜曲作主題歌，爲全軍所用。一九五五年轉業到陝西省文化局工作，曾任文化藝術團體接待辦主任。在陝西省文化局工作期間，他曾多次被評爲「先進工作者」、「模範幹部」。文革期間，被下放到陝西洋縣白石公社勞動期間，被群衆譽爲「焦裕祿式的幹部」、「毛主席派來的好幹部」，被評爲「學習毛主席著作先進代表」和「先進工作者」，一九七零年出席了該縣召開的學習毛主席著作先進分子代表大會，受到縣委的表彰。從陝西省文化局離休後，多次被評爲模範離休幹部，受到局黨委的表彰和獎勵。

一九七三年，他步入不惑之年不久，當時仍處在文化大革命的浩劫年代，深受惡劣生活環境和痛苦心境的雙重折磨，使他身體病變接踵而來，先是患雙眼球後視神經炎，視力急驟下降。右眼十．十二，左眼十．十六，手掌放在眼前竟分不清五指，雖經著名眼科大夫醫治，仍收效甚微……

這時，他在萬分焦急中突然想起父親傳授的武當內養採光功，於是便在病榻上練了起來。後來，又在家人的照顧和幫助下，到蓮湖公園習練，經數月練功，視力恢復很快。後來雙目視力竟奇迹般達到一．五（至今看書寫字都不用戴眼鏡）。

但，禍不單行，當視力還未完全恢復時，又發生腦意外，不幸中風失語。在醫藥治療的同時，他又想到了父親傳授的武當養生長壽功，隨即又在病床上又練起了武當靜功和臥功。經三個月的時間，便使他能够離開病床，沿著床邊站立起來能行走了，這也真是奇迹啊。

一九七四年，當他在西安革命公園繼續堅持鍛煉時，他幸遇了一位民間隱士，這就是西安武當趙堡太極拳第十三代宗師侯春秀先生。并拜其爲師，潛心靜志，朝夕操習，深研不輟。

他爲人勤勉忠厚，深得侯先生的器重和賞識。經一段時間的考察，侯春秀宗師覺得劉會峙天資聰穎，敏而好學，確係——忠孝知恩者、心氣平和者、守道不失者、始終如一者。其完全符合「可將全體大用之功，授之於徒」的條件，遂接納其爲武當內家拳入室弟子。

經老師多年的耳提面命，心傳口授，劉會峙先生已盡得全體大用之功。由此可知，武當真傳往往是擇徒而傳，據說有「寧可失傳，不可誤傳」之誡律。

侯春秀宗師根據劉會峙潛心靜志，躬行不輟，習練拳功的進展情況，不斷地單獨教誨，將其神妙莫測、精奧無窮的武當太極拳上、中、下三盤秘技、明暗腿之八法秘訣和無形無象、全身透空的哼哈二氣絕技，全盤傳授給他。還把他多年秘藏的文獻資料出示給他，使他成爲了能全面掌握張三丰太極拳繼承架、拳、功的一代傳人和大師。

但凡與劉會峙老師接觸過的記者、武林同道、學生等等，都被他那誠摯忠厚、謙遜隨和、平易近人、名人不玩「派頭」的品德，以及尊師重教、繼承和發揚張三丰太極拳的真誠赤熱之情所打動。正因如此，他才能成爲登堂入室的武當真傳弟子。

一九八七年劉會峙應邀參加武當山首屆武術擂臺賽，他把鮮爲人知的張三丰太極拳繼承架生動地展示給觀衆。并在當年的《武當》雜志第一、二期上發表了他所奉獻給家鄉的「武當趙堡太極拳的源流及特點」論文和武當趙堡傳統三合一太極拳七十五式圖解，并首次向世人公佈了武當張三丰太極拳歷代傳承譜系。該譜系上至開山祖師張三丰，下至人們所熟知的當代著名太極拳家，這是我國武術史上前所未有的壯舉。他以精湛的太極拳在這次擂臺邀請賽上榮獲了表演獎。一九八八年在陝西省文化系統運動會上他又奪得太極拳冠軍并獲得一等獎。

劉會峙先生以發揚光大武當內家養生功和武當太極拳爲己任，數十年來，一心撲在太極拳和武當內養氣功事業上，以他習練五十多個春秋的實踐經驗，寫成了專著《武當趙堡傳統三合一太極拳》，於一九九一年三月山陝西科學技術出版社公開出版發行海內外。同年，他應邀回武當參加第二屆中國湖北武當文化武術節，并向家鄉奉獻出專著《武當趙堡傳統三合一太極拳》，并獲得了優秀獎。他將其父秘傳給他的道家秘珍《武當內家養生長壽功》（即武當內養採光功）整理成文，一九九零年在武當召開的首屆「武當內家功理、功法論文研討會」上，獻給了武當故鄉，并由《武當》雜志公諸於世，這是劉會峙先生對中華武術和氣功事業的又一貢獻。鑒於劉會峙先生在武術氣功事業上的突出成就，中國大百科專家人物傳記編輯委員會和中國書林編譯中心將劉會峙先生的事迹收錄進《中國大百科專家人物傳集》一書，該書於一九九七年十月以中、英兩種文字由中國人事出版社出版發行國內外。隨後，劉會峙先生的事迹先後被載入《中華武術大詞典》、《中國民間武術家名典》、《中國當代氣功名人辭典》、《天涯海角鄖陽人》、《中國大百科專家人物傳集》等辭書。榮獲二十世紀中國知名專家稱號。進入新世紀後，他的事迹又被載入由中國國際交流出版社，世界科技出版社出版的《世界優秀專家人才名典》、榮獲世界優秀專家稱號，其事迹還被中國精神文明大典編輯委員會以「民族的輝煌、華夏的驕傲」爲主題載入由中共中央文獻出版社出版的《中國精神文明大典》，鑒於劉會峙同志爲中華民族的偉大復興所做出的突出貢獻，經中華名人系列叢書編輯部專家評審，被授予「中國百佳名人」榮譽稱號。榮獲世界武林聯盟武林長老團長老榮譽稱號。

劉會峙先生所奉獻的《武當內家養生長壽功》由清末一位曾在武當山玉虛宮修煉的道長傳給劉會峙先生的父親，後山其父秘授於他，該功法對人體之神經、心血管、呼吸、消化等系統有很好的保健治療作用，特別是對各種眼疾顯著的療效。通過練習這套功法，可以達到强身健體，益智益壽，袪病延年的目的。一九九零年該功法經《武當》雜志首次披露後，《中國長壽》雜志、《中國老年報》等報刊也相繼做了報道，并在全國各地引起了强烈的反響，廣大眼疾患者紛紛寫信給《武當》雜志和《中國老年報》社，要求學習這套功法和索要習功資料，收到的來信達六千餘封。在那些年裏，劉會峙先生應陝西省氣功協會、中國老年報社、陝西省氣功科學研究會的邀請，舉辦了多期全省和全國範圍的《武當內養採光功》面授班，廣東、廣西、湖北、四川、江蘇、陝西、寧夏、深圳等省市也先後邀請他講學授拳、授功。他支持《武當》雜志社舉辦全國性的函授班，所有學功者都收到了良好效果，使許多斜視、弱視、散光、近視眼疾患者，逐漸恢復了一雙雙明亮的眼睛。如原西安百花食品店幹部黨修榮患青光眼，手術後因勞累過度，左眼底出血引起血管堵塞，二次手術後左眼完全失明，練功四個月後失明之眼重見光明，現兩眼視力恢復到十．一五和十．四。陝西省新聞出版局幹部焦思聰，一九八八年患何傑氏惡性淋巴瘤，一九八九年開始練功，歷時一年零十個月就康復重返崗位。陝西的李應中先生患青光眼，雙眼視力下降至十．四，在用藥物治療的同時，練習此功僅兩個月，就取得了顯著療效。女學生張華，原患哮喘病、體弱怕冷，冬季不敢出門，疾患影響了她的學業，練習此功半年後，哮喘病未再復發，她也順利完成了大學學業，并走上了新的工作崗位。《武當內養採光功》的奇效引起了醫學界的關注和興趣，有的眼科專家已表示原意與劉會峙先生合作，對此功法進行深入研究。爲了更好地推廣《武當內養採光功》，一九九二年十二月，在西安市科技館舉行了「武當內養採光功研究會」成立大會，劉會峙先生任主任，陝西省人大副主任毛生銑出席講話并擔任研究會名譽主任。在這次成立大會上，劉會峙先生還正式接收了當時在西北大學任教的日本籍教師町田勝重先生和山中倭子女士爲徒，會上舉行了拜師儀式，兩位日本弟子按照中國傳統，向劉會峙先生遞交了拜師帖。

劉會峙先生在武當太極拳上的成就廣爲世人稱道，他除收徒授拳外，還擔任中國武當拳法研究會顧問、西北大學習武會名譽會長、西北大學氣功協會顧問、西北工業大學武術協會顧問、陝西省氣功科學研究會文獻委員會委員、西安形意八卦散手研究會副會長、西安武當趙堡太極拳研究會副會長、西安市武術協會委員兼教練。特別值得一提的是，劉會峙先生的《武當傳統趙堡三合一太極拳》一書，是該派太極拳第一部文字著作，該書出版後，引起了中國武術界極大的關注和讚譽。

武當張三丰承架太極拳，是明代張三丰祖師在武當山修煉期間所創太極拳的繼承架，它完整的保留了張三丰祖師所創三合一（即拳架、推手、散手三者融於拳架之中）太極拳術的特點，最具武當太極拳的傳統特色，它演練和運用上講究靜鬆正穩、均勻緩沉，輕靈圓活，冷脆快狠，尤以二十四法中之下盤秘腿八法爲其獨有。在一九八五年舉行的西安國際武術邀請賽上，劉會峙先生與西安形意八卦散手研究會的趙文華、孫豹隱、傅文璽、黃國竟等人與外國朋友進行了武術交流，劉會峙先生表演了他承傳的武當張三丰承架太極拳秘傳腿法絕技，英國、泰國、美國、西班牙、法國等國和香港、澳門地區的運動員和教練員觀看了他們的表演後讚嘆不已，得出了「中華武術的真諦在民間」的結論。數百年來，武當張三丰承架太極拳一直隱蔽流傳在民間，且只保持單傳，因此，瞭解它全貌的人極少。劉會峙先生演練起來，以意行氣，以氣運身，心靜體鬆，純任自然，中正安舒，不偏不倚，剛柔相濟，飄逸瀟灑。他和人推起手來，粘粘連隨，不丟不頂，輕靈圓活，勁道變化萬端，以柔克剛，順勢借力，連招串用，巧採妙拿，抖捌彈發，含而不露，捨己從人，引進落空，使對方在不察覺中失掉重心而栽跌。他運用起秘腿八法來，得心應手，異常自如，其哼哈二氣以靜制動的淩空發放功夫更是叫人高深莫測。

劉會峙先生不僅身懷絕技，而且非常注重太極拳理論的研究。在太極拳「順勢借力、引進落空、四兩撥千斤」的理論基礎上，劉會峙先生以他多年的太極拳實踐經驗，提出了「極限加一」的理論，從而豐富和發展了傳統的太極拳理論，使太極拳理論上升到一個新的科學高度。他認爲武學和氣功學是一種博大精深、玄奧奇妙的「道」，習練內家功即是修道，內家太極拳本身是道家哲學在養生技擊方面的實踐功夫。劉會峙先生還應邀爲許多武術、氣功刊物撰寫論文，《武當》、《武林》雜志都刊載了對他的專訪報道。

武當張三丰承架太極拳係武當張三丰祖師所創太極拳的繼承架，劉會峙先生爲了使武當內家太極拳正本清源，還其歷史本來面目，已把他所繼承的武當趙堡傳統三合一太極拳正式定名爲「武當張三丰太極拳」。并且把他所著的《武當趙堡傳統三合一太極拳》一書，經過修訂充實，正式改定書名爲《武當張三丰太極拳》，爲了便於推廣普及這套武當張三丰太極拳，他在武當張三丰太極拳傳統架基礎上，整理創編了《武當張三丰三十六式簡化太極拳》。這兩本書都已於二零零一年年完稿，於同年九月把它奉獻給了故鄉的武當拳法研究會和《武當》雜志社，并親手交給了武當雜志社劉洪耀社長。這兩部張三丰太極拳著作的出版面世，將使武當張三丰太極拳之花，盛開於祖國神州大地和世界五大洲。

第二章　太極花香飄四海　三丰創拳益五洲

——談太極拳祖師張三丰及其貢獻

隨著《武當》、《少年張三丰》、《太極張三丰》等一系列電影、電視劇的熱播，一代宗師張三丰的威名已如雷貫耳，盡人皆知，其輝煌燦爛的一生正如史載，受人敬仰。他所繼承、總結、集大成的創造了太極拳，使道家養生術發展爲技擊武術，進而形成全民養生、全球養生的運動，目前已成爲世界上流行最廣、影響最大的健身運動之一（據說世界上已有兩億多人在練太極拳），在多方面爲中華民族和世界人民的健康事業做出了巨大的貢獻，被譽爲全人類的「大賜恩物」。

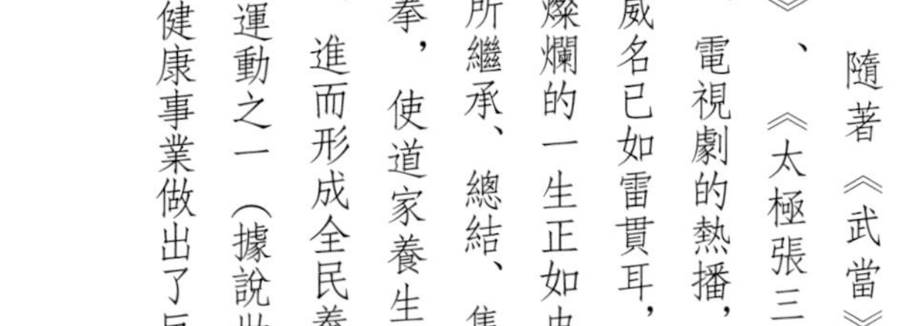

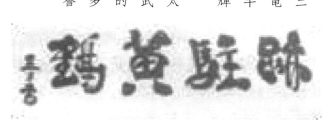

一、歷史上記載肯定張三丰的文獻有：

《明史·方伎傳》、《大岳太和山志》首次載有張三丰傳，幷載有湘獻王柏《讚張真仙詩》；《襄陽府志》作《張真仙詩讚》；《張三丰全集》作《太和山尋張三丰故居》；蜀王朱椿有《贈張三丰先生》與《送張三丰先生遨遊》二詩，《皇明恩命世錄》張宇初訪張三丰，有《命邀請真仙張三伻敕》、《再命尋訪張三伻》；《道家金石略》，作《贈張三丰書制》；《禪玄顯教編》記有張三丰事數則；英宗朱祁鎮《御賜張三丰銅碑》，碑首爲篆額，中爲誥文，下爲張三丰像；《大明一統志·仙釋》中，有幾處載有張三丰的事迹；《張三丰遺迹記》寶鶏縣金台觀有《張三丰遺迹記》一碑；《貴州圖經新志》在平越衛中有張三丰傳；《寧波府志》、《王征南墓志銘》、《内家拳法》、《張三丰全集·拳技》；《中國道教史》、一九八九年國家体委科研課題：《武當拳派源流、拳系及内容研究》。

二、史載張三丰遺物、詩、記、書、畫（書法、繪畫也造詣較深）的有：

姚福撰《清溪暇筆》、何宇度撰《益部談資》、周嘉胄撰《香乘》、武當山玉虛宮，有萬曆五年（一五七七）《重建仙樓碑記》、朱國楨撰《皇明史概》、寶鶏金台觀，知縣朱炳然刻石、范宗鎮《謁仙師張三丰洞》、王兆雲輯《白醉瑣言》、焦竑纂輯《獻徵錄·張三丰傳》、《棗林雜俎》有《張三丰食器》、《雲南通志》、《四川通志》、《同順慶僧遊巴岳》、《大岳太和山紀略》、黄朗生撰《嶗山志》、光緒間《銅梁縣志》、《金陵鎖事》、《岷州志》、《郴州總志》、《陝西通志》延安府，中部縣有「張三丰遺詩處，在軒轅廟側，玉皇廟東壁上。碑記元至正庚子（二十年一三六零），三丰手題。」張三丰《橋山祈仙台》詩：「披雲履水謁橋陵，翠柏烟含玉露輕。袞冕霞飛天地老，文章星煥海山青。巍巍鳳闕還仙島，渺渺龍車駐帝城。寂寞瓊台遺漢武，一輪浩月古今明」。吳延傑《題太平石張三丰遺像》、張三丰侗像，原在遇真宮供奉，現在武當山文管所，還有天順年銅像碑。在貴州平越衛，倒馬坡懸崖上的石刻張三丰像。張三丰自畫像保存到現在，是一件珍貴的文物，實值得慶幸。

三、史載張三丰軼事、武功的有：

《道統源流》：「好道善劍。」；

《大岳太和山紀略》明賈大亨御史《題太和山》：「邋遢劍光妍」；

《大邑縣志，張神仙祠堂記》：「仙自少膂力過人，善騎射」；

《邛州志》：「善騎射」；

《消搖墟經》：「手持刀、尺……日行千里，……久則猛獸不距，鷙鳥不搏，人益異之」；

《征異錄》亦謂：「手執刀、尺，……登山如飛」；

康熙年間田雯《古歡堂集》中有《三丰道人壁影歌》：「……熊經鳥伸訣自秘……長生思假六禽

戲……」；

大明天順六年（公元一四六二年），曾立碑於陝西省寶鷄市金台觀碑文：「……之行，足不履地，時人已異之」；

《明史·方伎傳》記：「永樂四年侍讀學士胡廣奏曰：三丰深通道法，拳技絕倫……」；

《征異錄》：「手執刀、尺，寒暑惟衣一衲……與論三教經書，則吐詞滾滾……或三五日，兩三月一食，然登山如飛」；

明談遷《棗林雜俎》記：隆平侯張信未顯時，三丰授以鐵錘，命其往擊山洞石磴，告知一、二下即斷，而張信竭盡全力，敲至七下方奏效。張信後爲永樂得力戰將，與三丰先師相較則不速遠甚；

山東《泰安縣志·仙釋》：「……多力，能移禪塔，人目爲張拉塔，或稱爲張邋遢」；

明鄭曉《今言》稱其「日行千里」；

明姚福《清溪暇筆》稱其「行及奔馬」；

《寧波府志·張松溪傳》記：張松溪，鄞人也，善搏，師孫十三老。其法自言起於宋之張三丰。

民國間，河南省國術館館長陳泮嶺說：河南溫縣趙堡鎮太極拳，係師承懷慶溫縣蔣先生發，蔣生於明萬曆二年，學拳於山西太谷縣王林楨，王之師曰雲遊道人，有歌曰：「太極之先，天地根源，老君設教，宓子真傳。宓子而後代有傳人，因姓氏未傳，不克詳征。至三丰神而明之，發揚光大，號曰武當派」（見杜元化著《太極拳正宗・陳序》）。

四、張三丰的著作有：

張三丰的傳世之作頗豐，大多是其雲遊時留下的墨寶詩文，關於指導練功養生方面的著作多見於太極拳著作和《張三丰全書》。許多太極拳家及著作認爲有「張三丰太極十三式」其總論、總歌、手法圖等。如《張三丰金丹節》、《金丹小成》、《金丹直指》、《修養保身秘法》、《金液還丹捷徑口訣》、《金丹秘旨》、《丁道歌》、《無根樹詞》、《金丹節要》、《金液還丹歌》、《大道歌》、《煉鉛歌》、《地元真仙了道歌》、《瓊花詩》、《青羊宮留題》、《無根樹》、《三丰丹訣》、《金丹節要》、《張三丰全集》、《三丰先生本傳》、《張三丰外傳》、《重陽祖師十論》、《運用周身筋脈訣》、《打坐淺訓》、《打坐歌》、《積氣開關說》、《行功十要》、《行功十忌》、《行功十八傷》、《大道論》、《安樂延年法》、《長生不死法》、《超凡入聖法》、《歸源論》、《煉丹大候說》、《服食大丹說》、《聖母靈胎訣》、《制鉛秘訣》、《制銀秘訣》、《制砂秘訣》、《制汞秘訣》、《金精陽炁論》、《金火論》、《九轉龍虎金丹》、《火丹起手秘訣》、《金火論》、《大丹起手秘訣》、《長命金丹》、《煉丹歌咏》、《金丹詩》、《續金丹詩》。

《張三丰太極練丹秘訣》、《太極拳論》、《學太極拳須斂神聚氣論》、《太極行功說》、《太極行功歌》、《太極拳歌》、《太極拳十三勢行功心解》、《太極長生訣》、《太極拳七十二圖勢》。

五、黃宗羲提出了張三丰創拳說

顯而易見，張三丰博學多才，深諳民間拳法與道教經典，在武當這一聖地和特殊的客觀需求下，吸取外家動功動作，在保留技擊因素的前提下糅合道家內丹氣功精髓，改造爲以內丹爲體、技擊爲用的獨特運動體系和形式，對太極拳作出了集大成的貢獻。所以，著名史學家黃宗羲提出了張三丰創拳說。

三百多年前黃宗羲在《王征南墓志銘》中寫道：「少林以拳勇名天下，然主於搏人，人亦得以乘之。有所謂內家者，以靜制動，犯者應手即仆，故別少林爲外家。」宗羲子黃百家在《內家拳法》中說：「自外家至少林，其術精矣。張三丰既精於少林，復從而翻之，是名內家，得其一、二者，已是勝少林。」這些觀點和論斷，不僅是太極拳史的，而且也爲武術區分內外的認識，提供了早期文字依據。

太極拳是由太極十三勢加上呼吸吐納而組成的。十三勢即八門五步，八門爲掤、攌、擠、按、採、挒、肘、靠八種手法，相應於易象八卦和空間平面八個方位，五步即進、退、顧、盼、定五種步法，相應於五行。

《王征南墓志銘》寫道：「三丰之術，百年以後，流傳於陝西，而王宗爲最著。溫州陳州同，從王宗授之，以此教其鄉人，由是流傳於溫州。嘉靖間張松溪爲最著。」以後流傳有緒，較爲確切（至王征南）。應該說王宗開始「所謂內家者，以靜制動……」的內家拳法，是實戰的武術。而張三丰到王宗，是由十三勢到武術的階段，處於內功術和武術結合過程之中。由此時間推看，張三丰是宋代人；黃宗羲父子的記載也是如此。張三丰制訂了十三勢，也是有根據的。太極拳流傳至今的最爲古風式的拳論爲：「長拳者如長江大海，滔滔不絕者也；十三勢者，掤、攦、擠、按……原注云，以上係武當山張三丰祖師所著，欲天下豪傑，延年益壽，不徒作技藝之末也。」這明確指出十三勢與張三丰的關係，其他文獻資料的內容與時代均與此若合符契，可資相互印證。

張三丰爲「武當丹士」，從明成祖永樂皇帝口中，也可以看到張的丹功水平。《成祖賜張三丰書》有：「真仙道德崇高，超乎萬有，體合自然，神妙莫測」（以上所引均見《續修大岳太和山志》卷五）。這裡有理論水平和思想修養的描述（「道德崇高」），也有內外功水平的讚頌（「超乎萬有」，「神妙莫測」），特別值得注意的是「體合自然」，形體怎麼能高度符合自然運動規律呢？就不僅是靜功，而要有動功的形體鍛煉，即由分解動作到繁難的武功。「體合自然」正是太極拳自始至終由低到高的原則，太極拳歷代名師的拳論和口授的「自然」要求也決不是從成祖詔書中抄襲或附會來的。

人們很有興趣地閱讀香港金庸先生的小說「射雕」三部曲：《射雕英雄傳》、《神雕俠侶》、《倚天屠龍記》，《倚》書把張三丰寫成精於太極武功卓越的人物，宋氏太極拳譜中記載的人物如宋遠橋、俞蓮舟……以及張松溪都給以有血有肉的形象。

其實在武當山從古至今，歷來就有道士們習武的傳統，而且從來就沒有中斷過。

清光緒六年，李亦畬所作《太極拳小序》開宗明義就說道：「太極拳始自宋張三丰，其精微巧妙，王宗岳論詳且盡矣。後傳至河南陳家溝陳姓，神而明者代不數人……」

太極拳作爲武當內家拳的一個組成部分，作爲武當山道士張三丰所創造和傳播的道家功夫，在當今某些流派所繼承下來的傳統太極拳內容裏，還可以找到其他的依據。清朝著名的太極拳家李瑞東先生隨其師兄王蘭亭學習太極拳術，藝成之後，又遇甘鳳池之曾孫甘淡然（字霈霖）先生，遂拜甘淡然爲師，得其「江南派」太極拳之傳。所謂江南派太極拳實爲武當「金蟾派」太極功之俗稱，此派內容十分豐富，拳法分爲文、武兩類，文架講「沾」、「粘」、「連」、「隨」之打法，武架講「離」、「粘」、「隨」之打法。其風格特點與陳系諸派大爲不同。李瑞東先生後來綜合了自己所得「河南派」、「江南派」、「陝西派」太極拳之精華，熔於一爐，創李派太極拳，形成了一個獨立的派別。李派除了有李瑞東先生所創的各種拳械套路以外，還繼承了許多傳統太極拳套路、器械、內功修煉和多種輔助功法。其中就有許多由李瑞東先生傳遞的內容，其中可以找到太極拳屬道家功夫以及張三丰創太極拳的證據。

六、張三丰的貢獻是太極「十三勢」

孟乃昌教授對張三丰頗有研究，曾先後發表了《張三丰考》、《內家武功與張三丰》、《張三丰對太極拳的貢獻》等論文，認爲張三丰的貢獻是太極「十三勢」。

「長拳者，如長江大海，滔滔不絕也。掤擺擠按，採挒肘靠，此八卦也，進步退步左顧右盼中定，此五行也。掤擺擠按，即乾坤坎離四正方也；採挒肘靠，即巽震兌艮，四斜角也。進退顧盼定，即木金水火土也。合之則爲十三勢也」。

十三勢就是八種手法和五種步法的總和，被認爲是張三丰提出來的，這個十三勢是太極拳創造的基本依據，并且是爾後歷來多次承認的依據。楊氏太極拳家藏拳譜抄本，把楊氏套路名稱順序，標題叫「十三勢」，李亦畲抄本武氏太極拳套路名稱順序，也叫「十三勢」。換言之，到了後來，十三勢即太極拳，太極拳即十三勢。這當然不是絕對雷同，而是辯證統一，講究樸素辯證法的太極拳時時是這樣認識的（比如「打手即是走架，走架即是打手」，并非二者同一）。此外兩種太極劍套路都叫太極十三劍，兩種太極刀套路都叫太極十三刀，槍或杆子的套路叫太極十三槍，戟的套路叫太極十三戟……。太極拳以自己民族傳統的認識，五行加八卦，處處强調十三（中國頗有一些十三數字的事物，如儒家有十三經，中醫分十三科；戲劇曲藝音韵用十三轍，五代有十三太保）。以上這些器械也都聯繫著十三勢，而十三勢聯繫著張三丰的名字。

爲什麼說十三勢是基本的出發點，是造拳的依據呢？原來各派拳架各式，分解開來無非是八種勁別、五種步法。「十三勢」拳論告訴我們，歷史上有過這麼一個階段，把符合太極拳要領（虛領頂勁，含胸拔背，沉肩墜肘，氣沉丹田，鬆腰吊襠……）的動作分解開來，提煉出要素式的「十三勢」。這篇拳論雖短，却非常好，非常重要。它是符合人類認識的正確途徑，有了這個分解的要素，再綜合起來，就變化萬千了。

太極拳源流史料已經向我們提供了宋氏太極拳三十七式，程靈說小九天，殷利亨後天法等。這些是十三勢產生的依據，用科技史術語來說，是原太極拳，或原始太極拳。承認張三丰，才能承認宋、程、殷，這是很長一段的太極拳前史

宋、程、殷氏套路（僅存名）的不同式名，曾被（別有用心的人）用來否定它們是太極拳，而有的相同式名也曾被當作否定的依據了。那就是宋氏太極裏的「手揮琵琶」，說者以爲這是楊氏太極，因爲後者有此式，陳氏太極無此名。而學者孟乃昌的看法是，這倒證明太極拳是唐代就有了萌芽的，楊氏太極命名不是清代時自訂的，而是陳氏口頭相傳給楊露禪未著文字的（這也不是推測，而有陳氏別支通背拳的手揮琵琶小套手可證陳氏原有），現在有了宋氏太極名目就提供了一種自古就有的證據；因爲關鍵不是名字，而是實質。手揮琵琶一式，左手前捌，右手後採的虛步式，不是明清和現代琵琶的拿法，而是唐代琵琶的拿法（據敦煌壁畫創作的《絲路花雨》還有反彈琵琶）。如果清代楊氏據形定名，怎麽也不會用考古的眼光給這個式子定成手揮琵琶。還有一個「攬雀尾」（相當於陳氏太極的懶扎衣，陳鑫叫攬擦衣，通背拳叫攬插衣），現在據宋氏太極和程氏太極都有「攬雀尾」，應該說也是有早期依據的。

獨立的宋氏太極拳在清末民初，以宋書銘爲代表人物的出現，也爲陳王廷非太極拳創始人提供了證明。說者以爲宋氏太極拳實即楊氏太極拳，這實在無需多加反證。試想當時的太極拳大師紀子修（楊露禪弟子），許禹生、吳鑒泉、劉思綬、劉采臣、姜殿臣，「動行皆冠於時」，在往謁宋書銘時與之推手，「皆隨其所指奔騰腕下，莫能自持」，敗於宋，因而諸師均拜於宋門下，執弟子禮。說者以爲宋氏太極即楊氏太極。若真如此，楊氏開基，僅有數傳，學自楊露禪，還是楊班侯、楊健侯、楊澄甫，豈能爲紀子修、吳鑒泉等所不知，文字能抄，功夫能拿麼？真是「彰彰之迹，豈容假借」。

二十世紀八十年代已經找到了一個武當太乙五行拳，亦稱武當太乙五行擒撲二十三式。據當時的傳人金子韜介紹：他在「一九二九年秋上武當，居紫霄宮七月有餘。從李合林道長習此拳。李稱此拳係明弘治年間（一四八三——一五一四年）由本宮龍門第八代宗師張守性，根據武當丹士張三丰『太極十三式』，并上溯漢末名醫華佗『五禽戲』及道門流派中吐納、導引、技擊等，融煉而成。」（金子韜演授，武漢市武協武當武術整理小組編寫：《武當太乙五行拳》，湖北人民出版社，一九八四年），金老先生無意附合太極拳（否則在套路動作中就這樣做了），也并不是爲研究太極拳源流而這樣說的，張守性時代上距張三丰鼎盛時代只有幾十年至百年，所以是較爲可信。而且可貴的是，不是說張三丰傳授，而是以張三丰的貢獻爲基礎編成的，而這個貢獻又正是「十三勢」。

現在的問題是《明史·張三丰傳》以及《太和山志》等提到張三丰都不明確說他會武術、創太極拳。

這個情況倒比較簡單。因爲「十三勢」拳論也說了，武術不過是那時候的末技，「技藝之末」。治史修志諸衆都是封建社會的文人學士，對於一切技藝一般地採取漠視態度，尤其是真正的技藝，個別地方還流露出沾到技藝趕緊縮回去手的心情記述，可見確有清規戒律在。我們可以反問一句：正史和官修志書又寫過幾個武藝精通的人物，或幾個人物的精湛武藝呢（不是指軍事指揮）？試看：即使《太極拳秘譜》或《太極拳宗譜》裏的張三丰傳，也只是在傳記的末尾提一筆太極拳，因爲這也是文士之筆寫成或修訂的。這種寫法不是更强的證明嗎？封建文人對技藝實際也分了個三六九等，對醫卜星相、對內功（內丹氣功）要重視一些，武術確實被當作「技藝之末」，因爲前者畢竟屬芳心，後者畢竟屬勞力。現在就說內功，這一點所謂「武當丹士」、所謂張三丰擅內功，記載是較普遍的。有的不僅說到內丹，還說到外丹，點鐵成金，張三丰的徒弟沈萬三，靠外丹術致富，助修南京城等（英國著名學者李約瑟在《中國科技史》五卷三分卷英文原著引用及此，并在醫學分卷中討論張三丰和太極拳）。

說道家內功氣功，就自然聯繫到動功太極拳。太極拳從它的要領（虛領頂勁，沉肩墜肘，含胸拔背……）看，是氣功，由於它作外形運動，所以是動功。這裡就有了動功和靜功的關係，練太極拳要不要練氣功等有現實意義的問題。從道家內丹術看，第一階段都要「築基煉己」，然後才能練內丹（靜功）·動功是靜功的基礎，也是練功夫的入門正路。第一步就是做到體柔，也就是太極拳說的全身放鬆（放鬆不是放空，不是鬆弛、鬆懈）。通過動功打下基礎，一旦上坐去練靜功，順理成章，那真可保證所謂限期次第達到各階段的圓滿功夫。這個動功可以是太極拳或別的動功，其實并不需要太極拳那樣複雜的動作，五禽戲、八段錦或釋家的易筋經都可以。但都不應該只是「空架子」，而應該有拳勢呼吸，效果就大不相同了。

只要張三丰擅內功靜功（這一點是歷史文獻所肯定的），他就走過初步功夫動功這一步，也就有了創造或總結太極拳十三勢的可能。十三勢只是比五禽戲、八段錦更傾向於武術，但其形式和實質都是典型道家的（任自然，主虛靜，返璞歸真的練法和指導思想）。這是非常重要的一點。太極拳這種道家功夫拳，可以由沒有道教宗教信仰的，以及也不研究道家學術思想的武術家所掌握，但拳種本身必有其道家內在根源，二者并無矛盾，是無可置疑的。另外，道家和釋家都有自己的武術傳統，這也應考慮進去。張三丰所以成爲不大不小的名人，所以够得上充當威震四海的永樂所表面上追尋的目標，是以張三丰道行亦即內功水平而不是道教理論說教爲基礎的。他的功夫高於同時代的其他人，才使他當時名氣最大，也使他成爲總結內功基礎功夫：「十三勢」最適合的人（我們也可試想一下，他只是一個不懂內功而念經比別人念得好的道士，這可能嗎？），元末明初的張三丰總結了「十三勢」成爲出發點的依據和判斷的標尺，時期上也是不早不晚正合適的。太極拳史并沒有把「十三勢」的總結推到漢、唐，表明是忠實於歷史的。

應該一提的是，太極拳功夫不僅是練套路，重要的還在於名家所介紹的各式單練、八門手法的單練，這在宋氏太極拳論中有叙述，看來也是張三丰十三勢原係單練的遺迹，并且是一種練法上的好形式。因爲同樣作爲內功拳的形意拳，十二形和五行的單練就比較明顯。

七、張三丰太極拳的承傳

張三丰約百年後，傳承太極拳者，一爲陝西西安城東官廳人王宗；一爲山西太谷縣人王宗岳。王宗首傳浙江溫州陳州同，州同之後，代不乏人，到張松溪時，武當太極拳松溪爲最著，後人稱太極南派，亦有稱松溪派。山西太谷縣人王宗岳所傳太極流派後人稱北派太極。約在明嘉靖年間，一位武當雲遊道人教授王宗岳太極拳，道人未留姓名，亦未留道號，或爲張三丰，或爲張三丰之徒子徒孫……。明萬曆年間，王宗岳授太極拳於河南溫縣趙堡鎮之蔣發。蔣發學藝功成後將此技法傳給趙堡鎮邢喜懷和離趙堡鎮三五里的陳家溝村陳王庭。此二人各開支派。趙堡邢喜懷開趙堡派太極拳，歷代代表人物有張楚臣、陳敬柏、張宗禹、張彥、張應昌和陳清萍及武禹襄、張汶與和兆元及任長春、張金梅、張敬芝、侯春秀和鄭悟清、鄭伯英等。

武禹襄開武派太極拳，傳外甥李亦畬，李亦畬傳子李遜之和郝爲真。郝爲真傳子郝月如，月如傳子少如，故也有人稱武氏太極拳爲郝氏太極拳。郝爲真傳友人孫祿堂先生。

孫祿堂先生是清末武術大家，學貫太極、八卦、形意，并將它們的優點融爲一體，創出極有特色的孫氏太極拳。孫又開孫派太極，代表人物有孫存周、孫劍雲。

蔣發另一弟子陳王庭開陳派，陳氏太極拳代表人物有清代陳長興、陳有本、陳鑫；民國時的陳發科；近代的馮自强等。在十九世紀末二十世紀初，陳發科先生在北京廣傳陳氏太極拳，將陳氏太極拳推出河南，并迅速流傳全國。

陳長興後傳至楊祿禪，楊祿禪開楊氏太極拳，并多年在北京教授，創出柔中寓剛綿裏藏針的楊氏太極拳。楊氏太極拳的代表人物有楊祿禪的次子楊班侯、三子楊健侯。班侯傳侄楊少侯，健侯傳三子楊澄浦。楊氏太極拳鬆柔大方，是流傳最廣的太極拳流派。二十世紀五十年代國家体委以楊氏太極拳爲藍本改編出簡化太極拳，使楊氏太極拳在簡化爲二十四式後，更加適合於各類人群鍛煉，流傳也更爲廣泛。

楊祿禪再傳技於全佑。全佑，滿族人，老姓吳福氏，開吳氏太極拳，全佑傳子吳鑒泉。吳氏太極拳在南方多由吳鑒泉先生傳授拳架，在北方多由全佑先生的弟子王茂齋傳授拳架，南北呼應，使吳氏太極拳很快在全國流傳，成爲太極拳中的一個主要流派，并在東南亞廣爲流傳。吳氏太極拳代表人物有吳鑒泉、王茂齋、楊禹廷。吳鑒泉傳兒子吳公儀、吳公藻，女兒吳英華，女婿馬岳梁，弟子吳圖南。

這些前輩百花齊放，各領所長，逐漸發展演變成當今廣爲流行的太極六大門派。在所傳的六大派太極拳中，只有趙堡太極拳的傳承不是以家族或血緣的形式傳遞的。

不論哪一派太極拳，都遵從張三丰所立「欲天下豪傑延年益壽，不徒做技藝之末也」的主張。吳圖南活到一零五歲，鄭悟清活到九十歲，吳英華活到九十歲，馬岳梁活到九十七歲。還有傅鐘文、孫劍雲都活到九十多歲。還有些老前輩，雖然生活在社會物質和醫療并不發達、中國人的平均年齡還很低的時代，但普遍年齡都在八十餘歲，這些都證明張三丰的主張不是無根之語。這也是太極拳這一古老拳種在新時代能煥發青春的原因。

八、太極拳的輝煌風靡全球

太極拳是威力無比的搏擊術。與「外家拳」相比較，太極拳的搏擊方法有四大特點：一是太極拳下盤穩定、如樹生根，追求靜態平衡。二是太極拳注重內勁轉換的靈敏，依靠筋骨肌肉結構的內調發力。三是太極拳發出的力作用在物體上時間深長，穿透力强。四是太極拳搏擊時近身短打，與對方沾、粘、連、隨。

太極拳是行之有效的健身術。其防病治病、健體强身的作用與太極拳的特殊要領有關。一是肢體鍛煉。太極拳的每一個拳式既有精深的搏擊涵義，又有合乎生理的科學要求。二是意識鍛煉。習練太極拳套路，要求心靜如水，全神貫注，以意行氣，以氣運身，意到氣到，氣到力到，可稱之爲高級的意識鍛煉運動。三是呼吸鍛煉。太極拳採用腹式呼吸，使胸部寬舒，腹部鬆靜而又充實。

太極拳是獨樹一幟的養生術。太極拳在揚棄道家「內丹術」的基礎上，創造了太極拳內丹功，使太極拳在搏擊時具有了强大的爆發力和抗擊力，與此同時，還獲得了意想不到的養生效果。

太極拳是辯證哲理的實踐術。我國具有悠久的辯證思想傳統，在先秦哲學史上，辯證思想就形成了兩個比較完整的理論體系，一個是《老子》，一個是《易傳》。太極拳全面地承襲了《老子》和《易傳》的辯證法思想，程霊洗在《觀經悟會法》中云：「太極拳非純功於《易經》不能得。以《易經》一書必朝夕悟在心內，會在身中，超以象外，得其環中，有人所不知而已能獨知之妙。」王宗岳的《太極拳譜》更是一部通篇貫穿著中國古代辯證法思想的哲學文獻，他用中國古代辯證法思想推演太極拳理論，解釋陰陽、動靜、剛柔、快慢的關係，指導太極拳實踐，使太極拳成爲中國古代辯證哲理結出的豐碩成果。

太極拳在中國這塊土地上孕育、生長和發展，受到中華民族特有文化素養精深內質的熏陶，這是中國廣大人民群衆對太極拳有著不可替代的特殊情感的根本原因所在。

揮臂如棉裹鐵，無輕浮態。這是要求在進行太極拳套路鍛煉和搏擊、推手的時候，要沉肩墜肘，貫注內勁，不頂不丟。這一要領反映出中國人含蓄內向、外柔內剛的性格特徵，注重充實自我，增強自我，而不尚浮華，不嗜張揚炫耀，有傲骨沒有傲氣。行氣如九曲珠，無微不至。這是要求在進行太極拳套路和內丹功鍛煉的時候，心無雜念，精神專注，認真體悟氣的運行。這一要領反映中國人踏實、細緻、求真、務實的思想品質，做事情就要追求做得更好，做出成效，而決不自欺欺人。

運勁如百煉鋼，無過不及。這是要求在進行太極拳套路鍛煉的時候，架式工整到位，不用僵力，不丟掤勁。這一要領反映出中國人有著吃苦耐勞、堅韌不拔的精神，在遇到問題時，既敢於果斷處理，又留有充分餘地，善於全面準確地把握事物運動規律。

走架如行雲流水，無斷續處。這是要求在進行太極拳套路鍛煉的時候，慢中求靜，靜中猶動，式式相連，一氣呵成。這一要領反映出中國人對真、善、美境界的追求，熱愛和平、熱愛生活，與人爲善。

較技如雷似電，無堅不摧。這是要求太極拳在搏擊、推手的時候有人當無人，蓄勢如張弓，發勁如放箭，氣沉丹田，氣貼脊背，氣達四梢，瞬間爆發出巨大的力量。這一要領反映出中國人不畏强暴、敢於鬥爭、一往無前的堅强意志和英雄氣概。

太極拳以其神秘的內家拳法和獨特的技擊功效，使無數有志於武事者求之若渴。打遍天下無敵手，人稱「楊無敵」的太極大師楊祿禪，更是以自身的實踐和不爭的實力，使太極拳威名遠播，充分展示了太極功夫的風采神貌。稍後的武禹襄、李亦畬所創的武式太極也開始漸漸在上層社會和文人圈中流傳。上個世紀初，隨楊澄甫、郝爲真先生的極力弘揚和傳播，太極拳的影響進一步擴大，幷開始走出國門。這一時期的太極大師們注重苦練真功，幷竭力課徒授藝、傳教功夫，形成了楊、武兩大流派，名家輩出。楊祿禪、武禹襄、楊班侯、李亦畬、郝爲真、楊澄甫、楊少侯、吳全佑以及他們之後的無數名家大師，如群星爍空，不僅在武術界，同時在社會上産生了無與倫比的影響。許多其他拳派的名家大師在接觸到太極拳後，深感此術技高一籌，於是紛紛投奔名師，改學太極拳。這使太極拳的聲勢影響和隊伍實力更爲壯大和雄厚。他們大多用畢生的精力刻苦研練太極功夫，幷著書立說，推動了太極拳拳理拳法的發展和實際功夫的長進，共同創造了太極拳的鼎盛時代。

新中國成立後，太極拳的普及不僅通過傳統的民間方式傳承和流行，黨和國家領導人如毛澤東主席和周恩來總理等也都直接提倡推廣太極拳。早在一九五六年，國家体委就制定了規範的簡易太極拳套路，在社會上推廣。一九八七年，鄧小平親筆題詞：「太極拳好」，予以弘揚，極大地推動了太極拳的普及。因爲太極拳老少皆宜、姿勢優美、鬆靜自然、不擇場地的特點和系統而科學的鍛煉方法，已經被公認爲修養身心的最佳運動方式，這種局面的形成，歷代太極大師功不可沒。隨著現代社會的發展，人們的生活節奏和心理特徵都發生了很大的變化，太極拳所具有的高雅韵致、豐富內涵和勻緩的節奏以及在强身健體、修身養性等方面的特殊功效，越來越被更多的人們所認識和喜愛。如今，形成於世界東方的太極拳已經成爲世界人民健身、修心、養性的需要，并在全球物質文化交流加快的大背景中，開始真正地風靡全球了。

「二十一世紀的世界將是太極拳的世界」，已經成爲衆人的共識。

參考資料：

1、《武當拳之研究》江百龍主編，北京體育大學出版社，一九九二年七月第一版．

2、《太極拳與科學健身》席庸著，西安交通大學出版社，二零零四年十一月第一版．

3、孟乃昌「張三丰考」《武當》雜志一九八七．一——二期．
4、孟乃昌「張三丰對太極拳的貢獻」《體育文史》雜志一九八七．一期．
5、孟乃昌「內家武功與張三丰」《體育文史》雜志一九八七．二期．
6、李劍方「遍地桃花水仙源何處尋一談太極拳的普及與太極功夫」《武林》二零零五．十期．
7、互聯網：

①張三丰確有其人
②張三丰簡介
③張三丰遺物
④張三丰創太極拳的證據
⑤張三丰太極煉丹秘
⑥正宗太極拳源流
⑦太極拳歷代祖師和傳人經典拳論

第三章 太極拳源流新探

在中華武術史上，太極拳不但是著名的拳種，而且是一個較大的門類，研究它的歷史源流有助於瞭解中國武術發展史，揭示太極拳在技擊、健身以及訓練方法上的奧秘，更好的繼承和發揚民族文化的優秀遺產。

北崇少林，南尊武當。太極拳即武當內家拳。正如著名太極拳研究專家顧留馨指出：「太極拳是中國武術著名的拳種之一，屬短打型的內家拳。」關於內家拳的源流，明學者黄宗羲在《王征南墓志銘》中明確肯定「起於宋之張三丰」。一九三零年武術史學家唐豪先生在《少林武當考》一書中也認爲，張三丰爲內家技擊之祖者，李瑞東在《太極拳譜·序》中所講：「本門乃張三丰祖師內家嫡派真傳，後有宗譜可證」。均是言而有據的。

傳統的說法認爲太極拳由張三丰所創。張三丰傳王宗岳，王又傳蔣發，蔣隨王學拳七載，悟太極真諦，蔣先師又將武當太極傳至河南溫縣趙堡鎮的邢喜懷與陳家溝的陳王廷，從此，武當太極拳在趙堡鎮與陳家溝扎根落戶，代代相傳。後來并由此而衍生出楊、武、吳、孫、李諸家太極，即被稱爲太極北派。

近年來，關於太極拳爲何人所創及承傳關係有了進一步的研究確認：

陳王庭不是中國太極拳術的創始人。

王宗岳的太極拳早於陳氏族人所沿襲的太極拳。

原來陳溝的兩種打手歌均是由王宗岳《打手歌》轉化而來的。陳溝的四句《打手歌》之所以少兩句，那是由於陳氏族人當時未能得全之故。

王宗岳傳蔣發。

蔣發把太極拳術傳給了陳氏族人之後，陳氏族人們結合自身實踐加以改進、創新，從而形成風格獨特的陳氏太極拳。

從上述可見，在太極拳史上，蔣發是一位具有豐功偉績的顯赫人物，他對太極拳的承傳和發揚，做出了卓著的貢獻。有關他的傳拳情況，各派太極拳歷代傳人均有記載。今年是蔣發先師誕辰四百一十七周年，因而開展對蔣發問題的學術討論，將有深遠的歷史意義和現實意義。

蔣發，河南溫縣趙堡鎮小留村人，生於明萬曆二年，即公元一五七四年，曾赴山西太谷縣（有說爲山西晉陽縣）隨王宗岳（諱林禎）學藝，得太極真傳，技藝超群，名聞鄉里。明萬曆三十二年（一六零五），蔣發把武當太極拳始傳於趙堡街的邢喜懷，後傳給陳家溝人陳王庭。

民國廿四年（一九三五），河南開封出版了杜元化（字育萬）先生所著《太極拳正宗》一書。該書作爲當時河南省國術館太極拳的教科書（石印本），因限內部使用，故流傳極少。但該書在太極拳的源流及有關理論方面，卻給我們提供了很有參考價值的史料。

《太極拳正宗》首頁便是當時河南省國術館館長陳泮嶺先生爲該書所作的序言，其中寫到：「河南溫縣趙堡鎮之太極拳也，余觀其拳係師承懷慶府溫縣蔣先生發。蔣發生於明萬曆二年，學拳於山西太谷縣王林禎。王之師曰：『雲遊道人有歌曰：太極之先，天地根源，老君設教，宓子真傳。宓子而後代有傳人，因姓氏未傳，不克詳征，』至三丰神而明之，發揚光大，號曰武當派。」

該書之「太極拳溯始」曰：「余先師蔣老夫子，原籍懷慶溫縣人也，生於大明萬曆二年，世居小留村，在縣之東境，距趙堡鎮數里之遙，至二十二歲，學拳於山西太原太谷縣王老夫子諱林禎，事師如父，學七年，禮貌不稍衰，師亦愛之如子。……歸家後，其村與趙堡鎮相距甚近，趙堡有邢喜槐者，素慕蔣老夫子拳術絕倫，因素無瓜葛，無緣從學，每逢蔣老夫子到鎮相遇，必格外設法優待，希圖浹洽，意在學拳。如此，蔣老夫子閱二年之久，見其持己忠厚有餘，待人誠敬異常，察知其意，如以此術傳之，其中奧妙無不盡泄。其後，有張楚臣者，邢先生之同盟弟也，想其人不卜必端，所以，邢先生又盡情授給之。張楚臣先生原籍山西人也，杌在趙堡鎮以開鮮萊鋪爲業，後駿發，改作糧行，察本鎮陳敬柏先生人品端正，凡事可靠，所以，將此術全盤授之。其後，陳先生欲擴張此術，廣收門徒至八百餘，能得其一技之長者十六人，能得其大概者八人，能統其道者，惟張宗禹先生一人，其後，傳給其孫張先生彥，先生又傳給陳先生清平……」

陳家溝十六世陳鑫也曾明確的記載了杜先生所傳蔣發受山西師傳拳訣，被收錄在他的名著《陳氏太極拳圖說》一書內，標題爲「杜育萬述蔣發受山西師傳歌訣」。該訣之首行爲「筋骨要鬆，皮毛要攻，節節貫串，虛靈在中」。後有四句歌訣，每句之後加注詳文解釋，歌曰：「舉步輕靈神內斂，莫教斷續一氣研，左宜右有虛實處，意上寓下後天還。」由此歌訣每句後的解釋合爲一篇，可證其的確與張三丰有關。因爲它正是久已廣泛流傳的張三丰所著《太極拳論》。此論各家均有承傳，所以直到今天趙堡、武、楊、吳、孫、李諸家均尊張三丰爲祖師，特別是楊家，昔日還供奉有張三丰祖師神位，這不是沒有道理的。正如孟乃昌教授所說：「中國各門學術技藝，師承有自，流傳有緒，決不會錯認宗系。」

劉會峙在《武當趙堡太極拳的源流及特點》一文中，亦詳述了武當趙堡太極拳的傳遞關係，并列出了《武當正宗趙堡太極拳源流表》，說明其係趙堡張彥先生之子張應昌所傳至他恩師侯春秀一系。這一情況并且已得到西安楊式太極拳傳人趙幼斌、路迪民二人在其《楊氏太極拳源流辨》一文中的證實。該文其中這樣寫到：

趙堡太極在鄭悟卿、侯春秀及鄭伯英老師的傳授下，廣泛流傳西北地區。二鄭所傳爲陳青萍弟子和兆元一支，在西安稱爲和式太極。侯春秀所傳爲陳青萍師兄弟張應昌一支。我們從侯老師的入室弟子羅及午工程師那裡，早已見到侯師所傳趙堡太極傳人表。其中以張三丰爲祖師，王宗岳爲宗師。後有蔣發→邢喜懷→張初臣→陳敬伯→張宗禹→張彥一脈相承。張彥之下分爲張應昌與陳青萍兩支并列。張應昌一支，後有張汶→張金梅→張敬之→侯春秀；陳青萍一支，後有和兆元→和敬之→和慶璽→鄭悟卿。

此外，《武林》雜志在一九八六年第二期上亦曾發表了黎錦忠先生《太極拳起源探討》一文，該文不但據理提出了自己對陳溝創太極拳說的質疑，而且也公佈了一份趙堡太極拳史料，文中說：「近幾日，我在恩師宦大海書房中，還抄錄了一份河南省趙堡鎮傳拳系統表（俗稱趙堡架太極拳傳人表）感到頗值得研究。據此表所志，陳王廷原是跟蔣發學的太極拳。而蔣發者，有這麼一段傳文：蔣發，祖居河南溫縣東鄉劉村，後遷水運村，曾至山西，於王宗岳處學藝十餘年後際遇事敗，隱入陳溝，匿名爲僕，傳弟子陳王廷（河南溫縣陳溝村人）、邢喜懷（河南溫縣趙堡街人，傳張初臣）。王宗岳：山西晉陽城縣七里堡人，人稱華北大俠，業客店。」

蔣發是否「隱入陳溝，匿名爲僕」，暫且不論。但「傳弟子陳王廷」，則有陳溝「村人所言，蔣爲奏庭之師」（見唐豪，顧留馨《太極拳研究》一六三頁）爲證。「村人所言」，當更說明「蔣發先師也曾被陳溝陳王庭請到其家求蔣發先師傳授武當太極」一事，是真實可信的。

蔣發於明萬曆二年，爲明末人，而非像有人所言爲乾隆時人。《武林》雜志一九八八年第十一期上刊登的陳旭東《山西「鬼扯攢」》一文便是傍證。該文中有「此拳爲河南名拳師蔣發所創」。幷據鬼扯攢傳人講，鬼扯攢三字各有講意。「鬼」字爲訣法，即要計謀多端，千變萬化，神鬼不測；「扯」，是要扯開牽引；「攢」，爲河南古縣名，爲紀念蔣發祖師而定。此拳是在「清朝康熙年間，定襄縣小王村」一個青年鐵匠叫宋本意的人，因「叔父宋老二誤傷人命被判流放河南開封府三年，爲報答叔叔養育之恩，以免叔叔再遭不測之禍，宋本意跟隨叔叔一直護送到河南開封」，并住下來一面行藝一面等待叔叔期滿同歸故里。宋本意落脚於開封普濟寺，一次深夜解溲意外發現寺內和尚集體練功，很是喜愛，後幾經曲折，歷十年之苦，終於學得寺內「秘傳拳法鬼扯攢」。該文表明此蔣氏就是後來傳習太極拳的蔣發。由此證明，康熙以前確有蔣發其人其事，這與明末蔣發生辰年代的記載是吻合的。

唐豪先生的考證與杜元化在《太極拳正宗》中的記載相同，均認爲蔣發生於明萬曆二年（一五七四），而陳王庭約生於一六零零年（見陳小旺《世傳陳氏太極拳》），陳鑫筆記認爲「其九世祖陳奏庭爲康熙（一六二二—一六七二）時人」（見唐豪、顧留馨《太極拳研究》一六三頁）。一六零零年蔣發已二十六歲，一六二二年已經四十八歲，已得王宗岳太極拳「技藝超群，名聞鄉里」。所以，陳氏家譜認爲陳王庭後來只是「精於太極拳」而不是創始了太極拳。

陳氏十四世陳長興生於清乾隆三十五年（一七七一），他晚於蔣發一百九十七年之遙，其間相隔已有多代人，是不可能直接學於蔣發，有言陳長興學於蔣發顯然是誤傳。所以，只能是蔣發傳給陳王庭之後，再經陳氏家族下傳五代到陳長興，這才是符合實際的。爲了更進一步說明這一點，請看下表中趙堡鎮與陳家溝兩處太極拳傳遞關係（年代輩份順序），以及各個時期代表人物的吻合情況，便會一目了然。

（表中虛綫僅作輩份考查）

蔣發（一五七四～？）

輩份	陳家溝		趙堡鎮		代
九世	陳王庭		邢喜懷		①
十世	陳所樂		張楚臣		②
十一世	陳正如		陳敬柏		③
十二世	陳節	陳善志	張宗禹		④
十三世	陳公兆	陳秉旺	張彥		⑤
十四世	陳有恒	陳長興	陳青平	張應昌	⑥
十五世	陳仲牲	陳耕耘	和兆元	張汶	⑦
十六世	陳鑫	陳延熙	和敬之	張金梅	⑧
十七世	陳子明	陳發科	和慶璽	張敬之	⑨
十八世	陳照丕	陳照奎	鄭伯英、鄭悟卿	侯春秀	⑩

陳長興生於乾隆三十六年，《陳序》的寫作時間記爲「嘉慶元年菊月」，而此時陳長興僅二十五歲，若以《陳序》曰：「余在先生門下學藝廿載」，可知長興拜師學藝時也僅僅是個五歲的髫童，只會「但念梨與栗」怎麼能够修習傳統的內功太極拳呢，這種情況，恐怕在今日的簡化太極拳教學史上也是沒有的，更何況學拳重在實用的昔日？

最後，爲了清楚地反映太極拳的源流，特列出《太極拳源流參考表》於下頁，以期拋磚引玉，就教於方家。

參考資料：

1、杜元化著《太極拳正宗》民國二四年五月開封石印版
2、陳小旺著《世傳陳式太極拳》人民體育出版社 一九八六年二月第一版
3、張長齡、李光藩整編《太極傳奇》中國民間文藝出版社一九八七·七第一版
4、路迪民「楊式太極拳及其西北的傳人趙斌」《武林》一九八四·五期

5、澄史 求實「淺談趙堡太極拳源流及流傳」《武當》一九八六．一期

6、黎錦忠「太極拳起源探討」《武林》一九八六．二期

7、劉會峙「武當趙堡太極拳的源流及特點」《武當》一九八七．一期

8、戚建海「武當派和式太極拳簡介」《武當》一九八七．一期

9、孟乃昌「張三丰對太極拳的貢獻」《體育文史》一九八七．一期

10、孟乃昌「內家武功與張三丰」《體育文史》一九八七．二期

11、孟乃昌「張三丰考」《武當》一九八七．二期

12、顧留馨「五式太極拳」《武當》一九八八．二期

13、雍陽人「太極拳源流考證」《體育文史》一九八八．四期

14、孟乃昌「古典拳論《拾法摘要》發微」太原工業大學科技情報室一九八八年四月

15、戚建海「武當趙堡太極拳探源」《中華武術》一九八八．八期

16、陳旭東「山西『鬼扯攢』」《武林》一九八八．一一期

17、戚建海「蔣發傳拳之說」《武魂》一九八九．一期

18、趙幼斌 路迪民「楊氏太極源流辨」《武當》一九八九年一期

19、雍陽人「州載風雲心不渝——記李派太極拳家張萬生」《武當》一九八九．二期

20、吳文翰「對『楊氏太極源流辨』之補遺」《武當》一九八九．三期

21、王希才 趙清傑「內家拳術要點指津」《武當》一九九零．二期

22、張朝和 和少平「和式太極啓秘」《少林與太極》一九九零．二期

此文原載於《武當》一九九二年第三期

第四章　武當張三丰承架太極拳的健身與基本要求

一、太極拳的保健强體

太極拳，是我國著名的武術健身拳種之一。新中國成立以來，在黨和政府的關懷和倡導下，太極拳和其他拳種一樣，被從民間秘傳這一單一形式中挖掘出來，在我國和世界範圍內廣泛傳播，得到了真正的發揚和光大。廣大的群衆從練拳實踐中獲得了益處，身體愈來愈健康和强健，許多人所患的多年痼疾得到了緩解，有的甚至悄悄地消失了。

太極拳的保健作用，在於它有一整套系統的理論和經過長期實踐所證明的、良好的鍛煉方法。它與其他外家拳的重要區別，就是尚意不尚力。要求以意領先，用意念把自身與天地大自然融爲一體，在練拳時要求意形合一，使身體處於高度的鬆靜狀態，幷且强調以心（意）行氣，以氣運身，氣流周身。這樣，即與祖國傳統醫學中氣血暢通百病除的理論相吻合。從現代醫學的角度講，由於人體達到了高度的鬆靜，大腦皮層的中樞系統相應的也處於高度的興奮集中狀態，氣血在人體得以通暢，人體所患疾病的興奮灶即可得到消除，內臟的平衡失調也可得到調整和改善，從而使身體的防病治病能力得到增强。

太極拳作爲輔助醫療的適應證是相當廣泛的。它對各種慢性病如高血壓、慢性消化系統疾病、內臟下垂、腸粘連、慢性腎炎、糖尿病、肺結核、慢性肝炎、肝硬化、脂肪肝、氣管炎、支氣管哮喘、神經衰弱、遺精、遺尿、肥胖症、關節炎以及各種神經痛、腰肌勞損、痔瘡等，均有一定的療效。

爲了提高鍛煉和醫療的效果，在練太極拳時，最好站站太極的渾元一氣樁，從而得到很好的內養。這也是健身和武術技擊的築基功夫。練太極拳貴在堅持，不僅要堅持冬練三九、夏練三伏，而且在各種惡劣的氣候條件下，都要堅持經年不輟的鍛煉。這樣，既可提高人體的素質，練就堅强的意志和耐力，也可增强人體適應各種自然環境的能力。

（一）、太極拳調節身心的奧秘及對各系統的影響

太極拳健身是一種整體鍛煉，太極拳鍛煉并不是針對某些疾病或某個局部起作用的特異性療法。而是以改善人體整體機能狀態、提高人體素質爲目標的鍛煉方法。作爲一種療法，其作用機理是複雜而又全面的。主要是通過加强人體自我調節機能，提高免疫機能和防禦能力。古人認爲太極拳是鍛煉精氣神，而精氣神是人之三寶。通過練功，可使精充氣足神旺，這是正氣充足的表現，自然可以祛邪防病。正如《素問・刺法論》所說：「正氣存內，邪不可干。」練太極拳可使陰陽調和、氣血流暢，因此能扶正祛邪。《內功圖說・叙》曰：「平日尤重存想於丹田（意守丹田），欲使本身自有之水火（陰陽）得以相濟，則神旺氣足，邪不敢侵。」所以說太極拳健身是一種整體療法，它通過不斷加强正氣，而且能使健康機體强壯長壽。這說明太極拳健身是從整體上發揮作用的，通過自我鍛煉，調節和控制內臟機能活動，從而改善

全身機能狀態和新陳代謝過程，達到健康的目的。

近年來的實驗證明：太極拳的醫療保健作用是多方面的。可以促進血液循環，降低心肌耗氧量，減輕心臟負擔，改善心肌供血，從而增强心臟功能；可以增加肺活量，增强肺通氣的換氣功能；可以改善神經系統，特別是植物神經的功能，增强人體動作的協調性和平衡能力；可以加强胃腸蠕動，使消化液和消化酶的分泌增加；可以調節垂體或更高的神經、內分泌中樞，改善胰腺功能，促進機體代謝，增强人體免疫力，抵禦疾病，延緩衰老。

一、心血管系統疾病

病人精神疲倦，心悸氣短，面色不華，甚者心胸憋悶或作痛，脈細弱。堅持太極拳鍛煉，可使心氣旺盛，血脈充盈，脈搏和緩有力，面色紅潤光澤。臨床上常用於冠狀動脈粥樣硬化性心臟病心絞痛，心肌梗塞後恢復期，Ⅰ、Ⅱ兩期原發性高血壓病，風濕性心臟瓣膜病和肺原性心臟病Ⅰ、Ⅱ度心功能不全者。上述病人可以練全套太極拳，也可以視病情和體質進行選練單式，如野馬分鬃、摟腰拗步、雲手等。其運動量應以運動中心率小於亞極量（亞極量≈一九五－年齡）爲宜。練拳最好在早晨，選擇空氣新鮮，較爲溫暖、乾燥的地方。

二、神經系統疾病

病人頭痛眩暈，煩躁易怒，失眠多夢，健忘神疲。進行太極拳鍛煉，可以調暢氣機、協調陰陽、寧神定志、潛陽降逆。因此，可用於輕、中度神經衰弱症、各種類型的植物神經功能紊亂症。患者每日堅持練拳一小時左右，體弱者適當減量。運動中要特別注意放鬆和入靜。

三、消化系統疾病

病人食欲不振，倦怠消瘦，胃脘脹痛，噯氣吞酸，便溏或便秘。打太極拳可使脾氣健運、肝氣條達、增進食欲、增强消化功能。一般可用於慢性胃炎、胃腸神經官能症、胃下垂、遷延性肝炎、老年性便秘及胃、十二指腸潰瘍無并發症者。鍛煉時可配合內養功進行治療。運動中要注意腰的轉動，以加强對內臟的按摩。

四、呼吸系統疾病

病人咳嗽氣短或乾咳少痰，重者動則喘甚，怕冷或陰虛潮熱盜汗。打太極拳可使習者氣道通暢，呼吸調勻，具有補氣益肺的功能。可用於慢性支氣管炎、老年性肺氣腫、慢性非活動性肺結核等的康復治療。練太極拳一般採用自然呼吸，力求做到深、長、細、勻。這對呼吸系統是一個很好的鍛煉。練拳時最好選擇空氣新鮮、植有松柏的地方。

五、各系統機能衰退等疾病

病人多有腰膝酸軟、頭暈耳鳴、發脫齒搖、小便頻數、足痿無力等衰老現象。堅持太極拳鍛煉可以補益腎精、强壯筋骨、抵禦疾病、延緩衰老。其運動量視病情而定，以運動後微微汗出、精神爽朗、不覺疲勞、食量增加、睡眠轉佳爲宜。若以强身延年爲目的，則可適當增大運動量。

(二)、太極拳健身的妙處

一、太極拳的氣血循環調節

衆所周知，太極拳對於改善人體的血液循環有十分重要的作用。但是具體到對每一種疾病産生多大影響，人們却知之甚少。這裡僅對太極拳鍛煉産生的調節動脈血壓的效果加以說明。從科學試驗來看，太極拳鍛煉對於人體動脈血壓具有明顯的調節作用。尤其收縮壓練習前後差異顯著。特別值得指出的是，通過對部分中老年知識分子的對照觀察，發現長期堅持太極拳鍛煉可以提高高密度脂肪蛋白水平，降低低密度脂肪蛋白的濃度，因此有利於防治或減緩某些心、腦血管疾病的發生和發展。情緒變化對高血壓病的發生發展有密切的關係，太極拳鍛煉可以通過調節情緒變化，增强副交感神經的活動，抑制交感神經的興奮等途徑，降低動脈血壓；可以通過增加能量的消耗，促進脂肪分解，減少體內脂肪含量，防止中老年人因過分肥胖而致病。

微循環是指微動脈與靜脈之間微血管中的血液微循環。人體內的大血管如同大江大河，小血管好比支流，毛細血管則像縱橫交錯的灌溉渠道，人體的組織和細胞如同秧田裏的秧苗。細胞所需要的養料（包括氧氣和營養物質）以及排出的廢物（包括代謝產物和二氧化碳）靠上述各種血管共同完成運送，其中毛細血管的運送過程就稱爲人體的微循環。

人體僅靠心臟有限的收縮力，不可能將血液送至各個組織和細胞，還必須依靠血管自身的節律性的運動。微血管的這種自律性運動與心跳幷不同步，起著第二次調節供血的重要作 用，被當今醫學界稱爲人體「第二心臟」。

正常情況下，微循環血流量與人體組織、器官代謝水平相適應，使人體內各器官生理功能得以正常進行。毛細血管若不通暢，就像一塊塊秧田的「水渠」受阻，禾苗得不到水分就會枯死，人體內臟器官也會因此而衰老和産生疾病。現代醫學已證明：人體的衰老、高血壓、糖尿病及許多心腦血管疾病都與微循環有著密切關係。毛細血管內凝血引發微血栓形成時，可能會堵塞肺、肝、腎、腸、心、腦等許多器官的血流，造成細胞機能和代謝嚴重紊亂，甚至發生變性壞死。「衰老微循環理論」認爲：人體微循環障礙是導致衰老的主要原因。人體的毛細血管微循環不通暢，會逐漸引起組織臟器的衰老。而微循環功能隨年齡增長而呈下降趨勢，其中尤以五十至六十歲最爲突出，是多病和衰老的危險年齡。所以微循環的功能正常與否，是人體健康狀態的重要標志。

當人們長期缺乏體育鍛煉或隨著年齡增長，毛細血管的血流不通暢，產生微循環障礙時，就會逐漸引起許多疾病和機體的衰老。而我們在習練太極拳時，通過身體的伸縮旋轉運動和內氣在周身各個部位的暢流，就能在很大程度上激活遍佈全身的毛細血管，促進微血管的自律運動，加速微循環。

太極拳屬內家拳，主張「以意行氣，以氣運身」，强調體內氣血的暢通。太極拳理論中所說的「氣」，不是呼吸之氣，因爲呼吸之氣只能在肺部活動，它指的是人體的「內氣」。只要練功得法，經過一定時間的練習，行拳時就會產生「氣」的感覺，如手指有脹、熱、飽滿感，腹腔內氣流咕咕作聲等。以上感覺，實際上是人體氣血循環加快，也就是微循環加速的外在表現。通過這種微循環加速，就能起到强身健體的作用。

二、太極拳的呼吸意念調節

太極拳作爲一項運動項目，其健身作用已被大衆廣泛接受，太極拳防治疾病的生理機制是在呼吸意念引導下通過神經系統的調節機能來協調全身各個系統、器官的生理功能。練習太極拳要求心靜用意。從生理學角度講，心靜用意是大腦皮層興奮和抑制的兩個過程，即心靜爲抑制，用意爲興奮。由於大腦皮層有許多功能定位區，當用意練拳的部位處於高度興奮時，腦組織的其餘區域則轉入抑制狀態，這就使大腦皮層的興奮與抑制得到調整，爲大腦提供了休息和修復機會。

在太極拳的練習中，正確地運用呼吸和意念可使動作更加規範，技擊意圖更加鮮明、功力大增。如何使呼吸、意識、動作三者緊密結合，形成內外合一，根據多年太極拳的訓練經驗，大體分爲三個階段：

第一階段——重動作

在此階段，動作處於泛化階段，正確動作概念尚未建立，做動作時顯得手脚不隨，上下難顧，動作笨拙、僵硬，很不協調，更談不上呼吸與動作的密切配合。所以應先注意呼吸自然、心靜體鬆。

第二階段——重呼吸

當達到動作規範、套路熟練、心靜體鬆時，應注意呼吸與動作的緊密配合。并運用柔、勻、細、深、長的腹式呼吸，突出懂勁的練習。如搬攔捶，搬時應呼氣，攔時應吸氣，捶時應呼氣，凡是由虛變實的過程應呼氣，以此達到剛柔相濟的高級階段。

第三階段——重意識

太極拳達到高級階段，必須達到意、氣、神合一，即「拳式呼吸」。根據太極拳的特點，一般說來，凡是肩胛開放、胸腔舒張時，應該有意識地吸氣，而用力沉穩堅實，肩胛內含、胸部收縮、收腹時應呼氣，這就是「開吸合呼」。總之，凡屬向外發勁的動作態勢應呼氣，凡屬向內、蓄力的動作態勢應吸氣。

具體什麼時間呼，什麼時間吸，應與行動中意識爲主，使意識、呼吸與動作自然結合，做到以意貫穿全套，勢換勁連，勁換意連，氣順力達，連綿不斷。

三、太極拳的中樞神經調節

傳統醫學養生之道，首先重視精神調養，所謂「調七情」，即喜、怒、憂、思、悲、恐、驚等情緒反應。刺激的强度和時間在正常範圍之內不會導致疾病，但是過度的七情刺激就會導致疾病發生。太極拳鍛煉恰好能對大腦進行特殊的訓練，起到調攝精神、陶養性情的作用。爲什麼太極拳能有這樣的作用呢？必須結合太極拳內涵精髓的拳理來探討。太極拳運動的特點在於要求「內外兼修，剛柔相濟，動中求靜，以靜禦動」；并强調調心、調息與調身三者的協調統一。這裡的「心」，是指精神意念，在生理學上屬高級神經活動範疇，是大腦的功能。「息」是指中醫理論中的氣，武術家們稱爲「中氣」「內氣」「內勁」。

練拳時的調心，是把意念高度集中在拳路上，心中不存雜念，使大腦進入一種「恬淡虛無」的安靜狀態，實驗研究證明：練拳者在打拳後腦電圖顯示大腦進入 α 波爲主導的同步化狀態，即大腦進入一種高度寧靜的醒覺狀態。著名神經生理學者勃雷茲爾（Brazier）將 α —節律的意義貼切地喻爲引擎在空當的狀態。可以理解爲抹除了腦內一切干擾信號，這種變化與氣功的人靜態非常相似，但有人發現太極拳名家在練太極拳時，α 波的趨同步化與同步化是有序性地交替出現的，可見又不同於氣功的入靜態。這提示了太極拳是「內外俱練」「動中求靜」。表現出在練拳時，大腦有興奮，有抑制，而且興奮和抑制又在不斷更替，使大腦的神經活動過程（興奮與抑制）進行著正常轉化，有人用安菲莫夫校正法測定打拳前後大腦皮質工作效率，發現練太極拳有提高工作效率的作用，受試者也反映，打拳後感到頭腦格外清晰、精力充沛。

綜合所述，練太極拳時的調心，是調節大腦皮質功能，由於大腦皮質排除了干擾信號，建立起新的興奮、抑制轉化過程，必然經由神經纖維與皮質下中樞（邊緣葉系統）聯繫，致使皮質下中樞活動也發生相應變化，再通過神經調節和神經體液調節，調整軀體、內臟活動變化，而軀體、內臟活動的變化的反饋信息，再傳回大腦，調整大腦活動的程度和方式，從而可使受過度「七情」刺激引起的不正常情緒表現和體驗消退，而趨於正常的情緒表現和體驗。所以堅持經常的太極拳鍛煉能使人精神飽滿、情緒健康。

四、太極拳的心理調節

專家指出，太極拳鍛煉具有十分明顯的煉性怡情作用，長期練太極拳，可以潛移默化地陶冶性情，培養沉著從容、溫和冷靜、耐心細緻、做事有恒、意志堅强、吃苦耐勞、樂觀進取等優良性格，且不為「七情」「六欲』」所困擾。遇有煩惱，只需在大自然中覓個幽靜之處，練練太極拳，即可去煩消惱、心平氣和。工餘學後，閑暇之時，練太極拳也是一種積極的休息、健康的消遣，從而達到煉性怡情的目的。與此同時，太極拳的煉性怡情作用還和它所具有的調理氣血作用有關。太極拳練習時要「以意行氣，以氣運身」，「行氣如九曲珠，無微不至」，氣遍周身滯。這樣就可以使全身之氣機通調無阻，血脈自然和順。氣血充盈，必然神清氣爽、心情通暢，還有什麼心理障礙不能克服呢。

五、太極拳的「內臟按摩」

太極拳鍛煉在客觀上能產生一種「內臟按摩」效果，因而在絕大多數情況下，對於治療五臟虛弱疾病都有良好的效果。練太極拳時的腹式呼吸「氣勢鼓蕩」使內臟蠕動加强，對腸胃等內臟器官進行自我按摩，使三焦氣機通暢，脾胃升降和順，新陳代謝加强，中土運化水谷功能健旺。由於化源增加，營養充足，肌肉自然豐滿光澤，四肢强健靈活。脾氣旺盛，營血充盈，統血功能亦必正常。

太極拳氣沉丹田的腹式呼吸，使胸廓開合起伏、氣勢鼓蕩，從而加强了「肺主氣」的功能，增加了肺活動，有利於肺的肅降。通過吐故納新，不但充實了「宗氣」，而且肺朝百脈，進一步推動氣血在全身的運動，使身體各部都得到營養與活動。練拳時要求保持均勻深長的腹式呼吸，既鍛煉了肺的通氣功能和換氣功能，又由於橫膈運動幅度加大，促進了血液和淋巴循環，加强了對腹腔臟器的按摩，促進其功能活動；內臟的運動又可經傳人神經將反饋信息傳給包括大腦、大腦邊緣系統等高級神經中樞，并調整其功能狀態，而經調整的腦高級中樞，可再調整外周植物神經功能和內分泌系統的功能。通過神經性調節和神經一體液性調節，使心血管、呼吸、消化、血液、代謝、排泄等系統的內臟功能增强，機體內臟功能調節趨於平衡，營養物質、氧氣得到不斷補充，代謝廢物得以排出，體內的酸鹼度、滲透壓、溫度等趨於相對穩定，人體代謝正常進行。

六、重視呼吸方法

武當趙堡承架三合一太極拳爲內家拳法，著重於內練一口氣。在練拳過程中，很注意呼吸的運用，歷代太極名師都有關於呼吸方法的論述。因此，正確運用太極拳運動中之呼吸方法，是練好太極拳的關鍵。

對於初練太極拳者，一般不過分强調呼吸。要求其在練拳時，掌握好沉肩垂肘、含胸拔背、虛靈頂勁、收腹提肛、舌抵上腭（俗稱搭鵲橋）、氣沉丹田、自然呼吸（鼻呼鼻吸）就可以了。這主要是基於初練者對於太極拳之動作套路以及太極拳之要領尚未很好掌握，倘一味將注意力放在呼吸上，就會出現呶、壓、悶、憋氣的現象，易入歧途，不僅很難達到上述要求，甚至會發生痔瘻、小腸疝、內臟下垂等病症。

太極拳練至一定程度（因各人存在個體差異，所用時間亦不相同），呼吸會由原來的順呼吸，不知不覺中轉變爲逆腹式呼吸。及至練到中乘至上乘功夫時，胸腹中之氣不僅要沉於丹田，而且要求出自中焦并通脊。一個呼吸應沿任督二脈和周身運轉。這時，氣可分爲兩層（先天氣和後天氣），呼時上層氣（後天氣，即人肺部之呼吸）由鼻呼出，同時下層氣（先天氣，即丹田呼吸）降人丹田；吸時上層氣由鼻吸人，下層氣由丹田經尾閭沿脊而上。此境界，在太極拳中俗稱氣通脊。達此程度，即可力由脊發。凡堅持依法練武當太極拳者，到相當程度，均可達之。對於初練者，應注意不過分求之，以免欲速而不達，走人歧途，出現前述之弊端。

太極拳的上乘功夫，還要求懂勁。俗言道：「學拳容易懂勁難。」所謂懂勁，就是「知彼」的功夫。只要練到意氣勁、精氣神高度的結合，天人合一的境界，在與對手一搭手這一皮膚接觸的瞬間，即可探知對方功夫的深淺程度，并可知對方來勁、勁道的變化和呼吸之轉換。要達此境界，就必須練習武當內家功內部氣機之轉換。這個內部氣機轉換法，分爲先天往後天與後天往先天兩種：

一．先天往後天：即丹田氣往下達於海底，循尾閭而起，沿脊上行，經玉枕、天靈等穴，下過前額、人中、喉結、天突、心窩、臍輪等處而歸於丹田。

二．後天往先天：即丹田氣往上過臍輪、心窩、天突、喉結、人中、前額等處，經天靈、玉枕等穴，沿夾脊下行，經命門，循尾閭而過達於海底，往上歸於丹田，與先天往後天正好相反。

這種行氣，初、中乘時亦甚渺茫，隨著功夫的長進，日久即達此境界。

武當趙堡承架三合一太極拳練至上乘功夫，在與對手交手時，其呼吸中常露「哼哈」二字（二氣），此乃無意中所發。它可使內氣舒暢，無屏壓受傷之虞，并使自己的內勁全部透空（太極拳中使對方有手摸不著手，有肘摸不著肘，不讓人知我，唯獨我知人，謂之透空），令對手驚惶。「哼」多用於聽、探、順、化，此時爲吸氣。「哈」多用於冷、脆、快、狠的拿放，此時爲呼氣。太極拳經歌訣中有「拿住丹田練內功，哼哈二氣妙無窮。動分靜合屈伸就，緩應急隨理貫通」等句，可知「哼哈」二字的妙用。

二、對手眼身法步的要求

（一）手型

掌：五指鬆展，微微幷攏，手心微微內含，手指不可僵直，亦不可彎曲。此掌名團聚掌。又稱刀片掌、陰陽掌、柳葉掌。

拳：五指捲屈，拇指壓於食指、中指第二指節上，握成空心拳，不可握得太緊。

撮手：五指第一指節捏攏，成撮或稱鈎。惟腕不能屈，而宜平展。手指和腕部都要鬆活自然。

陰陽掌法變不盡，空心拳打穿透功。不得已時撮手用，撮手點打致命功。

（二）手法

手頭要高不能低，手頭要活不能死。

一．掌

正掌：指尖向上，掌心向前方，腕部平展，沉肘鬆肩，使掌腕形成九十度左右的直角，爲之正掌。

立掌：指尖向上或者偏向上方，掌心不向前方而向其他方向的，都爲立掌。

垂掌：指尖向下或偏向下方者，不論掌心向著何方，都爲垂掌。

反掌：手掌側立，拇指在下的，都爲反掌。

側掌：拇指指尖向上，手掌側立者，不論掌心向著何方，都爲側掌。

仰掌：掌心向上或者偏向上方者，不論指尖向著何方，都爲仰掌。

俯掌：掌心向下或者偏向下方者，不論指尖向著何方，都爲俯掌。

托掌：屈臂沉肘，仰掌托出，上托、前托、斜方托掌，都爲托掌。

壓掌：以俯掌向下或側方蓋壓，都爲壓掌。

按掌：以正、立、側、俯掌用單、雙、工字，螺旋掌、滚掌，向前下或側下按，掌心向下，臂微屈，沉肩垂肘，勁達掌心，爲按掌。

擠掌：以正、立、反、側掌以擠勁擠擊對方之掌，都爲擠掌。

平掌：以仰、俯、托、按之雙掌在一平行綫上而使用之掌，都爲平掌。

插掌：臂由屈到伸，直掌快速前插，勁達指尖，爲之插掌。

分掌：以我掌之螺旋活勁，將對方之外加力分開發擊之，爲分掌。

穿掌：手心向上，臂由屈到伸，掌沿身體某一部位穿出（向前、右、左穿掌）勁達指尖。

挑掌：（伸臂上挑，屈肘挑掌）伸臂或臂微屈，由內向外劃弧，由下向上挑，勁達四指。

劈掌：（直劈、向裏斜劈、向外斜劈、向外橫劈）由上向下側掌劈出，勁注掌外沿。

拍掌：（正拍、反拍、橫拍）臂微屈，直腕拍擊，快速發勁，勁達掌心和掌背。

撩掌：（直撩、斜撩、反撩）伸臂和臂微屈，由內向外，由下向上撩，勁達四指和掌外沿。

貫掌：（內貫、反貫）兩臂微屈，沉肘，由外向裏劃弧，雙掌掌心或掌背合貫耳門。凡掌心、掌背相對合擊，爲之貫掌。

切掌：俯掌或用側掌外沿由上向下，向前或向下切擊，勁注掌外沿，爲之切掌。

刺掌：臂由屈到伸，直腕向前穿刺，勁貫指尖，爲之刺掌。

點掌：臂由屈到伸，用掌指指尖點擊穴位或要害，爲之點掌。

鎖掌：拇指外展，以八字掌用虎口封鎖對方者，爲之鎖掌。

扣掌：用八字掌鎖後，五指微屈，向內扣合而擊，爲之扣掌。

蓋掌：凡掌心向前、向下撲蓋，不論指尖指向何方，都爲蓋掌。

擺掌：以俯掌或側掌，向前或向左右斜方擺擊，爲之擺掌。

合掌：兩掌心相對合起而用之爲合掌。

滾掌：掌心向下，用掌沿向前、向側、向下滾按而出，爲之滾掌。臂微屈，直腕勁達掌沿。

抹掌：俯掌沿另一臂上方向前柔抹出或向後柔抹回，勁達掌外沿，爲之抹掌。

撥掌：用掌心或掌沿，以內旋勁向側方撥出，爲之撥掌。

推掌：用掌心或掌沿向前推擊。臂微屈，沉肘，勁達掌根外沿。

探馬掌：掌心向裏由胸前經口向前外探出。

倒捲掌：由垂掌內旋由下向上倒捲成擒拿掌，爲之倒捲掌。

八字掌：拇指外展，虎口展圓，其餘四指自然併攏，形如八字。爲之八字掌。

腦後掌：以外掌沿內旋上撩劈或外旋以外掌沿反掌上撩劈擊打腦後，都爲腦後掌。

纏手：手掌由裏向下、向外、向上纏繞；同時前臂內旋使掌心朝下封閉，爲之纏手。

擒拿手：以手擒手、臂、肩，由上向前下方撲按摔出。

採捌手：以太極圈對外加力，用往返折疊、分筋挫骨的反關節之方法得心應手、變化無窮地予以採捌之，爲採捌手。

摟手：用臂和手以內旋外開或外旋內合以摟擊之，爲之摟手。

雲手：曲臂展手由下向上左右雙手輪換繞立圓，爲之雲手。

十字手：兩臂微屈，兩掌展開，十字交叉而相合抱，以變換無窮的掌法來防身禦敵，爲十字手。

二. 捶

金剛捶、三步捶、掩手捶、肘底捶、串捶、丁字捶、指襠捶、連環捶。

（三）步型

平行步：兩脚并列，脚尖齊向前方，兩脚之間的距離，約為本人的肩寬，如預備式的左脚平行分開的步型。

弓步：重心在前脚，弓膝（膝蓋與脚尖上下對正，膝左右側亦與足大指、足小指對正，勿向前閃或左右歪斜），後腿彎要舒直，後脚跟要蹬直，後脚掌全部虛著地（正、隅皆如此），如金剛、斜行、攔扎衣等。

馬步：兩脚并列分開，兩脚尖微向外斜，中間距離約為兩脚長。兩腿彎曲，身在兩脚之正中蹲坐，如坐騎乘，故又名騎馬步。如閃通背、伏虎、斜行等之過渡步。

丁虛步：前腿略直，足尖向前虛立，如丁字之豎，後腿屈蹲之位置略横，如丁字之横，全身重心放於後腿，前腿虛懸以便移動。如太極拳之站樁步，高探馬之左右丁虛步，後招定式，穿梭前之丁虛步。

仆步：一腿屈膝，胯向下坐，一腿坡直，仆於地上。一名半仆叉，足尖足踵均著地，兩足尖向同一方向，如跌叉下勢。

金鷄步：金鷄步，亦名釣馬步，又名獨立步。一足著地，一足提護襠問，金鷄獨立、探馬釣馬步步法是也。

龍門步：龍門步，一名騎虎步。兩腿下蹲，一虛一實，襠開如門，跨虎式即此步也。

以上列舉，爲拳式中步型之類別，若言步之運行，不外前、後、左、右、中五步。驟視之，似甚簡略，而變化實乃繁多，擇其要者略舉之。

（四）步法

上步：前步不變，後步向前邁進，日上步。如上步插脚、上步分門樁等式。

進步：在前之步，更向前邁進，後步隨之跟進，日進步。用於緊逼對方不及上步時，身稍卸而步即進。是以退爲進之法。如琵琶式、穿梭、串捶等式。

開步：未有任何步法，而開始動作時，謂之開步。如開步預備式之平行開步。

退步：前步向後退却，後步變作前步，日退步。蓋以手進則步退以進爲退也。如倒捲肱步。

卸步：後步斜撤，前步向側方撤卸，名日卸步。與退步之向後退者不同，乃緩卸敵力，引進落空也。如斜白鶴亮翅、小開合等。

順步：右手在前，右步亦在前，或左手左步皆在前，名曰順步。如野馬分鬃、琵琶式。

拗步：右手在前，左步在前，或左手在前，右步在前，名日拗步。如斜行和栽捶。

坐步：步式蹲定，以擒制敵力，使不得逃遁。如坐步搌攬。

仆步：由坐步再下擒壓敵於地上，謂之仆步。又稱鋪地錦。如跌叉之仆步。

斂步：前步不及後撤斜卸，而收回至後足前者。日斂步。如小開合、琵琶式、高探馬之收步皆是。

跟步：前步如進步之式，進短而速，連續迭進，謂之逼步，亦名沖步。後步跟進謂之跟步。此種多以順步爲之，拗步不能也。兩足相靠較近者，名曰連枝步。此種跟步用於追逼敵人，如琵琶式之握擠手、下琵琶變上琵琶、小開合之卸進跟步均是。

曲步：步法曲蓄以待發，皆爲之曲步。如插脚、旋脚蹬根之斂勢曲蓄，將發未發之時之步法是也。

立立步：兩足平立，名曰立立步。如白鶴亮翅之立立步。

斜行步：步式如弓箭，而向斜方開進者，曰斜行步。亦稱隅步。如斜行和躍步斜行步。

翻步：身向後翻，步亦隨之，所謂翻身向後，後即前也，名曰翻步。即五步中之屬後步變前步者也。如翻身二起脚、鷂子翻身式。

疊步：兩腿交叉蹲坐，以變換方向，謂之疊步。又名仙人步。每施用於不及改變其他步法時，擰身蹲坐，此步在五步之中，屬中定。倒插步式，又名透步。蓋步式，又名躍步。蓋步（躍步）、透步下蹲即疊步是也。

丁八步：大於丁虛小於八字，故曰丁八步。此步是上下步推手之主要步法。丁八步的特點是縱橫之穩定性都較好。故武當太極推手取其長而施之。

抹轉步：以脚後跟或脚前掌爲軸，隨身體之轉向而抹轉，隨之脚尖或脚跟外擺和內扣，謂之抹轉步。如定步的雲手、足之左右抹轉。弓步的正身蹬前脚掌。跨虎轉身、鷂子翻身足之抹轉均爲抹轉步。

擺步：上步落地時脚尖外擺，與後跟成八字，曰擺步。

（五）脚

蹬脚：支撑腿微屈站穩。另一腿屈膝抬起，然後慢慢蹬出，脚尖向上，脚跟外蹬，如轉身蹬脚。

插脚：一腿微屈支撑站穩，另一腿屈膝提起，向前舒伸，脚面要平，脚尖向前點插而擊之，謂之插脚。如左右插脚。

二起脚：縱身起跳，一腿前踢之後，其脚未及著地，另一腿繼續連踢。縱跳要高，兩脚懸空，踢腿、拍脚在空中完成。拍脚準確響亮，高度最好過肩。

踹脚：一腿微屈支撑站穩，另一脚提起，後脚跟用力迅速向前蹬踹，高須過膝，也可用脚外側向體側横踹，低不過膝。

踩脚：支撑腿微屈站穩，另一腿提起用脚掌下踩，高不過膝。

踢脚：支撑腿微屈站穩，另一腿向前上直擺，脚尖勾起謂之踢脚。

擺蓮脚：支撑腿微屈站穩。另一腿從異側擺起經面前向外做扇形擺動，脚面平展，兩手在額前迎拍脚面。擊拍兩響，謂之雙擺蓮，單手擊拍一響，謂之單擺蓮。

拍脚：插脚的脚向前向上，而兩掌由額前下落拍脚，脚面要平謂之拍脚。

震脚：支撑腿微屈站穩，另一腿屈膝直提，而直下把重心轉移在落下之脚踏震之。單脚爲之單震脚，雙脚震之爲雙震脚。如金鷄獨立後之雙震脚。

鈎脚：支撑腿微屈站穩，另一脚脚尖鈎或脚跟内收横落於敵脚跟後，斜鈎内提，使敵跌倒，爲之鈎脚。

倒鈎脚：支撑腿微屈站穩，另一脚向後用脚後跟直上鈎擊，爲之倒鈎脚。

（六）身型

頭：意領頂勁。要求頭正頂平，目平，下顎微向内收，喉頭永不抛，神態自然聆聽八方。

頸：自然竪直，肌内頸椎骨節亦要放鬆。

肩：要保持鬆沉，不可向後擴張與前扣。

肘：自然彎曲下垂，不可僵直揚起與亮肘。

胸：平正微含，舒鬆自然。要真正做到含胸拔背，通脊挺胸一氣相貫的統一律。

背：舒展拔伸，不可彎弓（駝背）。

腰：自然鬆垂，拔背後撑，圓腰突命門。這就是拳論中所謂之刻刻留意在腰際，不可凹腰。

脊：保持正直，不可左歪右斜，前挺後弓。

胯：保持鬆、活、正，不可突出，歪扭折疊。

臀：要內斂捲尾，不可外突撅起和搖擺。

膝：伸曲自然柔和。

脚：十趾微曲抓地而立，著地必須虛實分明。

身型總的要求是：頭平項直，意領頂勁，沉肩墜肘，含胸拔背，通脊挺胸，氣沉丹田，空胸實腹，鬆腰坐胯，捲尾斂臀，胯正襠圓，兩膝微屈，柔和舒伸，踝鬆自然，十趾抓地，虛實分明，三點一綫，尾閭中正，神貫於頂，神形合一，身心兼修，舒服自然，原則不丟。

（七）身法

論拳法，不能捨身法而言手步，亦不能離手步而言身法。以身法者，輔助手步法而成其用，惟其妙則又非手步法所能及也。太極拳式手步之動作路綫，至臻至微，全恃身法轉換以進退反側，却與身軀直之而徒舞蹈其手足之拳式有根本差異。故曰：「力由脊發，步隨身換」，而所重在一「近」字。近則非專恃於步所能爲。而遠擊偷打之法，毫無所施其技矣。練習身法，以推手術爲最有效。其法繁多，須即勢即時以言之。不一一詳述，而只擇其顯著之身法簡述於下：

起身：仰之彌高，不僅是掤勁的上乘手法，身法尤爲重要。其要在意領頂勁上提，脊骨具有彈性。如攔扎衣、分門樁抱膝、金鷄獨立等式。

伏身：敵力下行，我隨之而俯，所謂俯之彌深也。其要在粘連機敏。如砸七星、跌叉等式，是爲最著者。

進身：步隨身進以欺敵，使敵失其重心，謂之進身。如野馬分鬃、白鶴亮翅、斜行等式。

退身：退身即以其退步來緩化敵力而用之。如擁、捩、掛、攬和倒捲肱等身法皆是。

蹲身：蹲身蓄而待發。即「曲蓄有餘」「蓄勁如開弓」之意。最顯著的各種腿法皆蹲身曲蓄以致用也。

轉身：向後盤旋以迎敵，皆曰轉身。爲戰群敵之法，如轉身蹬脚、轉身擺蓮之身法皆是。

翻身：折疊身軀，變換方位，謂之翻身。恃身法轉折，不假手步之力，謂之撇身。翻身二起脚、鷂子翻身等皆是。

披身：側身半伏，如披衣狀，以避敵强硬之力，曰披身。與撇身異。如斜行、十字單擺蓮、彎弓射虎、指襠捶等皆是。

擰身：扭轉身法，蓄而待發，謂之擰身，或用叠步，或用合步。如轉身琵琶式、野馬分鬃、斜行上金剛等皆是。

靠身：以身法擊身，名曰靠身。所謂肩靠胯打之類是也。如琵琶式、回頭看畫、十字擺蓮、斜行靠等皆是。

貼身：緊貼敵身，使之無術避制吾力，名曰貼身。其要在一近字，遠則不足致用。太極拳各式皆用之。

閃身：避敵力之直綫，而側閃身軀，一閃即進，至靈至速，與遠躲和避者不同。凡乎擬時多用之，其妙無窮。如前、後照，閃通臂等式。

實則太極拳身法之玄妙，已極超越以其近身而用之法也。惟其變化無窮，是必要實踐而驗之，非空談可得也。凡堅持日日從事鍛煉，好學深思者，當能悟之。

（八）眼法

神聚於目，眼是心之苗，意從心裏起，我意欲向何往，則眼神直射何處，周身亦直對何處，一轉眼則周身全轉，視靜猶動，視動猶靜，總須從神聚而來。

第五章　武當張三丰承架太極拳技法闡秘

武當張三丰承架太極拳，相傳始於武當內家拳祖師張三丰，由雲遊道人傳於山西王林貞（王宗岳），繼而傳於河南溫縣趙堡鎮，號曰武當派（見杜元化《太極拳正宗》），故名之。

衆所周知，趙堡太極拳是我國六大派太極拳的一條主脈。然其中架子，又是這條主脈上的一條老根，是傳統太極拳古樸、實用、追求技擊之道、性命雙修的典型代表。

一、武當張三丰承架太極拳的史傳脈絡

武當張三丰承架太極拳，自明萬曆年間的趙堡小留村人蔣發，學於山西人王林貞後，始傳於趙堡街邢喜懷，得以扎根落戶，至今已有三、四百年的歷史。這其間代有傳人。邢喜懷傳張楚臣，張傳陳敬柏，陳傳張宗禹，張宗禹傳張寒、張彥。張彥人稱其爲神拳，除傳子張應昌外，又傳陳清平。陳清平廣傳其拳，其傳人中最著名的有兩位：一位是著名的武式太極拳創始人、河北永年縣武禹襄先生，另一位便是本村人和兆元先生。和兆元傳子和敬芝、孫和慶喜，和慶喜傳本鎮人鄭伯英、鄭悟清。鄭伯英一九六一年去世，其所傳架式寬大舒展，被現世稱爲大架子；鄭悟清一九八四年去世，其所傳架式小巧緊湊，被稱爲小架子。

張應昌繼承家學衣鉢，傳張汶，張汶傳張金梅，張金梅傳張敬芝（此系均爲張家一族後裔）。張敬芝

晚年因生活上的原因，得益於本鎮做小本生意的侯春秀多方照顧，機緣使二人得以朝朝相處，張敬芝遂將全部技藝傾心相授於侯先生。侯春秀所傳張家承架，因其與二鄭大小架相比，較爲適中，所以人們亦稱其爲中架子。侯春秀在西安傳拳幾十年，從學者甚衆，形成武當趙拳在西安的一支重要力量，他與定居西安的二鄭所傳大小架，共同形成了三足鼎立之姿，成了西安武術界的一個具有相當影響力的門派。

侯春秀先生一九零四生於河南溫縣趙堡鎮，因其排行第四，故西安人多稱其爲侯老四。其所傳拳架爲七十五勢（趙堡大中小三個架式，唯侯氏有錄像傳世），極講究拳架、推手、散手三者合一，故譜云：「太極三合一，承架傳授稀」。此外亦有四門捶、五十捶之秘傳散手和鞭杆、刀、槍、劍、棍、長杆、大刀、雙棍等器械套路。侯氏尤擅長採拿手法和太極散打術，其推手術中的豐富技法變化，環環相扣、巧妙變著、冷脆快狠、連珠炮動，以及亂環手法的使用堪稱一絕，在西安太極拳界享有極高的聲譽。一九三七年侯先生爲躲避戰亂，先到陝西寶鶏做生意，後因和警察發生衝突，隻身用一條扁擔與三十多名警察打遍了一條街，被傳爲佳話。旋即逃至西安，解放後一直在三輪車工會工作，同時不遺餘力地傳播武當趙堡太極拳術。

一九八五年三月八日辭世，享年八十一歲。其主要傳人有次子侯占國、三子侯轉遠、女婿王喜元，以及高徒劉會峙、趙策、劉小凱、黃江天等。此外，小架子鄭悟清先生的高徒劉瑞、李隨成亦受教於侯先生，得益非淺。

二、武當張三丰承架太極拳的四步技擊方法

一、採：專採細、小關節或人體之薄弱處。如小指、耳重，以達同時控制對方腕、肘、肩、腰、胯、膝、踝等多處關節活動的目的。

採時要求順其勢，借其力，伸手便採，落手便拿，處處埋伏，一索即得，隨心所欲。

採之目的是拿，拿之目的是鎖，鎖之目的是不給對方活動餘地，控制死，使對方絲毫都不能逃脫。

二、鎖，指控制、鉗死。鎖有鎖指、鎖身、鎖腿。鎖指便是抓拿捏扣、擰折拶挫；鎖身便是沾連粘隨，以身控制，騰出雙手，呑吐滾捲，绷撞擠靠；鎖腿便是利用靈活的步法（又配合以身法、手法）套封逼插、纏跪挑撩、劈壁掛蹬、勾掰截點、绷跳滾捲，以便實施跌法。

套封逼插之進身鎖腿，是指在應敵時迅速貼近對方，以我之脚管住其腿（不使其前進或後退），使其如繮絆馬，觸之即仆。故拳家云：「腿亦人之根，能制其根則可升堂人室。」

鎖腿一般有內鎖、外鎖、單鎖、雙鎖之別。

（一）內鎖：即以我脚由彼體前別住彼腿，此法多用於反跌制敵。如彼由我身外鎖我，可以此法破之。

（二）外鎖：即以我之脚由彼體外去封住彼腿，此法攻防兩便，甚爲安全，多用於進身跌法中運用較多的一種鎖腿技法。

（三）單鎖：即是指我脚由彼體前或體後將彼一腿管住，是最爲靈便的一種鎖腿技法。

（四）雙鎖：是指我由彼體外進身管住彼之雙腿，此技攻擊力較强。

鎖腿要掌握恰當時機。一般來講，對方主動進擊或慌亂猶豫之時，是我進身鎖腿的最佳時機，也可以採用真真假假、虛虛實實、調虎離山、引蛇出洞的誘騙戰術，乘機而鎖之。

三、跌：太極高手是十分擅長跌法的。這是一種十分高深的技擊方法，它不僅適用於徒手搏擊，而且對於制服那些手持利器的人也是十分有效的，這一點是其它技法所不能比的。

跌法的主要特點是乘勢借力，避實擊虛，身靈步活，採得准，鎖得死，反關節控制得好，精通力學原理，往往在一抖肩、一擠身、一擰腰、一轉髖、一墜肘、一落脚、一抬膝、一扣步、一弓腿之際使敵即仆於地。

四、擲：指最後的發放擲打。採拿鎖扣、施行控制只是爲進身跌敵創造了必要的條件，而發擲則是跌敵的重要手段。所謂發擲就是順其勢，借其力，或手牽脚掛，或套封逼插，或掌推拳擊，或肩靠肘壓，或擺胯膝頂，連跌帶打，或擎引鬆放後施以長勁，緊接强烈爆發，輕提猛砸，以形成「顛起倒插，而其快也」，使敵跌仆於幾丈開外，或倒栽於脚下。

三、武當張三丰承架太極拳推手技法竅要

武當張三丰承架太極拳，在推手形式上一直沿用上下步（進一退一）的推手方法，以追求技擊實作爲訓練目的，講究冷脆狠准、顛翻倒插。

武當張三丰承架太極拳推手發放能產生很好的效果，首先應歸功於它的上中下三盤二十四法秘技。即上盤八法：掤、攦、擠、按、採、挒、肘、靠；中盤八法：起、落、進、退、騰、閃、圓、轉；下盤八法：纏、跪、挑、撩、劈、壁、掛、蹬。其次，要牢牢掌握「意從心內起，手向鼻尖落」，守中用中，奪位發放的原則。奪位放人要輕靈利索，乾脆瀟灑，最終在熟練掌握四十八法的基礎上，純熟的實施「手上的串子，脚下的絆子」（串子：指採拿折別之手法類；絆子：指纏跪挑撂、封套逼插之腿法類）這一發放竅要。

何爲推手的奪位發放？奪位發放就是在推手技擊中，通過摸勁感知對方身體重心、虛實的變化，使用自己的功力控制對方，通過角度、方向、勁力、身法、步法的巧妙變化，誘使對方失重，從而不失時機的搶站或跨越對方的中心位置，或後堵、或前截對方後撤或進步，使對方被迫推擠（奪位）而出，加之長勁或短勁的配合，往往會產生奇妙的效果。

何爲「中心位置」？武當趙堡太極推手時，兩脚是一前一後站立的。此時的中心位置，基本上處於頭頂百會與兩陰之間會陰穴所直對的地面位置（上中下成一條直綫），這一位置牽繫著人的身體重心，或者說它是人體重心的所在。在推手過程中，無論那一方，倘若這個中心位置驟然被對方（擠、逼、搶）佔據，就必然會失去重心。此時如果沒有機會（脚下被絆、身體又被控制）調整重心和平衡，那麽則凶多吉少了。

奪位發放的方式一般分爲直接進步奪位發放和偷步奪位發放兩種。其中直接進步奪位發放又分爲：穿襠進步踏中門、穿襠進步踏過中門、左脚外絆、右脚掏絆等四種形式；偷步奪位發放又分爲：右脚偷步，左脚奪位發放和左脚偷步、右脚奪位發放兩種形式。現分述之：

一、直接進步奪位發放

（一）穿襠進步踏中門（中心位置），發放前脚進步，踏在對方的中心位置（襠下垂直點）上，將其擠逼而出。此爲最常用的一種方法，如進步白鶴亮翅。但應當注意，前脚進步時，後脚必須相隨緊跟。

（二）穿襠進步踏過中門發放

前脚進步，要使落點越進對方中心位置（落於對方後脚跟處，將更具威力）。此種方法，較上一種更有威脅，當然，其應用難度也大，技術不熟練，掌握不好，反而會弄巧成拙。

（三）左脚外絆發放

左脚外絆，即左脚落步或進步時，直接順對方右脚外側，跨越其中心位置，并應儘量貼近對方右脚外側。左脚的勾、絆、封、套之法使用率較高，其常用的著法也比較多，如正按、上下按、分手按、旋手按、高探馬、中探馬、低探馬、斜行、十字手、上下琵琶等等。

（四）右脚掏絆發放

即右脚掏腿後再跨越對方的左脚，落於對方左側後方（跨越其中心位置），形成套絆的形式。由於習慣上的原因，此法應用難度較大，給對方的威脅也較大。常用的著法有掏腿按、懶扎衣、高探馬等。

二、偷步奪位發放

所謂偷步，就是在正常打輪（推轉速度不變）中，後脚偷偷前進一脚或半步的距離，前脚隨之再前進一步（術語叫連枝步，後脚奪前脚），跨越對方中心位置。由於前進是向對方縱深發展，故技術性很強，威力很大。

（一）右脚偷步，左脚在後時，右脚偷偷在對方不知不覺中，向左脚跟方向進一脚或半步，隨之左脚繞過對方右脚，跨越對方中心位置，外扣勾絆將對方發出。常用的著法有十字手、按手、上步懶扎衣、高探馬、斜行、回頭看畫等。

（二）左脚偷步，右脚奪位發放

此法和上一種方法基本相同，只是左右方向不一。再者，右脚屬掏腿外絆跨越對方中心位置。由於習慣因素，此法不易掌握，但實施成功時，發放效果很好。如反側上步懶扎衣和反側高探馬等就比較厲害。

儘管「手上的串子、脚下的絆子」奪位發放能產生很好的效果，但其成功率的高低還取決於推手者聽勁感知、身手動作的配合和控制能力。否則，即便是能够將對方發出，也只能是勉勉强强、拖泥帶水，不乾脆、不瀟灑，便不會産生使對方嚇出一身冷汗、或驚奇佩服的效應。

聽勁感知，就是通過步法與身法、神態的變化，通過手臂與對方接觸點上輕、重、虛、實、鬆、緊的各種變化，通過觸點引誘或迫使對方造成前傾或後仰、左歪或右斜，重心不穩，或者在接觸點上與對方輕輕接觸，令對方摸不清我的意圖（意識控制），然後我突然利用上中下三盤身手動作協調一致的配合，進身奪位，幹淨利落的將對方如拋彈丸似的發出。《拳經》中說，「手到步不到，發人不爲妙；手到步亦到，發人如拔草」、「手要靈，步要輕，進退旋轉如猫行；身要正，目銳精，手足齊到定能贏」，「身要擁人，步要進人，發要狠準，毫不留情」，「足踏中門搶佔重心，奪巧位；發手如巨炮，直沖去勢不可擋，即使神仙也難防」等，就是武當張三丰承架太極拳前輩對推手技擊的心法總結。

縱觀武當張三丰承架太極拳，其風格特點爲：以意承先，因循爲用。順勢借力，四兩化千；以柔克剛，剛柔相濟。以防爲攻，防中寓擊；起落進退，騰閃圓轉。意領身隨，處處皆靈；虛領頂勁，沉肩墜肘。鬆腰落胯，捲尾斂臀；勁聚腰間，後突命門。對拉拔長，進有後撑；氣沉丹田，循環周天。意氣運轉，鼓蕩無間；含胸拔背，氣貫周身。寓於無形，保健防身；旋轉乾坤，太極功純。出其不意，抖接人榫；分筋挫骨，節拿抓閉。分寸毫厘，火候對準；武當太極，冷脆快狠。三盤要清，腿法必精；三節六合，八段九節。動即生法，貴在知變；動知往返，折迭寓中。挫措擰抖，麻花勁成；太極上乘，哼哈淩空。以技修行，承吾傳統。

第六章　武當張三丰承架太極拳的技擊特徵

中國傳統武術技擊具有鮮明濃郁的中華民族風格和特點，其本質特性亦曾被歷代武術家所認可，爲廣大武迷所津津樂道，倍加讚賞。

一、拳無空出　手無空回

《拳經》講：「拳無空出，手無空回，拳打不空回，空回不爲能」，「出手如飄風，收手如狡兔，出手要抖，回手要勾；出手如鋼銼，回手如鈎竿」，「前手領，後手追，兩手互換一氣摧」，「出手拳掌打，回手鷹爪抓，雙拳密如雨，著著不虛發」，「手起如箭落如風，追風趕月不放鬆；心如火藥拳如子，靈機一動鳥難飛；迎風拳掌雲遮月，黑虎穿胸快如風，一環自有一環接，環環相連法無窮」。從此不難看出中國武術傳統技擊方法是出拳後隨機變化，應用程度高。

二、犯了招架　便有十下

拳諺云：「練拳不練把，等於胡亂打」。把就是手法，對於技擊的手法，中國武術確有獨到的講究，如「一手連二手，勁脆如電擊」，「手法出於中，拳掌不落空，抓打齊運用，連環如旋風」，「不招不架，只是一下；犯了招架，便有十下」，也就是說一旦用招法，就要一式三招，三招九變，環環相扣，虛實并用，陰陽有方，全力以赴。用時又在手法上亦特別講究崩、摔、擺、劈、挑、截、砸、攔、推、托、帶、砍，使出拳「翻生不息、招招相接、發力迅猛、脆快連貫」。僅以咏春拳爲例就講：雙手同出同人、相互兼顧、一鼓作氣快攻，一手似刀，一手似劍；一手似槍、一手似盾，攻守同期。拳法重快，攻防緊密，手法靈活，連消帶打、搶佔中綫、毫不相讓，來留去送、甩手直沖、最短攻防、時間搶先、順勢發拳，一擊不中，就隨機在外面變化，讓對方措手不及，目不暇接。表明中國傳統武術技擊的技法是連珠運用，講求實效。

三、動即生法　有感皆應

戚繼光《拳經・捷要篇》曰：「學拳要身法活便，手法便利，脚法輕固，進退得宜」。「法」在技擊的攻防中指全身上下多個出擊點（有說爲十四個，如上下九節，含左右，再加一頭，一身合爲十四拳），是上出下進，左擊右打，有直綫、弧形、側擺、掄劈等諸多打法，其勁路、打擊目標交叉變化，豐富異常，奧妙無窮。「法」在技擊的方法中有拍壓、截擊、磕擊、阻擋、架擋、閃躲等。其中最主要的，在於巧打（即閃、轉）和勁硬（即勁力和功夫），所以拳諺云：「頭欲撞人、手要打人、身要催人、步要過人、足要踏人、神要逼人、氣要襲人、得機發力、一打眼、二打膽、三打力、四打巧、五打分寸、六打手脚幷相連」，「拳自身發、挨著何處何處擊」，「遍體鬆緊彈簧似、靈機一動鳥難飛」，縱橫自在，有感皆應。說明中國傳統武術技擊臨戰時高度警覺，實戰狀態能調整到最佳。

四、聲東擊西 貴在知變

聲東擊西是兵家常用、熟知之法，散手比賽更應如此。引上打下，示左擊右；忽東忽西，即打即離；虛虛實實，真真假假；一正一奇，一明一暗，奇正互根；不攻而示之以攻，欲攻而示之以不攻；形似必然而不然，形似不然而必然；似爲而不爲，似不爲而爲之；欲重擊而示之毫不介意，以假動作（有意賣個破綻）給對方造成刹那間的錯覺，我恰因勢而用招。沾上有，碰上發，我意佔先去打他。

《拳經》又云：「陰陽互用手法真，一正一反技通神。世人不解法中意，須向變中去尋根」，「無中有，有中無，無有有無在變通。真是假，假是真，真假虛實見敵分。柔則剛、剛則柔、柔剛剛柔意上求」。這是技巧之變。而勇示之弱、不能示之能、進示之退、示近取遠，示遠取近，這是精神之變。故拳經又說：「精神之變法更奇，談笑之間便克敵，任他凶猛多氣力，怎奈心頭一思機」。說明巧變的運用和「知變」思想又是中國傳統武術技擊的重要特徵。

五、用腿打人 全憑連環

「若用腿打人，全憑腿連環」，這是傳統武技的常用之法。連環腿又名連環脚、鴛鴦腿，是兩種不同的脚法所融會技術、戰術爲一體的高級實用脚法。這一傳統在《水滸》中即有繪聲繪色的描述，如其第二十九回中就有武松醉打蔣門神所用的鴛鴦脚：「(武松) 先把拳頭虛影便轉身，却先起左脚，踢中了便轉過身來，再飛起右脚」這一技有名，喚做玉環步、鴛鴦脚」。清代亦有燕北閑人 (文康) 著的《兒女英雄傳》，其第六回中，描寫十三妹與和尚打鬥時用的鴛鴦脚，寫得更爲具體精彩。即：(十三妹) 把身子一扭，甩開左脚，一回身瞠的一聲，正踢在那和尚的右肋上。和尚哼了一聲，才待還手，那女子收回左脚，却脚根向上一碾，托起右腿甩了一個旋風脚，那和尚太陽穴上早著了一脚，站脚不住，咕咚向後便倒。這一著叫做「連環進步鴛鴦拐」。說明中國傳統武技擊并不像現代散手多見的是一踢便收，而是多用連環腿法，講究技術、技巧的運用。

六、撞身靠打 挨肘膝胯

拳諺云：「進身靠打，挨身肘發；肘發護心，盤肘克人，挨肩擠靠、封襠鎖脚；手肘齊發人難當，貼身短打膝肘忙；肩打一陰返一陽，肘打四方人難防；遠踢近打連環手，沾身用靠無處走」等等都說明了傳統武術技擊其靈活運用身體所有關節部位作爲攻擊武器的重要。

歷來拳家將肘技看作拳中的精萃，其特點是短、快、硬。以肘打人，力大且猛、動作路綫短，一瞬間即能完成打擊動作，肘穩而隱蔽，預兆性小，特別是在脚的掩護下，能快速而突然的發起進攻，令人防不勝防（用肘可以破解摟抱）。

從運動解剖學看，肘關節與肩關節相連，故肘部的運動靈活自如，肘法巧妙多變。肘的攻擊方向幾乎不受限制，既可自下而上（如挑肘）也可自上而下（如砸肘）；既可自左而右或自右而左（如橫肘、掛肘）；既可自前而後或自後而前（如揭肘、頂肘）。肘的擊法比拳法迅疾、隱蔽。肘的攻擊部位遍及前胸、後背、腹肋、頭、軀幹及四肢，拳諺「肘打四方」正是此意。

從力學的角度看，肘比手距離近，力臂短。據力學的力距概念分析，肘較手更能充分利用臂肩的肌肉力量，所以攻擊力量較大。

從技擊角度看，肘骨質堅而硬，抗擊能力强，肘對拳來說，短於拳，比手脚接近身體，拳家稱之爲「中盤（節）」，因此在貼身近搏中具有招勢隱而速、短而險、難招架、變化莫測。簡便易行，比手脚迅速方便，易發揮其攻擊和防守效用等長處。諺云：肘擊步進、步到身擁，短手能自顧。故肘爲凶險利器，蓋用肘者取勝常常遊刃有餘，在處於敗勢中施發，一擊反敗爲勝。

靠打是用身體的力量打擊對方，威力較大。一旦靠貼近對方身體立即發放崩炸勁，這種勁力在腿的蹬力、腰的挺力的催動下，使肩胸、肩臂、胯、臂等撞靠擊打對方，其抖靠快猛，很容易使對方即撲於地。

靠打包括背靠、肩撞、胯打、臀靠、肋靠、胸撞、肘擺頭撞等法。

因而，《太極拳經》云：「遇敵上前迫近打，顧住三前盼七星（身體七個可用於攻擊的關節部位）」，《心意拳總歌訣》亦講：「打法定要先上身，手脚齊到方爲真，拳如炮形龍折身，遇敵猶如火燒身。」此外更有「頭打、肩打、肘打、手打、胯打、膝打、脚打、臀打」等《八打歌》流傳，如《頭打歌》曰：「頭打落意在中央，渾身齊到無阻擋，脚踏中門奪地位，就是神仙也難防」《臀打歌》曰：「臀尾打人人不知，神龍掉尾不見形，猛虎坐坡起落勢，一旦擊中神鬼驚」。這裡似乎中國傳統武術技擊的風格特色已呼之欲出……

中國功夫原本不是現代意義上的體育，而是源於各類戰爭、謀求生存的東西。從原始社會開始，我們的祖先要生存、要發展，就要與天鬥，與地鬥，與獸鬥，就產生了穿房越脊縱跳如飛的逃生本領，後人美化爲輕功；沒有飯吃時，就要想辦法抗餓，後人美化爲辟穀食氣的氣功高功；沒有X光機，又要查找疾病，就要搞出中醫望聞問切四法、練出內視功夫來；沒有盔甲護體就要練出金鐘罩、鐵布衫等抗打功夫，後人美化爲抗打神功。慢慢就産生了拳打足踢，使用石頭（後來演化爲暗器）、樹木（後來演化爲十八般兵器的打鬥技術）。再後來慢慢就演化出擒拿、斷骨、反關節、抓筋、拿脈、點穴、鎮脈等高深武技，使人各關節都成爲能致人死傷的武器。當然，作爲現代武術技擊運動如散手、推手等體育比賽，適當地加一捨取和限制，也是完全必要的。

第七章　武當張三丰承架太極拳歌訣

一、武當張三丰承架太極拳歌序：

太極亦稱心意拳，因勢借力妙無邊。
拳法施圈走螺旋，陰陽虛實掤貫穿。
總之要求懂四明，四明不通藝不成。
上節不明無依宗，中節不明身自空。
下節不明吃栽跌，散手不明則多凶。
精通太極非易事，師傳悟練功自修。
上節須用意領勁，鬆肩沉肘自坦然。
中節含胸自拔背，通脊挺胸鼓蕩全。
下節進退顧盼定，隨機變化要悟通。
拳架推手散開用，哼哈二氣威無窮。
武當太極三合一，承架傳授歷來稀。
根節一動梢節發，中節整勁生妙法。

有手摸手不見手，有肘摸肘不見肘。
若還手到不能走，這樣方顯是高手。
十三勢法三丰傳，內家拳技代代研。

二、武當張三丰承架太極拳全體大用訣：

武當承架太極拳，古傳絕技顯特點。
披身滾臂展雙掤，採挒折別手法靈。
上步出手金剛掌，挒臂掤握敵地躺。
連環玄肘扣搬攬，搗心頂襠跺脚面。
太極絕技妙無窮，採挒跌打扎衣生。
掤握擠按連珠用，鉗手管肘呈英雄。
白鶴亮翅打騰空，合手端肘倒栽葱。
含胸拔背立圓進，顧盼輕靈拳脚迅。
雙鉗臂肘拉單鞭，前後左右顧盼間。
上下繞打用不盡，鞭捶擊根追人魂。

上步出手金剛掌，挒臂掤⿰扌履敵地躺。
連環玄肘扣搬攬，搗心頂襠跺脚面。
白鶴亮翅打騰空，合手端肘倒栽葱。
含胸拔背立圓進，顧盼輕靈拳脚迅。
避鋒下勢內掤撑，貼身扣腿弓膝崩。
十字手法變中論，肘靠膝胯順勢運。
懷抱琵琶上下翻，打了兩頭擊中間。
連環翻肘掌中竅，端肘破法在此找。
躍步邁脚人稱奇，踩臁揣膝還要踢。
斜行靠進十字肘，壁腿一落敵難走。
後撤避擊卸步行，進步掀按摔法成。
此式開合稱虎撲，意到具到身似忽。
回身擰轉下琵琶，採挒劈掛敵爬下。
滾按捲擠不能停，得機妙發掌中擎。
躍步中定人稱奇，專踩兩臁并兩膝。

連環玄肘扣搬攔，搗心頂襠跺脚面。
若遇摟抱欲解束，十字抱胸勁沉住。
雙臂環繞通脊抖，摔跌敵人隨意走。
遇敵出手使擒拿，摺疊反關把敵發。
分筋錯骨制頑敵，翻腕抖捶擊喉鼻。
串捶巧打面胸足，兩拳連環如串珠。
屈沉蓄勁抖捶風，進步肘靠破門中。
打右顧左翻身肘，肘底藏捶看似守。
屈肘沉落千斤墜，肘捶齊進當心對。
退行三把倒捲肱，怎識退中有進攻。
進退顧盼都悟透，攻防防攻變化就。
白鶴亮翅打騰空，合手端肘倒栽葱。
含胸拔背立圓進，顧盼輕靈拳脚迅。
避鋒下勢內掤撐，貼身扣腿弓膝崩。
十字手法變中論，肘靠膝胯順勢運。

閃通臂式圈劃圓，須知圓中有往返。
海底撈月單展翅，肘靠膝打不停止。
白鶴亮翅打騰空，合手端肘倒栽葱。
含胸拔背立圓進，顧盼輕靈拳脚迅。
雙鉗臂肘拉單鞭，前後左右顧盼間。
上下繞打用不盡，鞭捶擊根追人魂。
雲手三進顧盼間，兩臂交叉成連環。
上手打頭後打面，分進擐捌左右换。
探馬插鐙蹬敵襠，翻身上馬迎太陽。
驚上打下互爲用，打癱敵人不能動。
插脚一起進襠裏，勁力原源在腰脊。
脚面直撩尖對點，命門一突神技顯。
探馬插鐙蹬敵襠，翻身上馬迎太陽。
驚上打下互爲用，打癱敵人不能動。
插脚一起進襠裏，勁力原源在腰脊。

脚面直撩尖對點，命門一突神技顯。
轉身提膝把脚蹬，雙拳回貫前後沖。
蹬襠蹬腹又蹬胸，旁蹬軟肋用不空。
順裹拗摟三步捶，順拗進步連擊隨。
進步栽捶撲面打，青龍探海中綫耍。
栽捶滾翻身騰空，空中連擊兩脚蹬。
脚到手到二起妙，踢襠踢腕踢喉要。
倒鈎即進樁分門，十字手掤滾臂運。
上掤下點身攻進，三盤齊到著法迅。
順勢提膝擰裹就，雙手端肘不許溜。
鑽翻滾按鵲蹬枝，失敵平衡攌㧝撕。
鷂子翻身主在跟，轉身採㧝挑摔狠。
翻身之中遇肘靠，提膝撩掃摔跌要。
踡腿護襠旋脚蹬，提帶敵腿玄蹬封。
手腿旋帶返回送，順勢借力妙無窮。

落脚橫踩走中定，攔腰掌法軟肋敬。
兩掌分飛左右用，中定步在坐盤應。
落脚橫踩走中定，攔腰掌法軟肋敬。
兩掌分飛左右用，中定步在坐盤應。
捶隱藏在掌肱後，故名捶稱掩手肱。
掩而不露爲藏真，欺身過步要用心。
雙臂繞舉虎抱頭，抱頭技法推山求。
式成抱頭推山就，推山亦可破抱頭。
雙鉗臂肘拉單鞭，前後左右顧盼間。
上下繞打用不盡，鞭捶擊根追人魂。
前後照法擰裹精，引進敵來使落空。
轉腰擰身旋挫勁，使敵栽跌狠又迅。
手揮琵琶當前站，脚手劃弧齊向前。
手肘肩靠正橫進，野馬飛奔不停頓。
穿梭雙掌吞吐進，又似白蛇吐雙信。

吐信之掌先刺喉，採住敵手雙瞳求。
白鶴亮翅打騰空，合手端肘倒栽葱。
含胸拔背立圓進，顧盼輕靈拳脚迅。
雙鉗臂肘拉單鞭，前後左右顧盼間。
上下繞打用不盡，鞭捶擊根追人魂。
雲手三進顧盼間，兩臂交叉成連環。
上手打頭後打面，分進擫捌左右換。
遇敵逼近勿須忙，童子拜祖功高强。
跌岔寓有睬臁意，緊跟掃堂不留隙。
遇敵逼近勿須忙，童子拜祖技高强。
跌岔寓有睬臁意，緊跟掃堂不留隙。
左右金鷄獨立勢，好似利劍沖天刺。
上擎掌托下敬膝，鈎纏跪挑壁劈踢。
左右金鷄獨立勢，好似利劍沖天刺。
上擎掌托下敬膝，鈎纏跪挑壁劈踢。

手繞頭轉解敵手，　肘往外旋反挒肘，
兩脚先後雙震跺，　跺踏脚面不爲過。
退行三把倒捲肱，　怎識退中有進攻。
進退顧盼都悟透，　攻防防攻變化就。
白鶴亮翅打騰空，　合手端肘倒栽葱。
含胸拔背立圓進，　顧盼輕靈拳脚迅。
避鋒下勢內掤撑，　貼身扣腿弓膝崩。
十字手法變中論，　肘靠膝胯順勢運。
閃通臂式圈劃圓，　須知圓中有往返。
海底撈月單展翅，　肘靠膝打不停止。
白鶴亮翅打騰空，　合手端肘倒栽葱。
含胸拔背立圓進，　顧盼輕靈拳脚迅。
雙鉗臂肘拉單鞭，　前後左右顧盼間。
上下繞打用不盡，　鞭捶擊根追人魂。
雲手三進顧盼間，　兩臂交叉成連環。

上手打頭後打面，分進攌挒左右換。
十字手法變不盡，連環用技不停頓。
正隅互變側身進，壁腿進靠貼身運。
遇敵出手使擒拿，折疊反關把敵發。
分筋錯骨制頑敵，切磋武藝技法奇。
十字手法變不盡，連環用技不停頓。
正隅互變側身進，壁腿進靠貼身運。
十字擺蓮腿法精，內撩外擺顯神通。
連環臂繞撲面打，腦後一掌不要耍。
落掌攥拳破採拿，正身旋轉把肘發。
左右旋打連環肘，右肘旋內指襠手。
上步出手金剛掌，挒臂掤攌敵地躺。
連環玄肘扣搬攔，搗心頂襠跺脚面。
太極絕技妙無窮，採挒跌打扎衣生。
掤攌擠按連殊用，鉗手管肘呈英雄。

下勢號稱弓頭蛇，又施一技尋花著。
反攦帶挒撲地步，下砸七星把頭護。
撩腿回頭把畫看，說來此畫不景然。
腿起脚落挑撩端，已是來敵躺平川。
撩腿進步緊著追，箭步蹬催指襠捶。
全神貫注捶襠揮，敵人繳械顯神威。
雙鉗臂肘拉單鞭，前後左右顧盼間。
上下繞打用不盡，鞭捶擊根追人魂。
下勢號稱弓頭蛇，又施一技尋花著。
反攦帶挒撲地步，下砸七星把頭護。
驚上取下隨機變，忽然撤步正身換。
勢成跨虎身中正，蹲身穩盤龍門弄。
轉身擺蓮步扣定，提腿橫掃脚來敬。
平撩掃擺敵傾倒，雙掌撲擊敵難跑。
敵人如把臂擒拿，轉身還擊雙拳打。

左捌右扣採制敵，連環捶肘戲中戲。
上步出手金剛掌，捌臂掤擴敵地躺。
連環玄肘扣搬攔，搗心頂檔跺脚面。
太極無始亦無終，陰陽相濟總相同。
走即粘來粘即走，動靜相宜攻爲守。
以柔克剛含不露，剛柔虛實要悟透。
知己知彼練絕技，後發先至巧應敵。
任他狡敵多機變，怎能逃出太極圈。
太極以寡能禦衆，武當承架爲正宗。

第八章　武當張三丰承架太極拳七十五勢名稱與圖解

一、名稱：

一．起勢
二．金剛
三．攔扎衣
四．左白鶴亮翅
五．單鞭
六．斜金剛
七．右白鶴亮翅
八．斜行
九．琵琶勢
十．躍步斜行
十一．小開合
十二．轉身琵琶勢

十三．躍步斜行上金剛
十四．伏虎
十五．小擒拿
十六．串捶勢
十七．肘底捶
十八．倒捲肱
十九．白鶴亮翅
二十．斜行
二一．閃通臂
二二．白鶴亮翅
二三．單鞭
二四．雲手
二五．左高探馬
二六．右插脚
二七．右高探馬

二八．左插脚
二九．轉身蹬脚
三十．三步捶
三一．翻身二起脚
三二．分門樁抱膝
三三．喜鵲蹬枝
三四．鷂子翻身
三五．旋脚蹬根
三六．右攔腰掌
三七．左攔腰掌
三八．掩手肱捶
三九．虎抱頭
四十．單鞭
四一．前後照
四二．野馬分鬃

四三．玉女穿梭
四四．白鶴亮翅
四五．單鞭
四六．雲手
四七．趺岔
四八．掃堂
四九．左金鷄獨立
五十．右金鷄獨立
五一．雙震脚
五二．倒捲肱
五三．白鶴亮翅
五四．斜行
五五．閃通臂
五六．白鶴亮翅
五七．單鞭

五八．雲手
五九．十字手
六十．小擒拿
六一．十字手
六二．單擺蓮
六三．指襠捶
六四．金剛
六五．攔扎衣
六六．右砸七星
六七．回頭看畫
六八．指襠捶
六九．單鞭
七十．左砸七星
七一．跨虎
七二．雙擺蓮

七三．彎弓射虎
七四．金剛
七五．收勢（合太極）

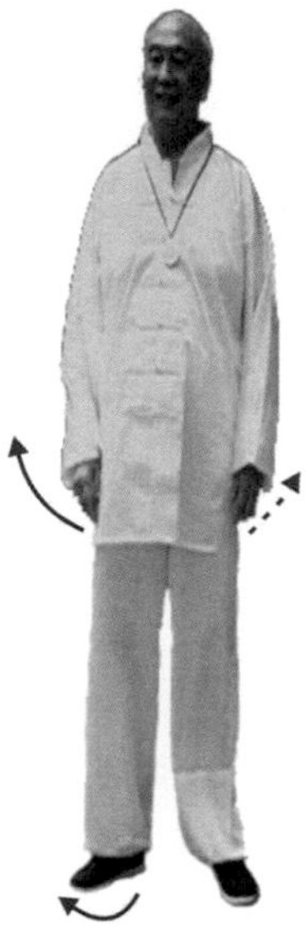

圖1

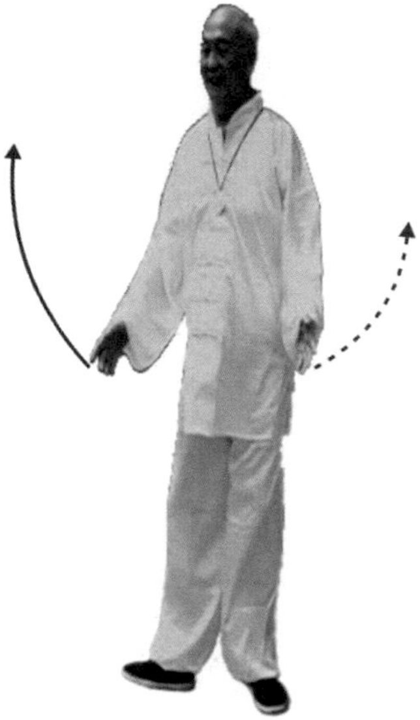

圖2

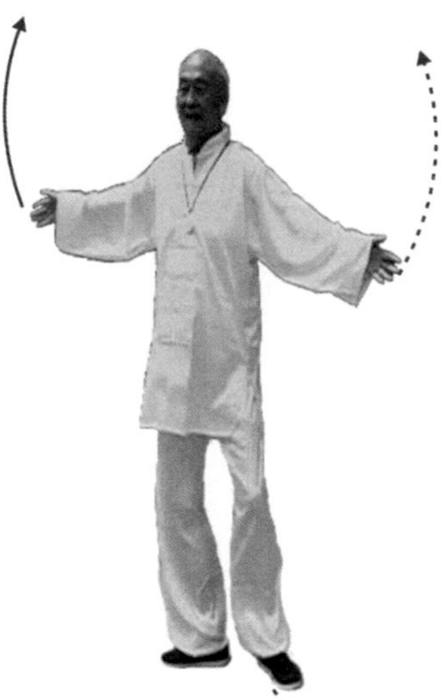

圖3

圖4

圖5

圖6

圖7

圖8

二、圖解

（一）起勢

武當承架太極拳，古傳絕技顯特點。
披身滾臂展雙掤，採捌折別手法靈。

身體立正自然站立，面南背北，平心靜氣，平和呼吸，思想排除一切雜念。兩眼平視，神態中正安舒，全身務要舒服自然。意領頂勁，頭似懸梁（俗稱頂頭懸），閉口叩齒，舌尖輕抵上牙根（即舔上顎）；下頜微向內向後略收。切記目不能向下視，頭絕對不能向下低，腰絕不哈。師云：低頭哈腰，傳授不高。

胸微內含，背要拔起，兩肩放鬆沉下，兩肘自然下墜；兩臂自然下垂，但不宜過直，而帶一點弧形；十指放鬆，微微幷攏，成團結掌；如若不到用時，大指不展，虎口不開。完成含胸定要兩肩膀微向前扣，達到拔背必須氣沉丹田，收小腹捲尾斂臀提肛（即收闊約肌），吊頂，尾閭中正，使百會穴與會陰穴上下成一直綫，鬆腰坐胯圓襠（即大腿根微微鬆開）（圖一），兩膝蓋微曲蓄，左脚向左微微平開半步，與肩同寬，十趾微微抓地，虛實分明而站立（圖二）。身體重心漸漸倒至左腿，成左實右虛，兩臂外旋，兩手心翻外，右脚以跟爲軸，脚尖外擺四五度，同時以腰爲軸心，身體右轉四五度，兩臂同時向外分開（圖三）。這就是武當太極常講的腰似軸心，脚似鑽，臂似車輪來回旋。兩臂左右同寸側上舉，重心漸至右脚，成右實左虛；左脚向前上半步，使重心漸至左脚，成左實右虛（圖四）；兩臂向前向內旋合，徐徐下落至兩髖窩的同時，右脚前上與左脚成平行式，左右間距約一脚（圖五、圖六）。起勢中右脚的動作猶如以脚跟爲軸，用脚尖外撥弄什麽東西似的，但脚尖不能翹起，脚掌須擦地面而行。兩臂的動作猶如人體站立於一個比人還高一些的大型圓氣球旁，兩臂兩掌由球的下部一直向上摸，并且有欲合抱之勢，當摸到上部時，再徐徐下壓圓球於地下，整個動作體會充氣之球體的柔軟綿彈，與自己的太極勁融爲一體。

要領：中正安舒，舒服自然，以意領氣，以氣運身，氣流周身，切勿稍滯，以意承之，因循爲用。氣以直養而無害，勁以曲蓄而有餘。一舉動周身俱要鬆淨，即意念、筋骨、百骸、肌肉都要完全放鬆；鬆要鬆淨，勿帶一點滯氣、僵勁、拙力。一氣貫穿，周身一體。動若行雲流水，行似微風擺柳，立若平準，不偏不倚，不歪不斜。側身進步，蓄力起發，起手似閃電，發手如迅雷。練太極不懂速度，就不明關鍵所在。但是初學者必須從慢上下工夫，只有這樣才能使內勁打下牢固的基礎。

用法：

一、雙手外分，左右擊打兩邊來敵。如挑襠、打胸、刺眼、刺喉，擊面、打心等。

二、右脚外擺可破其根，同時可用點腿、跪腿等。

三、兩手臂向下時，可截擊對方肘臂關節，并隨之擊面、肘打。如對方雙或單手抓住我肩，或雙手推去我前胸時，即旋其法可凑效。

四、左脚上步即可用膝點，脚扣、跪腿、劈腿，其法如野馬分宗的步法。

五、如人從後撲我時，可向後肩靠、肘擊、臀擊等。

六、人從後抓我肩時，我雙手可抓住對方手臂前拉，同時肩上抬，打對方挒勁。

起勢，其法主要表現爲側身進步，亦稱蛇形進步。前後左右上下皆可打。手臂路綫由小到大均可用。大時拿肩，中時拿臂，小時拿腕。如對方左手緊抓我右手時，我右手由外內翻，以四指扣切對方手腕，其痛難忍。

（二）金剛

上步出手金剛掌，挒臂掤擬敵地躺。
連環玄肘扣搬攬，搗心頂襠跺脚面。

接上式，身體重心漸至右脚，成右實左虛；左脚前上一步的同時，兩臂由兩側向前如托槍式而出，左臂前右臂後，兩掌心相對，五指朝前。右臂屈成九十度左右，左臂微保持向下的弧度，始成左弓步（圖七）。身體重心後移的同時，即向右轉九十度，兩脚依次先右後左以脚跟爲軸，向右旋轉九十度，兩掌隨著身體右轉，在體前各劃一自然平開和內合的上下交叉圈，圈的大小即一肘之距。步型成馬步，兩臂屈曲約九十度，與肩同寬，掌心相對，兩眼平視前方（面西）（圖八）；身體左轉九十度的同時，重心漸移至右腿，動作由原路再回到面朝南的原來姿勢（圖九）。重心繼續前移，左掌心向內向下轉，右掌心在胸口前上轉；右腿提上的同時，左掌向前上方翻旋，右掌心向內下旋落。左掌向懷內，再向下劃一前後的旋轉立圓的同時，右掌也由懷內向下，再向上劃前後的立圓（圖十、圖十一）；左掌心朝上，右掌變半握拳（立拳），當右脚前上與左脚成半馬步的同時，身體下蹲屈膝一七十度左右，右拳下降於左掌心，沉肩墜肘，肘要回收護肋。金剛勢完成（圖一二）。

要領：擲在兩臂要撐圓，搌在掌中走螺旋。擠在手臂滾時抖，按在腰攻步隨前。根節一動梢節發，中節齊到勁增加。周身內外一氣貫，才得太極真諦傳。

用法：

一、出手即掤，左脚上步即是點腿、扣步、擺撇、旋擊。若是散開時，即左手擊其門面，右手採拿其手臂。同時此可用金剛掌、金剛肘，即左手挑開對方右手臂，右掌進擊其面門，右肘擊其胸，亦可切勁、

圖9

圖10

圖11

圖12

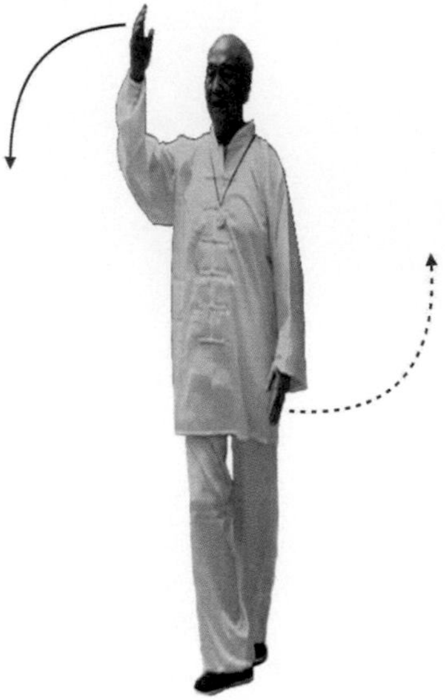

圖13

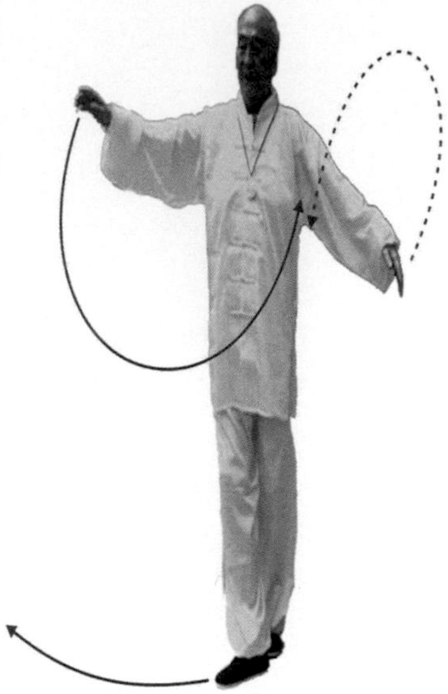

圖14

圖15

圖16

鎖喉。

二、握手、挒手、擠勁、採勁，勻可發放對方。

三、握手抬右膝擊襠。

四、上下搬攔、挒臂、可靠可採。一上一下走兩圈，挒搬對方兩個臂膀。手外旋或內旋勻可採其手臂，採其手指。

五、右手上戳對方面門，肘打對方前胸。

六、右拳落於左手心可採拿對方。如對方右手緊抓我右手腕時，我左手由下緊扣抓拿對方手掌外緣，同時兩手由內向外翻，使兩手指尖向內。此時對方手腕痛苦萬分（兩肘內夾即可）。

金剛手法主要打挒勁，其法甚是利害。掤、握、擠、按、採、挒、肘、靠八法均可運用。散打時，金剛手屬直接進內門的打法，打進內門，即可施各種方法，七星進擊。金剛隱藏的是頂膝打襠，架子中也不現形。

（三）攔扎衣

太極絕技妙無窮，採挒跌打扎衣生。
掤握擠按連殊用，鉗手管肘呈英雄。

接上式，重心右移成右實左虛的同時，右拳變掌，上領到眉齊；重心繼續向右，左脚由右脚跟後成倒插步落向右脚後外側（圖一三），同時，右掌由上向外，向下，旋轉向內摟抱，同時左掌由下向左外向上摟抱至胸前（圖一四、圖一五），兩掌均走弧形，自然旋轉而出，劃半個圓。此時洽好兩臂成一個圓，變成右掌在下，且掌心朝上，左掌在上，且掌心朝內向下，仍爲掌心相對；右脚提起向右方邁出成右弓步的同時，右掌由腰下向懷內經左胸前向，再向右上方劃一大弧而出，右臂墜肘微成弧形，略高於肩，使掌心朝前（南），滾臂展出。與此同時，左掌由上，經右肘外向下，再經右腹側到左腹側，按放至髖窩處，劃一半圓，掌心朝內。至此完成攔扎衣勢（圖一六）。

要領：意從心內起，手向鼻尖落。蓄身鬆胯要自然，兩手劃圓如抱球，抹轉雙肘腰上功，提掤滾按要悟通。

用法：

「意從心內起，手向鼻尖落」，推手時心往懷中轉，右手搭住對方右手，往吾面門一引，左手抓搬其右肘，打對方右臂攔扎衣，上搬前打的方向，就是對方的鼻尖。

（一）右手向上的擊打對方臉，左手在下打擊對方中下部。

（二）左手內摟外掛對方右手臂，右手打擊對方上、中、下部。

（三）右手向上向前時可採拿對方手臂，向下擰轉時，收到懷中成手心向上，對方就可受制。

（四）左手在上時，右手在下擊打其襠。

（五）右手走圈中，有如在推手時，挑撥對方左手，然後進手進肘，擊打對方上中或下部。以肘搗其心窩較狠。

（六）推手時劃圈到下方的左右攔腰掌、進門法，也屬攔扎衣圈中的用法。

（七）左手內掛勾對方右肘窩之內搬攔，也屬攔扎衣圈中的用法。

（八）左手撥對方右手，右臂屈肘擊面或用肘擊其面、胸等，以擺、靠肘爲猛，以穿心肘、搗肘爲利。

（九）接手腦後掌、太陽肘、肋下肘、擊襠打面，如右手剛接住對方右手，左手即使腦後掌、打耳巴、打太陽、推肩、擊襠等。

（十）右手落於懷中時有個挒手，即左手抓其右手，右手由內外挒其肘，使其向我身後栽出。

（一一）左手劃至右肘外時有個採手，即採對方托吾右肘之左手。

（一二）右臂落成（完成）攔扎衣的姿勢時，是一個撥手進肘或點肘。即右手外撥其左手，擊面頂肘，或直接落於中門，用點肘。

（一三）左手落於腹側時，有一個向後的用肘，以打擊其側後方之敵。

(一四)左脚後插步是一個鎖扣其左脚的用法,這一鎖扣,右腿往下一坐,對方左腿可被折斷。此時倒插步又是倒捲肱的高級用法。其破法是當對方對剛倒插左步落下時,即上左脚外扣、管住其左脚,身體前攻,對方即可栽出,或雙手向前推按,對方亦可栽出,一般情況下是逃不掉的。亦可在對方剛想倒插步時,左手抓其左手向外一拉旋,對方亦可栽於地下,或後仰倒地,反受我所制。

(一五)右步向前一落就有攻、扣、擺、旋、跪等妙用之法,可使其受制。

(四)左白鶴亮翅

白鶴亮翅打騰空,合手端肘倒栽葱。
含胸拔背立圓進,顧盼輕靈拳脚迅。

接上式,重心左移的同時,右掌由右向左至肩前下落劃一大圓。左掌同時由下向上至胸部正中(懷內),左掌心朝內,右掌心朝下;右掌由上向下,同時左掌經右前臂內側向上領起,稍高於頭,掌心仍朝內(圖一七、圖一八)。右掌置於左肘下,使掌心朝下;含胸拔背;身體展起的同時,右掌向下,向外內旋,再由外向上劃圓。重心由左移右,掌心朝上;左脚提起回收至與肩同寬時落下,雙手腕內旋,成掌心相對而同時朝外旋按(圖一九),雙掌落於胸的正前方。此白鶴亮翅勢完成(圖二十)。

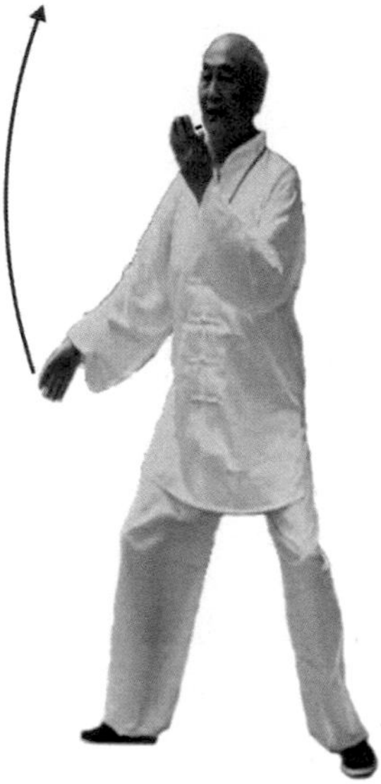

圖18

圖17

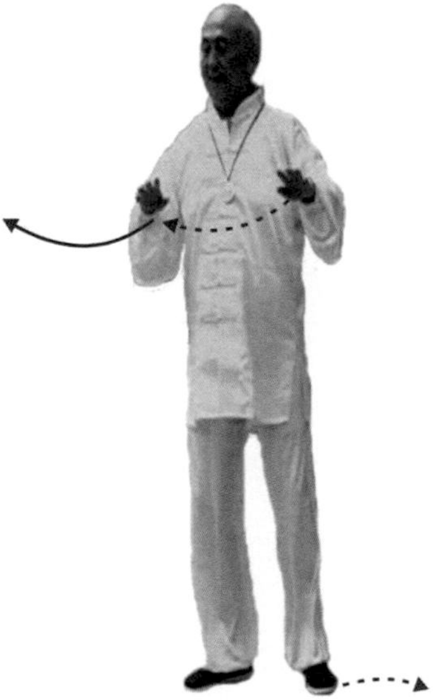

圖20

圖19

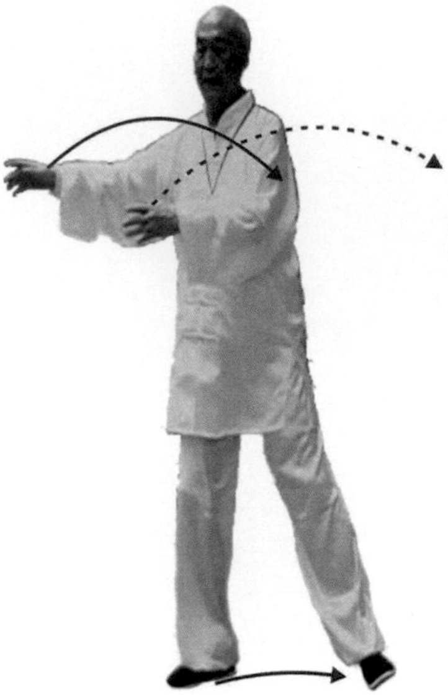

圖21

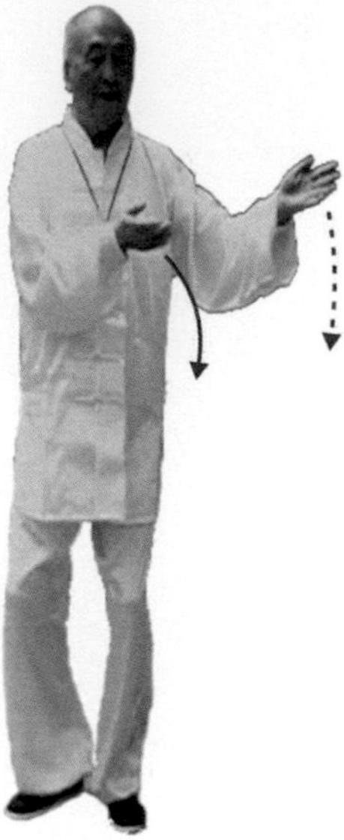

圖22

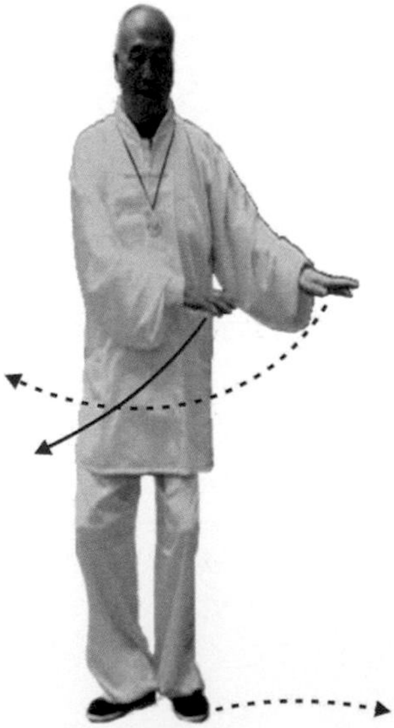

圖23

圖24

要領：當右手向左肩回落幷向右後翻轉纏繞時，兩腿必須曲沉以馬步過渡，左手食指接手領起時，右肩、右胯絕不能向右傾斜，若肩歪而胯必擰，胯成麻花勁，其平衡自遭破壞。當左食指向上領起時，右肩、右胯、左肩必須完全放鬆，而重心放在左脚和左胯根，左臂微微掤起，含胸勁變立圓向前滾進發出，在滾進時切記要收肘，藏肘專注一方。發手如同火燒身，一發即將步上的虛實倒回。避免慣性爲人所借，發而不貪。不給對方留可乘之機。

用法：

白鶴亮翅的打法主要是當對方逼我左手肘時，打進步、上步白鶴亮翅。除此之外，白鶴亮翅還有各種散手法、採拿法、靠法、肘擊法、挒法以及下琵琶、低探馬、倒捲肱、掏腿倒捲肱、閃通臂、搬攔肘等等。此處的白鶴亮翅，底下的步子要倒換虛實，其中由馬步過渡，切記不能做成馬步，否則就成雙重了。腰和兩手之間似乎橫有一個棒子，以棒子中間爲軸，兩頭劃兩個立圓，腰的左右和手的左右如此，都是左右各走一立圓。左手由下向上，經自已之口，向上前吐出。右手以八字掌掛帶領引對方之左手肘，左手使其左手塞於其左肘下偏後，右手抓其左肘上掛，向其臉面上直打，這樣可以使其左肩對死，不留活動餘地，此時如果打抖勁，對方肩關節即可脫臼。

一、進步白鶴亮翅：當對方前逼我左臂時，我上身稍後撤，鬆左肘，左手向前上領，走立圓，右手外掛後帶對方左肘（用大拇子、四指掛帶均可），并使其左手塞於其右肋下，此時重心是在左脚（後腿）上，前腿（右腿）是虛的，右步直接向前進步，進步於對方襠中，或右脚外側，管住對方右脚小指或全脚、或由後扣住對方右脚根，打對方白鶴亮翅，都可湊效，但以後者爲狠。

打下進步白鶴亮翅，也可採取先開門的方法，即以右脚根爲軸，脚尖外擺、掛鈎對方之左脚根，目的是其重心倒於右腿上，使其右脚成爲實腿，并同時打開了對方的門戶，再進步打招就更方便，宜沒有多大之危險。如果對方左脚緊貼我右脚之外側，使我右脚尖無法外擺時，我可以脚尖爲軸，脚跟前上，如果對方前逼很利害時，上右脚後跟或外擺脚尖的同時，上身右轉，以自己的隅對對方的正，恰好掉轉九十度，然後進步打白鶴亮翅時，則更凶，等於打了一個一百八十度。

二、上步白鶴亮翅：右步脚的動作和上肢之動作路綫及下開門的方法和進步白鶴亮翅相同，不同的是把右脚進步改成左脚上步，右脚上步扣住對方右脚後跟，意向遠方時，此上步白鶴亮翅，將可打對方很遠，且使對方很難逃掉。

三、上步前斜行：對方逼我左手臂或抓我左手時，我左手腕向下翻轉（有手不見手），以上步白鶴亮翅的方法，左手前切，滚按對方左勃，對方因後脚被我管住，可向後倒地。

四、左右挒臂：當對方前逼我左肘時，我左手向上走立圓，左肘向外向後上劃小圈，使對方右手臂恰好伸直，這時，右手抓住其右臂肘外側，左手抓住其右手，打對方右臂挒，此是左邊挒。右邊挒時，右手抓其左手，左手抓其左肘外側，先肩靠其胸，後打挒臂則更能湊效。

五、上下採手：對方前逼時，我身體稍右轉，採其左手；對方右手前逼我左肘時，我可用右手由下採其右手。也可在對方左手前逼我左手時，在吾右肘內側採拿其左手（吾之左手抓拿其左手）。

六、撥手靠：對方前逼我時，我用右手外撥（由下內挑）對方左手臂，同時進右步，用右肩撞靠對方前胸。

七、壓手靠：對方前逼時，用左手下撥對方左手（下撥對方托我右肘之左手），同時進步以右肩撞靠其前胸，若壓手後對方還前逼，可馬上進用撥手靠。

八、撥手肘：對方前逼時，即用左手下撥對方托逼我右肘之左手，然後用右肘橫擊對方耳頰、太陽、反過左邊又以右肘尖擊對方右側太陽穴，左邊亦然。

九、開門連續進擊肘：對方前逼時，我上身稍右轉，用右臂墊托其左手臂向我右方的同時（此時已打開對方上門），左肘順勢擊對方前胸或右肋下，繼而再右肘反回擊其前胸，此連擊肘甚猛。

十、閃通臂：當對方前逼并用左手將抓拿我左手時，我即搶先用左手拿住對方左手，向左轉身的同時，使其左臂伸直，我此時已向後掉轉一百八十度，以右肩爲支點，以挒法打其左臂，使其向我頭上摔出。

一一、搬攔肘：對方前逼時，我身體向一側一轉，同時一手抓住其一手腕或指，一手打其搬攔肘。如對方前逼，我可向左稍側，用左手抓拿住其右手，然後，我之右手由外向內攔搬對方右肘外側。

一二、散打法：撥手或挑手進掌、沖拳、擊肘、肩撞、身靠、膝頂，脚踢都可以在白鶴亮翅中找到。如當對方前逼時，身體向後稍撤，同時，抬膝頂擊對方當部，對方前逼時，兩手由下向內向對方懷中向外撥挑對方雙臂，然後雙手合擊對方臉面，雙切對方頸部、鎖喉、挖眼、雙擊胸，雙手迎面貼金、雙肘擊胸等等，一連串的打法均可運用。

破白鶴亮翅的方法也非常多，如下琵琶、低探馬，前招、掏腿倒捲肱，夾臂掛、上琵琶、旋肘等等。

一、下琵琶：當對方剛想抬我左臂打我白鶴亮翅時，我即用左手抓住對方左手向左一帶（使其左臂伸直），上左步於對方雙脚後的同時，左手推捌對方左肘，對方可後倒於地。

二、低探馬：當對方剛想打我左臂白鶴亮翅時，我即左手抓住對方左手向左一帶，左手腕上翻（抓住對方左手，由下向上翻，使彼手心朝上）的同時，右手虎口緊扣其左肘，上提下壓，使我右手心，彼肘心，正朝下方，此時用左脚後跟扣掛對方右小腿及脚跟的同時，左手上提，右手下壓，對方就可屁骨坐地被我以低探馬打倒。

三、前招：對方欲打我白鶴亮翅時，我即用左手抓住對方左手向左一帶，然後在進左步於對方雙脚後的同時，右手向左拍擊對方左肩，或切砍對方左肋，對方可向我左方倒出。

四、掏腿倒捲肱：對方欲打我白鶴亮翅時，我左臂掤勁不丟，以左右盤肘式緊逼貼對方，同時在左脚由外向內換的同時，右手抓其右肩或大臂外側，左腿用劈的同時，右手向吾右脚下拉轉，此時對方可被我我打翻。

五、夾臂掛：對方欲打我白鶴亮翅，右手剛想上擔我左大臂，我此時恰好以火車掛鈎狀，讓其掛上，大臂一夾，上身向左一轉，對方即可被我掛勁摔出。

六、上琵琶：對方打我白鶴亮翅時，我即左臂往我襠下（緊貼我身）一鬆，反上提，并向左後方上提，以上琵琶式，將對方發出。

七、旋肘：對方欲打我白鶴亮翅，其右手剛想抬我左肘時，我左肘突然向外劃一小圈（脫掉對方右手），以肘尖橫擊對方右太陽穴。此防守的妙法是用八字掌的老虎鉗子扣住對方肘關節。

八、此外，白鶴亮翅還有一個用法，就是抱雙臂捌摔，就是當對方前逼我時，我即左手上領，并用四指在外在上，大拇指在下抓住對方左手，向後一帶，使其左臂夾於我左肋下的同時，右手由下向外抓拿對方右肘外側，使其雙臂如抱柴禾式被我抱住（此時其雙臂已伸直），向左後上方一挑，一捌，對方可從我頭上向後摔出。

九、對方逼時，以掤勁前擠（身步一齊進），對方可向後倒地。

（五）單鞭

雙鉗臂肘拉單鞭，前後左右顧盼間。

上下繞打用不盡，鞭捶擊根追人魂。

接上式，重心倒至右脚的同時，左脚向左邁半步，雙掌與胸齊平一同向右水平擺動，并使雙掌心朝下（圖二一）；重心左移倒至左脚的同時，右脚向左横跟半步，與此同時，雙掌在水平位上一齊向左擺動，使雙掌心朝上（圖二二）；身體向下蓄沉的同時，雙腕旋內，使雙掌心朝下（圖二三），重心繼續下降時，雙掌下沉於腹下，左髖外側，右掌在外左掌在裏（圖二四），經腹下雙掌向右側外劃弧；右掌至右髖上側時變鈎手，左掌經右肘外，向上經胸前向左上劃一大弧拉出的同時，重心移至右脚，左脚向左方邁出一步拉出之單鞭掌，成左弓步（圖二五）。左臂略高，同右手向後鈎點之撮拳，均同肩平，不可過肩，應掌心朝外，微下扣，沉肩墜肘，支撐八面，立若平準，單鞭勢成。

要領：兩肩要鬆沉，兩臂要沉墜雙肘而平伸，單鞭出時定要尾閭中正含胸拉出；右鈎手手腕要平順，切勿低頭鈎腕。武當太極對手頭要求是：手頭要高不能低。

用法：

武當太極單鞭之特點是兩手此時是兩把鉗子，如左右的雙手仰俯搬法，實際上是一八字掌，虎口如老虎鉗子扣鉗對方手、肘關節，而後施以搬勁制服對方，此外還有採、挒、滚、捽、擊、肘、靠、擠等法。

推手法以及散手法變化無窮。

一、兩手向左時仰掌，意是右手抓其右手腕（指），左手四指在下，大拇指在上鉗住其右肘，可向右下施擺法，也可擺後再向前施滾壓擠推勁；也可以左掌心抖推對方右肘外側，使其抖斷；也可四指在上由內向外（左後）搬扣使其向我左後倒地，亦可用左肘打其右臂內搬攔，也可右手採住其右手，內上捲提的同時，左手掌切，指尖下戳其右肘上側，或控制對方，或內捲上提後撤使其爬地，或使其右臂折斷，或雙手向前順對方抽回之勁，上撩將對方發出。打反單鞭時，右側相同。

二、在推手中，向左下劃圈時正好是一個按手，也是一個左擺手，如我左手抓住對方左手，右手四指在上，大拇指在下，以虎口鉗住對方左肘，向我左下猛擺的同時可用左膝扣頂對方右膝，對方則向我左後栽得更狠。此時也可打其低探馬、下琵琶、扣腿前按等。

三、向右下時，右邊有個挒臂，即右手以拘手內旋外挎對方左手腕內（并使其粘在我右手腕外側），左手由內插於其左臂肘外，搬挒其左臂，可抖、可搬，或使其臂斷，或使其摔於我左側身後。此方法也可變爲左手由內插向其左肋下，同時左脚外扣其右脚外，左前臂以外側、及腕外緣，上拔其根，向左後、外或斜前旋擺，使其向我左後方摔出。此方法左手也切貼對方左側頸部施之，都可湊效。也可用左臂外旋擺對方，此時左肘點擊其胸，對方則可倒地。

四、兩把老虎鉗子式的手法，不但有擺法，而且有肘法挒法，即左右擺的同時，左肘挒推其肘關節，向下一沉，左右肘依次連環擊打對方兩側太陽穴，向上一領，左右依次連擊其左右兩肋或心窩。

五、右手由掌向內旋轉變勾手的動作，實際上是個外挎對方左手臂的動作，此處有許多妙法，既可用於散手，也可用於推手，如，對方左拳沖來時，我右手向外一掛撥（已開門）順勢以食指的根節點打對方太陽穴，或以拳擊其襠、胸、肋、喉、顎、面等，或右手掛撥，左手以刀片掌切擊對方左頸大動脈，其可休克。推手時的用法就更多了，如左手採住其左手，或手以食指根節及腕背粘貼對方左肩外或左肘下，或腰後命門，向右邊一擺帶，對方則可向我左後摔出，如果此時向上一個旋提，向左下一折，對方可直栽於我左下。此法同時也可用於散手，即左手抓採其左手的同時，左手打其耳巴子、腦手掌、肋下拳等。此單鞭右臂的動作可用手背（上一個方法即是）、前臂、肘關節上側，大臂以及左肩作支點，打對方單鞭旋捌，如左手抓採其左手的同時，右手由外下鑽懷中，成雙手抱住對方左前臂，以肘關節托住對方左肘下，身體向左一轉（左足向後撤一步）打旋勁，或以大臂托住對方大臂下側，打旋更凶，或以右肩內扣打其左大臂外側上段，并向左後打旋，將更爲得害，對方可如鏇子式，平旋出去，甚者可摔死對方。

六、貼身摟撞：右手由外向內，掛撥開對方之左手臂後，插向其左腋下身後，猛力回摟對方後腰，同時進右身體向前，以胸的右側或右肩或身體撞擊對方，甚者可使對方吐血身亡。

圖25

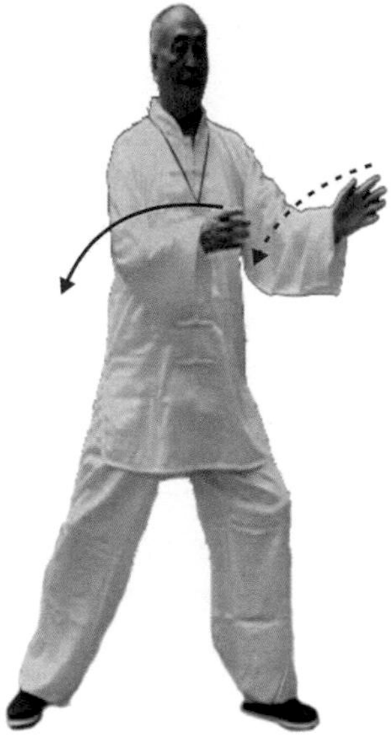

圖26

圖27

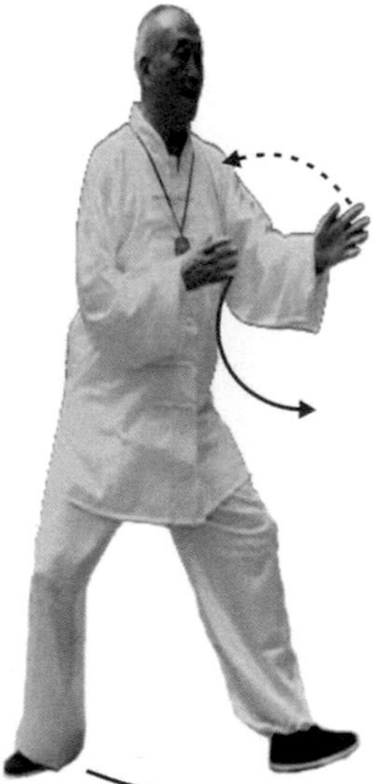

圖28

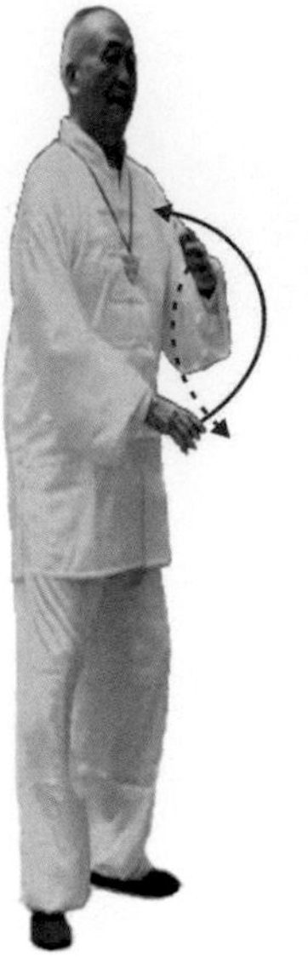
圖29

圖30

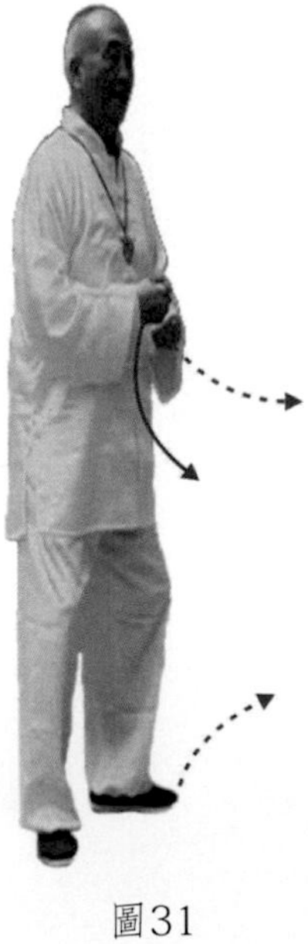
圖31

圖32

（六）斜金剛

上步出手金剛掌，捩臂掤搌敵地躺。
連環玄肘扣搬攬，搗心頂襠跺脚面。

接上勢，右鈎手變掌向下至腰下劃弧，掌心朝內；兩臂由兩側向前（斜向東南，故曰：斜金剛）如托槍式而出，左臂前右臂後，兩掌心相對，五指朝前。右臂曲成九十度左右，左臂微保持向下的弧度（圖二六）。身體重心後移的同時，即向右轉九十度，兩脚依次先右後左以脚跟爲軸，向右旋轉九十度，兩掌隨著身體右轉，在體前各劃一自然平開和內合的上下交叉圈，圈的大小爲一肘之距，步型成馬步，兩臂屈曲約九十度。與肩同寬，掌心相對，兩眼平視前方（圖二七）；身體右轉九十度的同時，重心漸移至右腿，動作由原路再回到原來姿勢（圖二八）。重心繼續前移，左掌心向內向下轉，右掌心在胸口前上轉，右腿提上的同時，左掌向前上方翻旋。右掌心向內向下旋落。左掌向懷內，再向下劃一前後的旋轉圓的同時，右掌也由懷內向下，再向上劃前後的立圓（圖二九、圖三十）；左掌心朝上，右掌變半握拳（立拳），當右脚前上與左脚成半馬步的同時，身體下蹲屈膝一七十度左右，右拳下降於左掌心沉肩墜肘，肘要回收護肋。此斜金剛勢完成（圖三一）。

要領：掤在兩臂要撐圓，擺在掌中走螺旋。擠在手臂滾時抖，按在腰攻步隨前。根節一動梢節發，中節齊到勁增加，周身內外一氣貫，才得太極真諦傳。

用法：

此金剛和起勢後之金剛沒有多大之差異，唯不同的是打的角度不同，是斜向左前方。實際上金剛勢前後、左右、上下各個方位都可以打。

一、斜金剛第一動，即單鞭向左一轉時，就是一個掤擠勁，左手可直插對方懷中內開，可開門，叫門，也可採、拿對方手臂，也可外挑，下壓、內掛對方手臂，右手向腰內劃圈時有拿採對方左右手之意。

二、兩手一合有合勁、滾勁、擺勁、壓勁、擠勁、捌勁、墊勁、撐勁、塞勁、貫勁、長勁、抖勁、肘勁、靠勁、發勁等。

三、可打上、中、下三個搬臂捌勁，以抓其右臂爲例，左手抓右手、右手抓右肘外，使其右臂伸直，左手在上，右手在下，左手向下一搬，右手向上一挑，將對方由我右肩上捌出；左手抓其右手向左平搬，右手抓其右肘外向右懷中平帶，將對方捌摔於我右側身後，左手抓其右手向下一搬，向前向上劃一圈（即向對方右側身後劃一由下向上之立圈），右手抓住其右肘關節，雙手似握短棍，以攪料式，使棍之頂端，即對方右肩關節（并使其肩關節塞死，無法活動向我右脚後方猛力下塞，此時，對方可被我捌栽於我右脚下。

四、雙手抓住其右臂向右下一擬，同時上抬右膝頂擊對方襠部，可使其斃死命身亡。

五、外撥或扣掛對方一個臂膀或雙臂，打對左右肘或穿心肘、或擊面、或肩靠、或頭擊、或身攻、或採、或挒都有的用法。

（七）右白鶴亮翅

白鶴亮翅打騰空，合手端肘倒栽葱。
含胸拔背立圓進，顧盼輕靈拳腳迅。

接上式，身體收起的同時，右拳變掌向上與眉齊，左掌由下向左外，再向上，與右掌平行，掌心均朝前（東南方）（圖三二）；重心移至右脚，左脚向左後側外移半步，重心移至左脚的同時，右脚向左橫跟半步，不落、不停地再向右前方弧形邁出半步，左脚緊跟上與肩同寬而落，面仍回東南方。與此同時，雙掌由上一齊向下經向左後，復向上、向右劃圓而出（圖三三）。雙掌落按於胸正前方。略高於肩，掌心相對，向外旋滾按出，成陰陽掌，變兩掌心一齊朝前，此完成右白鶴亮翅勢（圖三四）。

要領：兩臂劃圈時，以腰爲軸，以中丹田爲中心，兩臂下不過臍，上不過鼻，經身體中綫盤繞，左脚向左後側撤步和右脚向前進步，且亦都帶弧形。

用法：

此處的禦步白鶴亮翅第一是盤右肘，而不使其亮肘。第二，禦步是一種迂回出擊，避實擊虛的打法，此處的步法外觀上看來是禦步（撤退了一步），實際上是進了兩步，右腿就沒落步，它進了一步，右脚又跟進了一步。避對方手出的實，擊對方肩身的虛，給對方造成了錯覺，所以，一般情況下這種方法都可凑效。在散手過程中，這種方法就更多了，因爲它對自己來說既安全又實用。因爲它廢除了對方一側手臂，是以我的正打對方的隅，以我的雙拳打對方的單拳，取勝較易。

一、禦步進步雙手或單手推對方的右肩、右肋、右髖都可將對方推出。當然，左脚上步扣管對方雙脚更佳。切記做此動作必須管住對方的右臂，防止它從下繞至我之左側襲擊。

二、散手時，當對方右拳沖來時，我左脚向左側一撤，身體向左一側，右脚繞向左前方（由內至外）的同時，右手抓住其右手臂并施一控制，上左步的同時，左掌或拳擊打其面、肋下、腦後、命門等，將其打倒。此時也可用肘、膝、胯、肩、頭、脚打擊對方，也可身靠。

圖33

圖34

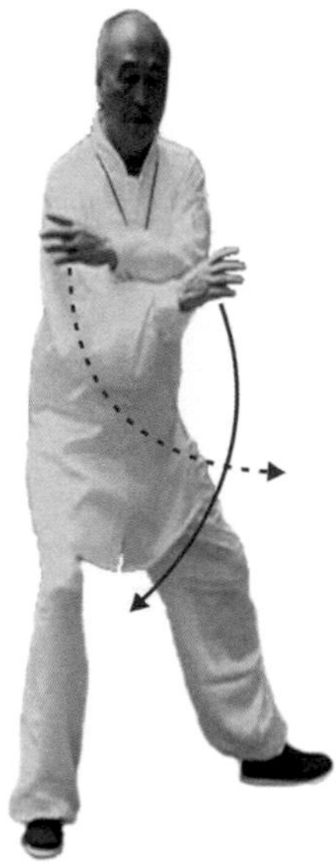

圖35

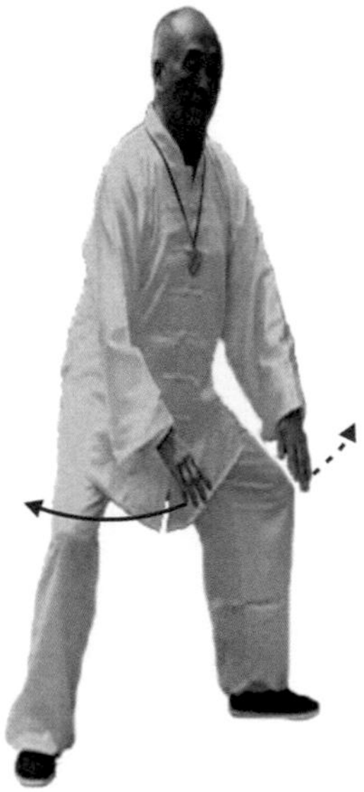

圖36

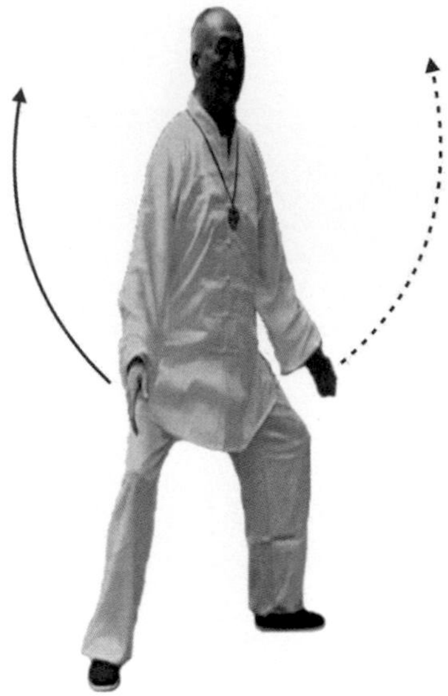

圖37

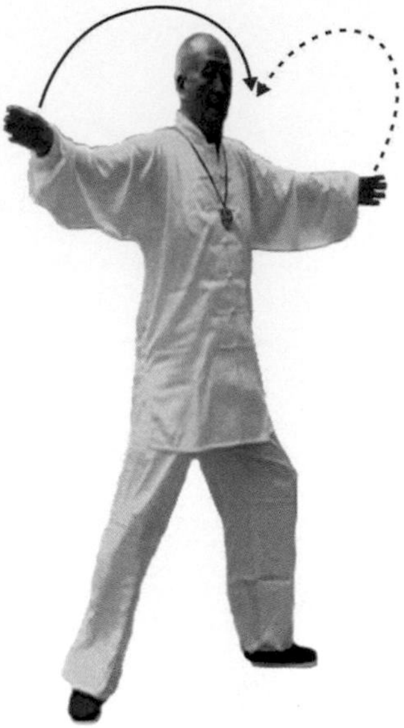

圖38

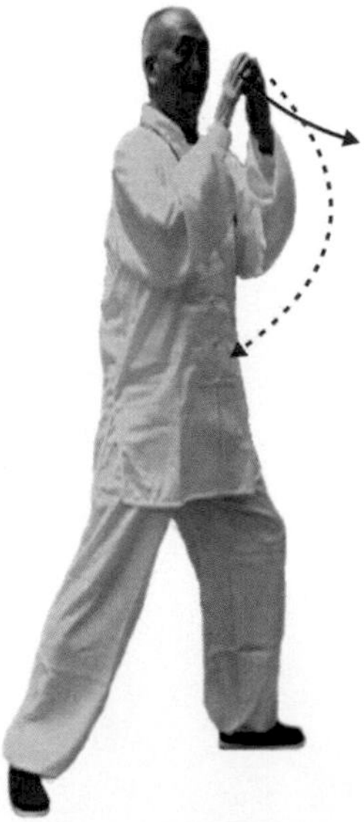

圖39

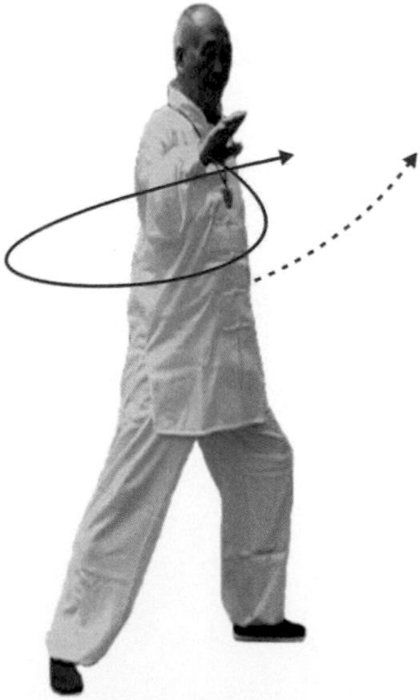

圖40

（八）斜行

避鋒下勢內掤撐，貼身扣腿弓膝崩。
十字手法變中論，肘靠膝胯順勢運。

接上式，由白鶴亮翅變十字手（陰陽十字手，在右膝上，右手在下，左手在上，手虎口相對，手掌心向裏，兩臂向內旋，成鉗形）（圖三五）。收左脚提至右脚踝內側身體鬆沉下蓄，此時右脚前掌微微抬起，用右脚跟向右抹轉四十五度，脚前掌落實踏地，右脚和體向右抹轉必須以腰向右旋而帶動（必須牢記以腰爲主宰。這就是欲要左跨步斜行，必先向右，這樣向左跨步斜行，即無停滯和斷勁處），左步向左斜跨一步落實後，仍然鬆沉下蓄，兩臂左右分開向兩膝後劃圓，掌心向下向後，過膝後，即滾臂翻掌，掌心向前，兩臂沉肩鬆肩由後向前環繞，當翻輪繞時，必須含胸，忌挺胸（圖三六、圖三七、圖三八）。雙臂輪繞向前向中合掌於鼻尖前（圖三九），左手隨沉身下落，臂變內合，左掌變撮向左後點擊，左鉤手背與命穴相對，轉臂使左手虎口對命門，撮之鈎向上靠貼脊柱；當左手由鼻尖向下向後落擊時，右掌從鼻尖向前按滾臂推出，沉身變弓箭步（圖四十），這時在完成此式時必須右脚跟微抬起，用右脚前掌向右抹微蹬落，使鬆右胯根而正身，周身以整體勁前按後鈎發出。前按必須注意鬆腰坐胯撐，務使對拉拔長，做到鬆沉靜穩。

要領：斜行沉身身要正，正隅變化虛實要明，太極不明虛實理，枉練終身藝難成。由正變隅，內施裏，鬆淨引空敵難覺，側身進步管雙足，壁腿一到靠貼身，脚到靠到如山崩。靠在拳裏佔一法，一般有：貼身、迎面、肩胸、肘下、撥手、分門、領身、托肘、背折、上下和左右等靠之分。

用法：

斜行的用法非常之多，且都是狠招，其中尤以雙管脚、十字手法最利害，除此還有雙風貫耳的合掌法，撮襠法，抱花壇、斜行靠、背身靠，搬抖手、採挒法，以及秘而不露的葉底芷花擊心法等等，都是相當利害的。當然斜行雖是利害，但破它的方法也很多，則更利害，如劈腿，劈腿例捲肱、勾掛腿、內外壁腿、旋手、轉身按手、滾肘，以及前擠法等等，都可破對方的斜行。

打斜行是不能擰身折髖，更不能亮左肘，必須兩肘下墜，兩手心向上，脚下以磨轉法調之，步隨身轉，人面向那裡，其雙脚尖也必須向那裡，這就是步隨身換，身隨步行，以中正為先。

一、斜行靠：一接手時，右脚向右一擺或足跟向上一擺，向右一轉，向下一沉，左脚向其雙脚後一扣，順勢以左肩撞靠對方前胸，其可後倒跌出。

二、斜行擠：我之右轉下沉的同時，右脚外擺，左脚扣管對方雙足，朝回輕輕一帶或右轉側身使對方左臂伸直，右手托粘對方左肘，向前弓步連擠帶送，對方則後倒於地。

三、斜行中底藏花：身體右側身時，右掌指或拳從左肘下打擊對方心窩。

四、採捌肘：斜行往右一側身轉，這時恰好對方左臂伸直，此時我在右轉側身的過程中，右手由下經懷內抓拿對方左手或四指，左手在下抓拿其左肘外側、右手下採內旋外搬，左手外扣懷內上提，對方若不往其左側倒地，必左臂骨折。

五、十字手：轉到右側落下時，右脚尖外擺，雙臂及手粘帶對方左臂向右後方一點，其目的是其落處於空處，然後在左足膝腿管住對方右脚腿的情況下，向我左肩後猛力打十字手，此時對方恰被我掉轉一百八十度十字手打個倒載葱。十字手在此時的散手法就更多了，如金絲纏腕，左手刁纏對方手臂，右手順勢擊打對方肋、胸、面、頭等，右手反之亦之，十字手用肘加靠則更凶，「十字手法變不盡」，就是這個道理。

六、上、下開門的雙手反掌擊面，雙肘打心，掛抹貼金之滿面開花，兩肘雙切、連環掌、連環撞、連環肘、連環靠、連環腿等等技擊方法，此時均可用。

七、兩手過膝外分的動作，有打切對方膝關節及下盤（破上攻）的意思，往後有打後面來敵之意，同時此時有一個夾臂摔，就是對方欲抱我腰或手插入我腋下時，我用大臂與腋下肋部緊夾其手臂，身體向一側一擺，對方可被我摔出，此法也是掛鈎法的一種。雙手向前時不但可以擊打前面來敵，同時也有化解對方雙手或兩敵抓我雙肩，并使其爬在我脚下之意。雙手向前落成時是一個合掌，此合掌法在推手中可用成合掌擠將對方發出，在散手中可用於擊打對方臉、太陽穴及耳，可使對方耳聾，這也是合法之一。雙手前後分開時，有打擊前後來敵之意，前手（右）可掌擊，可用打，可用戳，後手（左）可抓拿、點打，可擊打對方小腹及襠下使對方斃命身亡。

破斜行之法也非常之多，下面就幾個常用之法簡述之：

一、滾肘：當對方想打我斜行時，剛向其右側鬆沉時，我順勢右前臂由下向外，身體同時向前施以滾肘，對方可反被我打出。

二、劈腿：當對方打我斜行，左脚剛欲管我雙脚，放在我雙脚後時，我上身可以不動，右脚跟擦地，貼著我左脚跟向後突然打劈腿，此時對方可反被我打倒。

三、勾掛腿：對方左足剛想後管我雙足時，我用右脚跟勾掛住其左脚，朝後一撤帶，其可反被我打倒。

四、擺腿：其左足伸向我雙脚後剛想管我肘，我用吾之右膝外側外擺擊對方左膝內側，其可向外倒地。

五、跪腿：對方左脚剛伸入我左脚後（這時其腿恰好正伸直），我用右膝跪對方左膝，其可向外倒地。

六、內後壁腿：對方打我斜行時我不理採他，他向我身後進左腿的同時，我也向他懷中襠內直進右腿，以右脚扣住其右脚，給其右脚後施一壁法，我身體向前時，對方反先倒地。

七、外前壁腿，他進的同時，我也進右腿，由其右脚前邁出，以右脚跟壁住對方右脚，我身體向前，對方可先倒地。

八、勾掛壁腿：對方左腿後管我雙脚時，我即用右脚跟施以勾掛，使其左腿落空，右腿變實，然後進身的同時，進右腿内後或前外壁其右腿，對方則栽得更狠。

九、施以旋轉法：當對方剛想打我斜行時，我即右手抓其右手，左手在吾右肘下抓其左手，右手外展，左手懷内拉轉，對方則可後仰倒地。

十、採手沉肘法：對方剛想打我斜行時，我即用左手插向吾右肘下，抓捂住對方左手，并使其緊夾在我肘下掌中，向上一帶，往下一沉一折，對方就可前跪於地。

一一、採手展臂：對方剛想打我斜行，我左手就在右肘下採住其左手四指，并使其緊貼我肘臂，沉臂翻外，左手向回扣搬，同時右臂順身體前攻之勢而外展，此時對方可後倒跌出或下跪於地。

一二、轉身前按：對方欲打我斜行，剛要在我右邊迂回抱操我右後方時，我也順勢右脚外擺九十度，身體轉九十度，恰好和對方正對正，因爲對方些時處於轉換的過程中，恰好是我進攻的好機會，我施以雙手正前按，其跌可遠。

（九）琵琶勢

懷抱琵琶上下翻，打了兩頭擊中間。

連環翻肘掌中竅，端肘破法在此找。

接上式，右掌向外，劃弧至腹前，同時左手由後向左平，側弧形而出（圖四一），前臂旋外，兩手掌，兩前臂均與腹左掌心朝上，右掌心朝下，成掌心相對（圖四二）；重心右移，左脚向左上半步，重心左移，屈蹲之身稍上起，右脚向左跟上半步的同時，雙掌一齊向左前上平托而出，高不過肩（圖四三）；重心仍在左，右脚向右撤回半步，重心倒右脚，左脚向右跟回半步成左虛步的同時，雙手向右下撤回，右腕旋外，使掌心朝上，置於腹側，左腕旋內，前臂內收，向下旋，左掌變鈎手，使鈎尖輕置於左膝關節上，此完成下琵琶式（圖四四）；左脚前上半步，重心移至左脚，右脚緊向前跟半步成後跟丁虛步，以左大臂爲軸帶動左前臂及肘關節由下翻轉而上，其路綫經由下向懷內、再旋轉翻手而上劃弧落於左前上方，翻起上立之撮手與眉齊。右腕同時旋內，使掌心朝前，微下扣按，置於左肘內側，此完成上琵琶式（圖四五），至此即完成琵琶式。

要領：以腰帶動周身，鬆腰坐胯，意領頂頸神貫頂，左旋右轉虛實換，鬆肩墜肘落自然，進退顧盼有中定，下節明澈身步輕。進人進身先進步，身步手到方爲真。

圖42

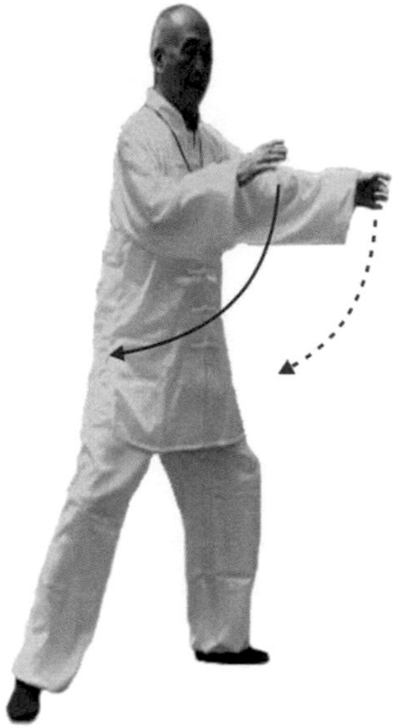

圖41

圖44

圖43

圖45

圖46

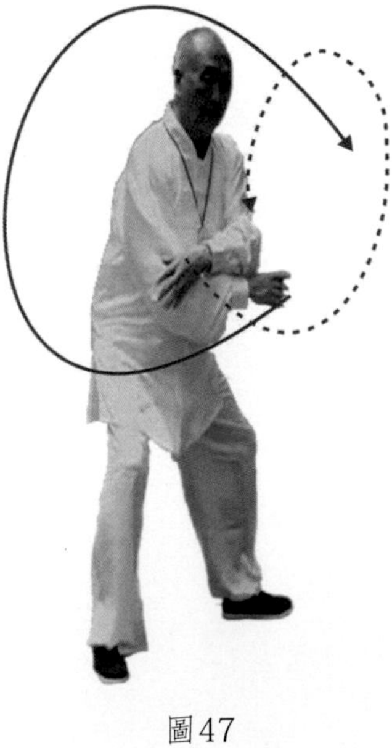
圖47

圖48

用法：

下琵琶：

下琵琶主要用於對方打我白鶴亮翅時起破的作用。下琵琶中也有採捌、靠、擠、頭點、前招、抅腿，撩腿、挑腿、滾襯腿，扣腿、點腿、跪腿、跪擺腿，跪襯腿及散手的多種用法。此外它還常常和上琵琶配合起來用之，其效果甚佳。

一、從斜行的結束動作開始，右手由外向內劃弧時，有右手採其右手臂以右髖爲支點（墊其右肘外），抖捌對方之意，腰部向左一旋，左手出，右手處於下腹時，有雙手採其右臂之意，採的捲、壓、滾、捌、點此時匀可施之。雙手向右後走時有握勁，對方恰好使其重心前移，右臂伸直并落於空處，也無從變化，後握的同時也有用右膝脚之意。雙手走到右後上再向前時，雖是一個上琵琶，但此時除了用於破對方打我高探馬時用之（即對方剛想打我高探馬時，我即用右手輕按其在上之左肘臂，對方可被我上琵琶打倒）外，有抖、捌、長貫勁的用法。即右手全把握對方右手四指，使其手心向上，向右後握走弓在上的弧形，再以左手托其右肘，右手向下回折其手四指盡可能的使其手背與腕相貼，這樣對方既痛、臂又伸得很直，雙手向前下方以長勁貫之，對方可被打出丈外，屁骨坐地，重者尾骨折斷。

二、撤步雙手向下做下琵琶時，有雙手採、捌、擰、抖、擠、壓對方右臂之意，由上步做上琵琶時也有用右掌、右肘、右膝、右脚之意。同時下琵琶的定勢有用左肘、左肩、左膝、右脚、頭、髖、背身折靠之意。

三、在推手時，下琵琶向下一個沉勁，只要左脚管住對方雙脚，對方就可被打出。後管其雙脚，朝下一沉，左肩一靠，對方則可被靠倒。

四、對方打我左手臂白鶴亮翅時，我左手朝下一沉，直接用左肘打擊對方前胸，對方可被我擊倒。

五、對方打我左臂白鶴亮翅時，我左臂朝下一鬆，同時左手抓其左手向我左髖外一引（使其左臂伸直），并抓其左手內旋，使其手心朝外向上，肘窩在下，肘尖在上，這時我右手手窩緊扣，抓其肘關節（肘窩），可打挒、抖、按、推、擠、壓各法，左脚上提，右手前下壓，連推帶送，其可被打栽於地。

六、對方打我左臂白鶴亮翅時，我右臂順勢向下一沉，并用左手抓住其左手，向吾左髖外一引，左脚後管其右脚，使其髖折叠，右手前招擊其左肩或肋、左髖，都可使其向我左側倒地。

七、對方打我左臂白鶴亮翅時，我左臂順勢向下一沉，同時左手抓住其左手腕向左一帶，再往其右肋後一塞的同時，左脚勾、掛、撩或用左膝及大腿膝端滾襯，或挑後以左脚再打其左腿（實腿）點、跐、擊、踼等等之法匀可將對方打倒。

八、對方打我左臂白鶴翅時，我左臂順勢往下一沉，直接用頭前擊對方鼻梁或左右太陽穴，或其直接用左膝旋跪腿或跪擺腿，都可使對方倒地。

九、對方打我左臂白鶴亮翅時，我用右手由內向下外撥對方右手，同時用左肘擊其頭面，也可用右手外採其右手。

十、對方打我右臂白鶴亮翅時，可用右手採其左手（以大拇頂其手背作支點），亦可雙手下採；亦可用左肘打其左臂外搬攔。

一一、對方打我左臂白鶴亮翅時，我順勢左臂向下一沉使其落空，順便用左手抓住對方左手，向前上一提，打對方上琵琶，對方可輕輕被我摔於地上。

上琵琶：

上琵琶主要是和下琵琶結合而用的，在高探馬的破法上，用上琵琶則往往湊效。此外上琵琶也可用肘、用膝、用腿、用拳、用掌，也包含著下打襠上打面的鐵翻杆式的打法。

一、對方上搬我左肘時，我向下一沉，再向上抓住對方左手一提，使對方可後坐於地。

二、對方剛要打我左臂高探馬時，我可用右手按推其左肘關節，可使其後倒於地。

三、上琵琶手向上一提，底下順勢用拳擊其心窩或用右膝上頂其襠，或採腿均可制服對方。

四、上琵琶手（左手）向上一提，就是一肘，擊其心窩或肋部，可將其打倒。

五、上琵琶手向上揚的同時，順勢可用左肩撞靠亦可背折身（即用左肩胛骨外側）靠，左脚如果管住對方雙脚時，則摔得更狠。

六、上琵琶手（左手）向上一提，順勢左髖向前一擺撞，同時左脚管住其雙脚，則栽得更凶。

七、上琵琶手向上一揚，然後用左膝跪其右膝後膕窩，其可前撲於地。用於散手時上琵琶就是擊面掏眼的打法。

八、對方欲打我左臂白鶴亮翅剛想抓我左手時，我突然左手腕向下一翻轉（有手不見手）於對方懷中，擊面，擊胸勻可；或手腕向下一翻打對方小腹。

九、對方打我左臂白鶴亮翅時，我左臂向前下一展、一沉、一滾可將對方打出，或向懷中稍帶，再向前一個往返，也可打出對方。

十、對方左手剛抓我左手時，我向左一帶，右肘向前橫擊對方臉面及胸部。

一一、對方抓我左手時，我左手一鬆，左肘向上一旋（轉小圈）橫肘擊面，反向右邊再以肘尖頂其左臉，再以肘尖連擊帶掛，擊其眼鼻等部。

一二、左手向上一領，右手擊腹，抓襠、右肩靠等。

中琵琶：

中琵琶是對方左手抓住我左手，欲上搬打我左臂白鶴亮翅時恰好用之。它用的位置是在胸前、低於上琵琶的位置，高於下琵琶的位置。中琵琶也有用肘、靠、拳、採、拿諸法，也可用於散手。

一、對方左手抓住我左手剛想上翻打我左臂白鶴亮翅時，我即用左肘及前臂外側緊貼壓對方前胸及右肩頸上，同時右手揣住對方左肘關節，雙手封死對方雙手臂，左脚稍進步的同時，兩手臂、特別是左肘關節、前下壓沉對方，因我左脚管著對方雙脚，所以此時其可向後倒地。

二、對方剛想打我左臂白鶴亮翅時，我可同時左肘擊其右太陽穴，右拳擊其心臟，算其伙食賬。

三、對方剛想搬我左臂時，我順勢左臂朝內下一轉，以拳擊打其胸或小腹。

四、對方剛想打我左臂白鶴亮翅時，我即左手抓其左手，右手抓其左肘，以水平位向右猛帶（同時左脚管住其右脚），對方可倒於我之左方。

（十）躍步斜行

躍步邁脚人稱奇，踩臁揣膝還要踢。
斜行靠進十字肘，壁腿一落敵難走。

接上式，重心繼續左倒，同時右腕旋外，使掌心朝上，右脚經左脛前向前踩踏而出，兩腿交叉處在右小腿之比目魚肌和左小腿之脛骨前脊近端一／三處（圖四六），右脚橫踏落於左脚尖的左前方約三十厘米處，重心倒向右脚，身屈蓄下蹲，左臂向下與右臂在胸前交叉。左鈎手與此同時變掌，成掌心朝內（圖四七）。提左脚向左直邁出半步成馬步，雙掌向左右膝外摟去，當雙掌摟過膝後時，即滾臂翻掌，雙腕同時旋外，使掌心向內，重心左倒至左脚，成左弓步的同時，雙掌由後下翻轉向上，雙掌抱合於鼻尖前，左手向下向左後至底腰處，使掌變成鈎手，靠貼於命門穴。同時右掌向前徐徐滾按而出。重心下降，做到鬆沉穩靜（後半勢同第八勢之斜行，參看前圖三七、圖三八、圖三九）。此躍步斜行勢完成（圖四八）。

要領：躍步速進要輕靈，橫踏膝臁踩法功，踩住膝臁橫落定，分筋折骨要慎用。

用法：

躍步斜行和斜行的區別上主要是躍步。

（一）躍步採對方的膝、臁，可切、踏、跺，以損傷對方的膝關節。

（二）躍步採臁骨有一個跐法，可使對方小腿前面皮開肉綻。

（三）躍步首先就是用膝頂襠。

（四）躍步採、擺、踢、點、跪、扣均可用，也可脚不落地連續運用各法。如先蹬對方左膝內側，再蹬右膝內側，再上踢其襠、再朝天蹬。

（五）躍步一落就是扣脚跪腿。

（六）就上邊而言，是一個十字手法的應用，右手一轉就是一個採拿法，也可作挒其左臂的動作，可前送對方，可直接搬採於地，也可打對方十字手。

（七）其他如斜行靠、摔、擊、打、前後、左右的用法基本和斜行一樣。

後撤避擊卸步行，進步掀按摔法成，

此式開合稱虎撲，意到具到身似忽。

（十一）小開合

接上式，身體重心倒至右腿的同時，身體左轉，成面向正東，與此同時，右臂由上向下收於髖的右側，使掌心朝上，左鈎手變掌，前臂旋外，使掌心朝上，前臂外擺，使左掌置於髖的左側，左脚尖虛點地面，右膝屈蹲一七十度左右，成右虛步（圖四九）；重心前移，左脚向前上半步，使重心倒至左腿，右脚向前緊跟上半步，使脚尖虛點地面成後跟虛步。與此同時雙掌由下向上，劃弧形向前上按出，高不過肩，此小開合勢完成（圖五十、圖五一）。

要領：開合進步使按手，按勁全憑在腰攻，進步進身脚手到，三節齊到勁爲真。不俯不仰正勁按，虎撲一按如推山。虎撲進步成弓蹬，前弓後蹬勁由根，根節一動中節摧，梢節發勁無不摧。身要正，勁要渾，周身齊發勁上乘。意到身到脚手到，這樣發人才得妙。

用法：

小開合主要用於對方雙手前按或雙攔腰掌時用之。

一、對方雙手前按我腹部時，我雙手向下外一撥，順勢進步進身，雙掌直接推按對方。

二、對方雙手切砍我兩肋或腰部時，我雙手由內向外一撥，順勢進步進身，前按對方。

三、對方雙掌向我襲來，我雙手向外一分，滑進、進步、攻身按擊對方。

四、也可一手撥一手進，扣步按推對方。

（十二）轉身琵琶勢

回身擰轉下琵琶，採捌劈掛敵爬下。

滾按捲擠不能停，得機妙發掌中擊。

接上式，右脚向左脚後外側插半步成透步的同時，雙掌一齊向左後擺出，雙掌心朝下，高不過肩，低不過腹（圖五二）；身體重心倒至右腿的同時身體右轉一八十度，面向正南，右膝屈曲一七十度左右，左脚尖虛點地面成右虛步，此時，右腕旋外，使掌心朝上，回撤於腹前，左前臂由後向前劃弧，左掌變鈎手，置於左膝上，形成下琵琶勢（圖五三），接著重心前移至左腿，右脚前跟半步，左前臂上旋形成上琵

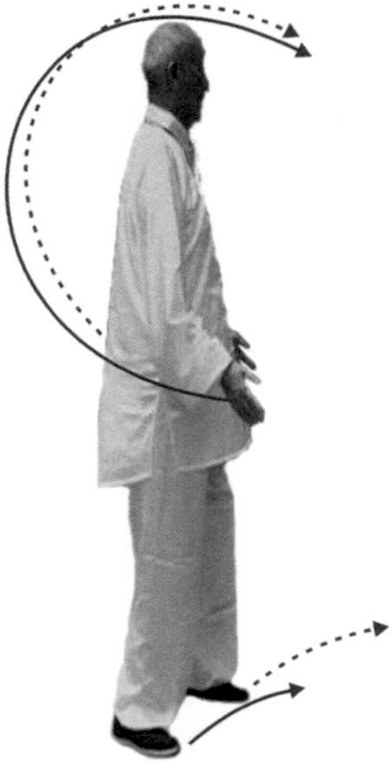

圖49

圖50

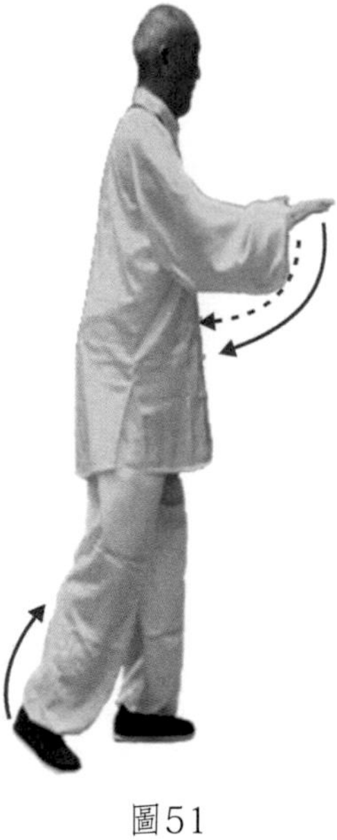

圖51

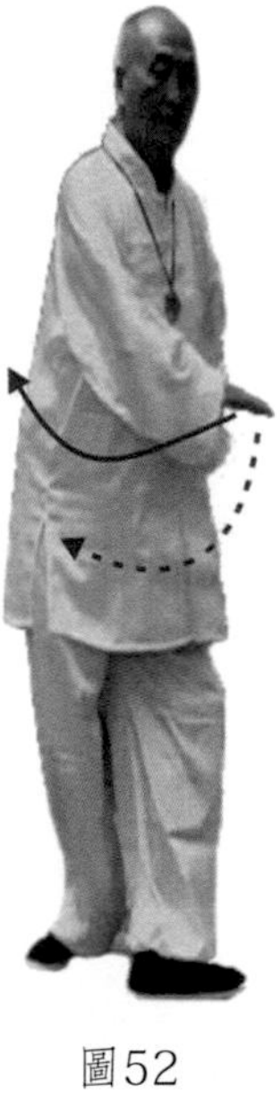

圖52

圖53

圖54

圖55

圖56

琶式（圖五四、圖五五），此即完成轉身琵琶勢。

要領：開合轉身先透步，全靠腰帶膝要鬆，下邊步法多變換，俱在虛實轉換清，後撤、透步、跟步、丁虛步，脚尖點落要記清。不論左旋和右轉，身正才能保平衡，中正安舒氣直養，立於平準練中功。

用法：

右脚向左一擺插的同時，雙手向左一擺，這是一個擺法，是當對方打我倒捲肱或白鶴亮翅時，向下一鬆，先向右稍帶，接著向左後大擺，其可撲地。當然，也可用於散打。

（一）右脚向左一擺，有一個採蹬脚，也有和左腿配合起來的挾擊腿含意。

（二）雙手向右是一個擺，再向左就是一個大擺，同時又是一個往返折疊。

（三）用於散手時，雙手向下就是一個雙攔腰掌。

（四）轉身成下琵琶時右手是採拿法，左手臂肘有扣壓滾推法，同時轉身時左脚掏向其右脚前，打其劈腿，雙手擺，也是一個掏腿倒捲肱的打法。上琵琶和前面的動作及用法一樣。

（十三）躍步斜行上金剛

躍步中定人稱奇，專踩兩臁并兩膝。
連環玄肘扣搬攔，搗心頂襠跺脚面。

接上式，重心繼續前移，右腕旋外，使掌心朝上，左腕旋內，使鈎手變掌，掌心朝下，右脚向前蓋步踩踏而出（圖五六）；重心繼續前移至右腿，左脚再向左側邁出半步，成馬步的同時，兩掌均向兩膝外摟去（圖五七），過膝後，兩腕均旋外，使掌心朝前，朝上，再兩臂側上舉，當兩臂過肩後，重心繼續左移至左腿，身體左轉九十度，右脚前上與左脚平行成馬步（圖五八、圖五九），重心下降的同時，兩掌由上向下，左掌落於腹前時，成掌心朝上，右掌向下時變拳，成立式落於左掌心（圖六十），此完成躍步斜行上金剛勢。

要領：鬆腰鬆肩幷鬆胯，躍步踩進下勢連，下勢完成向左旋，斜行轉度大於前，此轉達到二百七，有稱此轉抱虎勢，王屠捆猪也有傳。最後落成金剛定，身正體鬆要自然。

用法：

此處的躍步斜行和前面的躍步斜行基本用法一樣，唯不同的是，此處所打的角度是二百七十度。

（一）仆步起來轉身時，左脚隨身子左轉是一個抹轉的用法，此處的左脚也是一個開下門、扣脚的用法。向左轉時左肩背有一個擺撞靠法，又有一個肩及大臂的掛摔法。

（二）在推手時，斜行一下一起，左臂夾住對方腰部，向左後一轉，有把對方摔向我左後之意。

上金剛：

一、左腿向前一弓就是一個點、跪腿。

二、向體向前一移，右肩就有一靠。

三、右腿向前一提，有膝頂襠、腹，及採踏之意。

四、右臂向前一擺，有旋摔摟掛，打耳巴、擊肋下之意。

五、雙手向前一合，有貫耳、切脖、鎖喉之意。

六、兩手合住時，有進肘之意。

七、落下時，有拳擊小腹、頭打鼻梁之意。

八、托拳定式，是一個沉採、金絲纏腕的用法。

（十四）伏虎

若遇摟抱欲解束，十字抱胸勁沉住。

雙臂環繞通脊抖，摔跌敵人隨意走。

接上式，兩臂墜肘兩手成掌，十字交叉合落於兩肩內側，掌指在肩鎖骨下（圖六一）。兩掌交叉合時，左脚提起向右脚後透插，左脚落實即提右脚向右平開一步，成半馬步，兩掌內合向胸前滾翻，沿胸正中綫，掌心向外。指尖向下插落至襠前，這時臀內斂，腰脊上提抖背，兩掌從襠前向左右膝外摟翻（圖六二、圖六三）。此俗稱鬆束解帶。當左掌摟過左膝後，左脚變虛步，左脚尖微抬起，以腰帶動左脚跟向左轉，左掌由後摟變向前向左外滾翻，掌心向前，左臂向左後向上旋扣繞（圖六四），當左掌繞至頭時變拳，向內扣下落，這時將左脚落成實步，右脚成虛步，右脚尖微抬起，右脚跟向右抹轉（圖六五），右掌向內滾翻至掌心向上時，右臂向右後旋繞至頭（圖六六），掌變拳，拳心向右前方，拳眼與耳眼相對，這時左拳落於左胯上，左腰窩內，拳心向後，正身下蓄鬆成右弓箭步，此伏虎勢完成（圖六七）。

要領：鬆束解帶自鬆靜，伏虎全憑腰襠勁，欲解後抱先搏手，十字蹲身勁內蓄，斂臀通脊背上抖。左旋右繞雙臂扣，身一中定伏虎成。

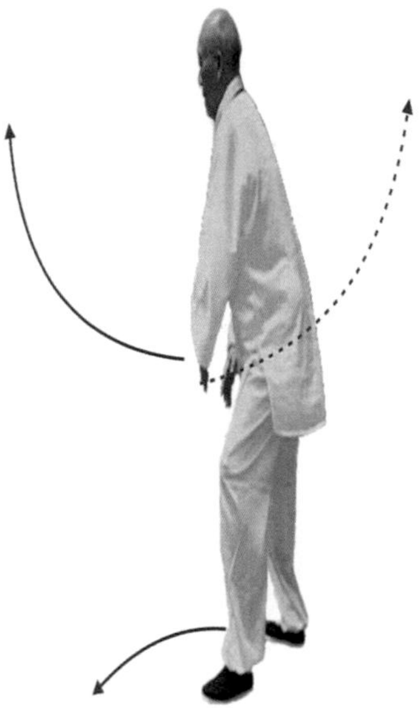

圖57

圖58

圖59

圖60

圖61

圖62

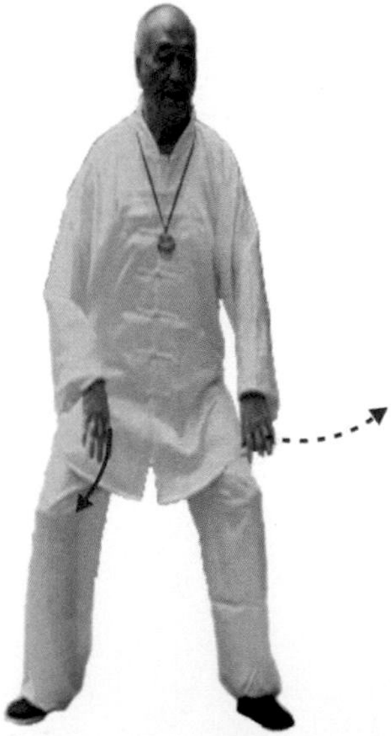

圖63

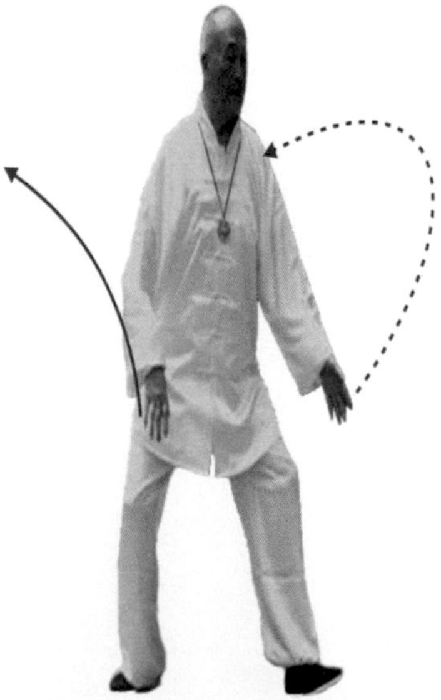

圖64

用法：

此是一個採拿手法，又是一個背摔法。

（一）左脚向後一撤，就是一個採踏法，同時更凶的就是一個倒勾金勾的掛襠法。

（二）右脚往後再一移，又是採踏法。

（三）雙手向內一翻轉，是採拿對方從後面來抱我之雙手的方法，可採其手，也可採其一指。

（四）對方從我後面來抱我是，我恰好雙手一抱，屁股上抬，腰下彎，大背對方，使其經我頭上摔在我前方。

（五）對方雙手從前面推按我胸時，我可用雙手在前交叉位下採其手。

（六）也可一手抓住對方手臂大背，一手向後勾抓對方襠部，使其痛苦難忍。

（七）對方雙手前按我胸時，雙手向下分別採其四指。

（八）兩手下伸時可擊襠、進肘、點頭等。

（九）雙手向兩膝側一分，可破解對方之抱。

伏虎：

（一）左手向外一分，是挑摟對方小腿的一個摔法。

（二）左手向上一挑，是一個挑襠法。

（三）左手向左一揮，是一個纏臂法。

（四）左手向下落時，是一個纏壓採捌法。如對方右手抓住我左肩時，我左臂由外向內纏絞下壓，可打對方栽於我脚下。

（五）左手落下時，有左肩後一個背身靠。

（六）左手向下一落，就是左肩一打。

（七）左手向下一落，拳向肋下一扣，就是肘擊其前胸。

（八）落成伏虎左拳插腰姿勢時，是一個搬攔肘。

（三）和（八）兩法均可用於破對方的白鶴亮翅擒我左臂，非常有效。

（九）右手剛要向外分時，右肩後就是一個擺靠。

（十）左手向下落時，有一個捌臂摔。如對方右拳向我左側肩上頭部打來，我向右一側，左手抓住其手，以左肩爲支點，捌勁打對方撲於我身前。

（一一）右手向外一挑，有一個挑襠和挑腿摔。

（一二）右手落於肩上時，有右肘前擊之意，同時也有一個截勁。如對方左手剛摸上我脖子時，我右前臂內側貼扣住對方肘外側，向前一擠，對方則可向跌。

圖65

圖66

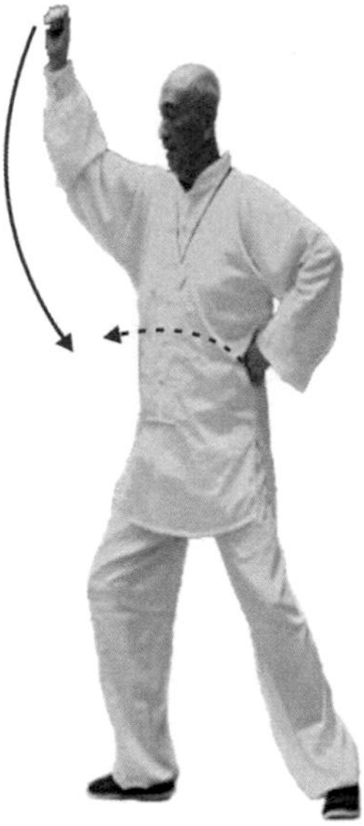

圖67

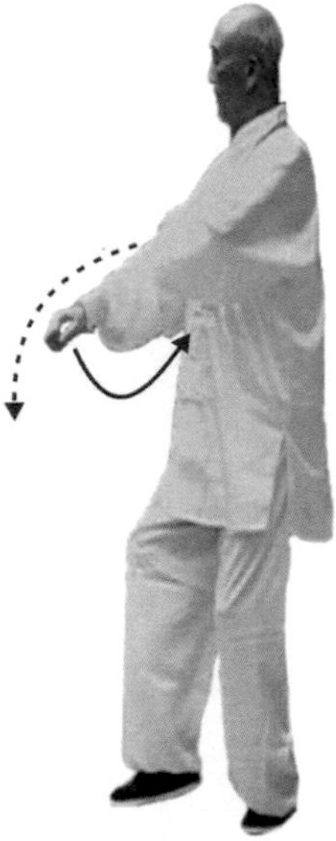

圖68

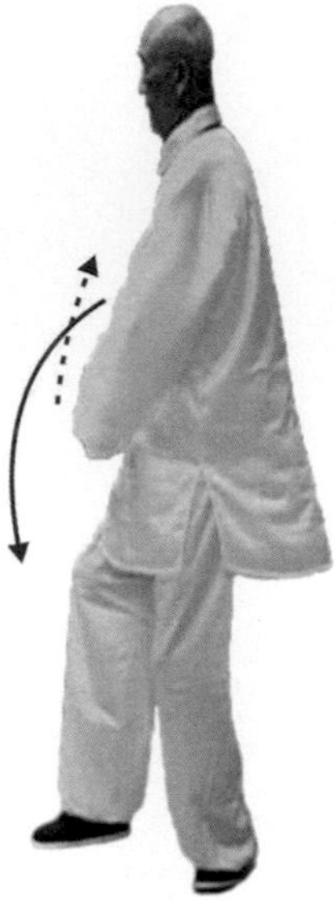

圖69

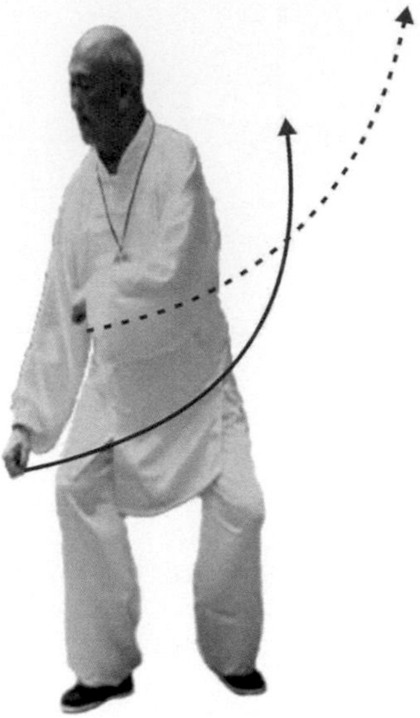

圖70

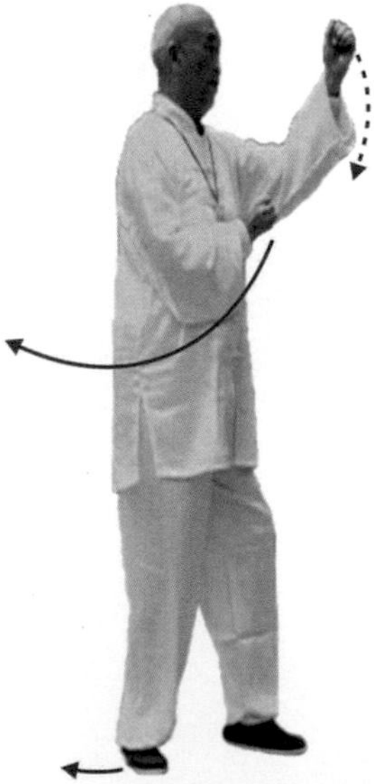

圖71

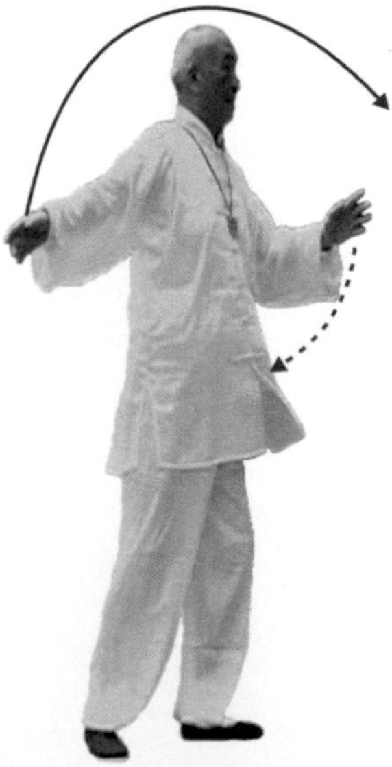

圖72

（十五）小擒拿勢

遇敵出手使擒拿，摺疊反關把敵發。
分筋錯骨制頑敵，翻腕抖捶擊喉鼻。

接上式，伏虎右拳向右側下落至腰間內旋經胸正中，左插腰拳提起到胸中綫變掌，左掌心緊貼右拳背（圖六八），左掌由外向內，右拳由內向外翻滾，以挫折敵之腕背而擒拿之。在收右拳時，右脚收成虛步，在右拳經腹胸中綫向外滾翻下落時，右脚向右側橫開一小步（圖六九）。此即完成小擒拿勢。

要領：擒拿用於防被敵抓拿我腕臂，以腰帶動全身走螺旋勁的全發勁，內旋發敵右，外旋發敵左，內外合中同時用，以採破採擒拿敵之兩腕膊。主在腰脊，橫擒縱進的螺旋交錯的反關節擒拿法。此乃太極獨特的分筋錯骨之打法，十分凶狠，切記慎用。

用法：

（一）右拳往下一落，上邊是一個點頭，下面是一個砸拳。

（二）右拳往下一落，重心朝後一撤，右脚往回一收有個勾脚，向後一撩，對方則可倒地。

（三）右拳往下一落，左掌往右前臂上一貼，以八字掌用之，是一個擒拿手，即俗稱的金絲纏腕，可用扣勁、捲勁、提勁、扯勁。

（四）對方後右手抓我右手腕時，我向右稍側，向左下方採捌攌帶之。對方左手抓我右手腕時，我左手緊扣死對方左手，向懷內一側，以右肘頂壓對方左肘外側，可使對方極痛而受制。

（五）可用左手下撥，右肩靠、右進肘，左進肘。

（六）左手由下向上或向外挑撥進身進肘擊之。

小擒拿（金絲纏腕）的破法：

（一）對方剛左手扣我右手背時，我右前臂向內上一捲，四指捲壓，使對方右臂腕痛苦難忍。

（二）對方剛左手扣貼我右手背時，我右手抓緊對方右前臂猛向我右手一帶，對方即可前撲於地。

（三）對方金絲纏腕我右手時，我左手從下穿向其懷中，用左手四指扣搬其左手掌外沿，反採其左手，其可受制，若加上左右兩肘則更狠。

（四）對方剛想用金絲纏腕是時，我手向下一沉捲，向外提掤展，如綻發條，再加推放勁，則對方後倒更狠。

（十六）串捶勢

串捶巧打面胸足，兩拳連環如串珠。
屈沉蓄勁抖捶風，進步肘靠破門中。

接上式，擒拿定式右拳翻，護拳左掌內變拳，右拳上提提右步，拳到胸前向前穿，穿拳進步同時到，右拳落下串襠打，右脚一落掏管嚴，拳到脚到一瞬間，貴在沉身跟步點。串捶式成右脚爲實，左脚後跟爲丁虛步。右腿曲膝下蹲，拳打離地只尺許，左拳心對著自肚臍（圖七十）。

要領：十五、十六兩勢相連貫，連成一體擒打精。兩式俱用螺旋鬆沉勁，統統都是腰上功，速度關鍵全在意，以意領先傳授真。

用法：

串捶用於推手就是撥手進肘、撥手靠、挑手（開門）進身。用於散手時，就是連環捶。進步擊頭、胸、腹、襠、胯、膝等。

（一）右脚往下一落，就是一個採踏，重心往右脚上一移，就是一個跪襯腿。

（二）右脚往前一個進步，就有壁腿、點腿，也可以是開門腿，也可直接成插襠靠。

（三）撥手打襠、打心、打肋、打喉、打面等。

（四）壓手右肩靠。

（五）左手外撥，右肘擊太陽穴。

推手時若要用此法時，必須先施開門之法，然後可運用之，也可邊靠邊捌，靠撞採捌結合運用，隨機而行。

（十七）肘底捶

打右顧左翻身肘，肘底藏捶看似守。

屈肘沉落千斤墜，肘捶齊進當心對。

接上式，身體左轉的同時，右拳由下向左上方擺出，拳眼朝上，拳心朝左；左拳由右下向左前上方擺沖而出，同時，右拳經左前臂外側下滑置於左肘關節下，故稱肘底藏捶，左拳與鼻平，右拳與胸口齊平，左脚爲虛，右脚爲實，形成左虛步，目視正前方（圖七一）。

要領：翻轉腰帶足抹轉，虛實不變走螺旋；上下協調態自然，六勁連用刹那間。

用法：

肘底捶是武當趙堡太極八捶之一。它是一種葉底藏花式的打法，一般使人難以防備，其擊點主要是心臟部位，肋、腹、襠皆可擊之。肘底捶雖是（拳）法，但也有靠法、腿法、採拿法、截勁、流勁、按勁、貫勁、沉勁、長勁及點腿、跪腿、劈腿、勾腿。還有散開的擊頭、打心、踢襠等變化無窮的用法。

一、從串捶的定勢開始，向左一轉身有一個摔法，意是當對方後抱我身時，向左一轉，以旋轉勁將對方摔出。左拳向左前上方一擺，既是一個格擋動作，同時也是一個擺打對方左太陽穴的毒招。

二、右拳左擺有一個摟合勁，勁前招，將對方摟倒，摟的時候右手臂有粘貼提撥旋扣之勁，效果更佳。但同時也可以是一個攔腰掌，也可以是擺拳擊肋、髖等。

三、肘底捶的定式是有一個沉合勁。沉合勁發勁用在腰上，出擊用在右拳上，抖打其心臟。

四、推手時肘底捶左前臂的用法，即用左前臂外側，貼緊并控制住對方右大臂順向右劃圓之式，向右下稍壓，接著以沉、滾、長勁向前上拔撐將對方擠出，使之後栽倒地。

五、推手時，左臂在上作掩護，右手變接手爲拳，從自已左肘下（貼肘）向前出擊，可打其心臟，使其倒地。

六、左臂壓住對方右臂，上面左拳以拳背擊其面部、繼而左肘擊其胸部，可將對方打倒。

七、右拳擊其心臟後，接著向上擊其下顎，跟著上右膝頂襠，這一連串的用法可將對方打倒。

八、對方若抓我左臂時，我向左猛擺，對方可倒向我的左方。
九、一接手左膝就前點對方右膝，可將對方打倒。
十、左脚向上一抬可點其右膝（膝點）或襠腹。
一一、用左脚後跟劈其右腿，或用掛帶之法，將其打倒。

（十八）倒捲肱

退行三把倒捲肱，怎識退中有進攻。
進退顧盼都悟透，攻防防攻變化就。

接上式，重心稍移左脚，右脚後撤半步的同時，右拳變掌由下向後，再向上，向前下劃一大立圓；重心後移於右脚的同時，左脚後撤半步；同時左拳變掌由前向後，再向前下繞一立圓，依次左右各兩次方完成倒捲肱勢（圖七二、圖七三、圖七四、圖七五）。

要領：鬆腰坐胯、沉肩墜肘地向後輪臂倒捲時，領指（食指）始終領起。這時有股熱流和麻感通向手梢，領指感覺最空。此感是本式正確鬆極、氣流周身的體現。

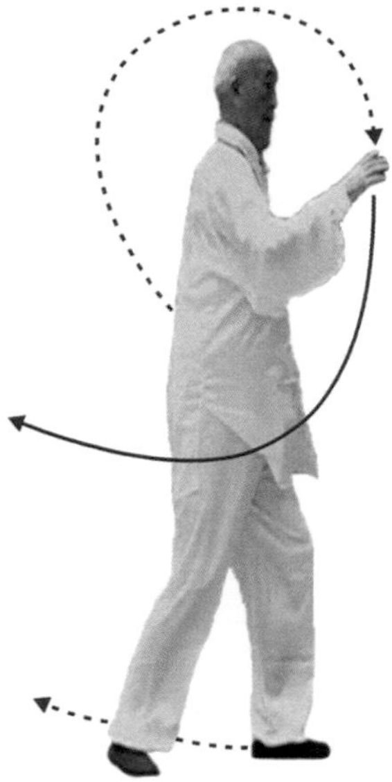
圖73

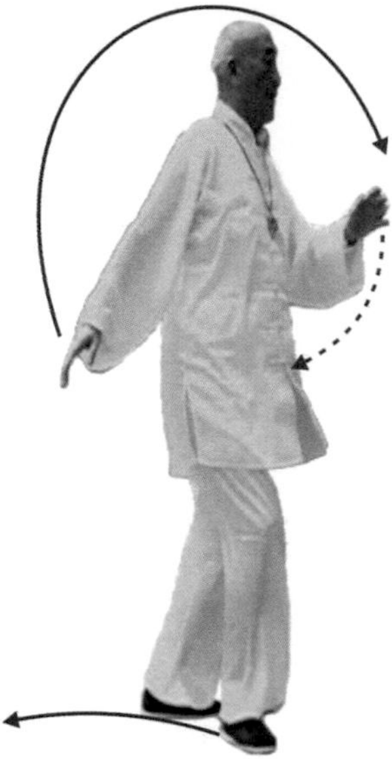
圖74

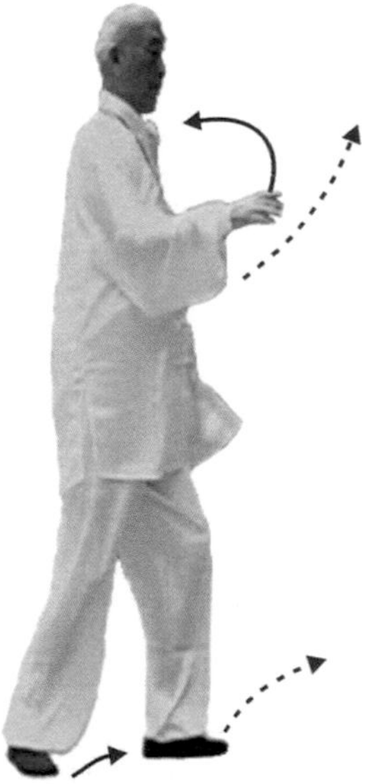
圖75

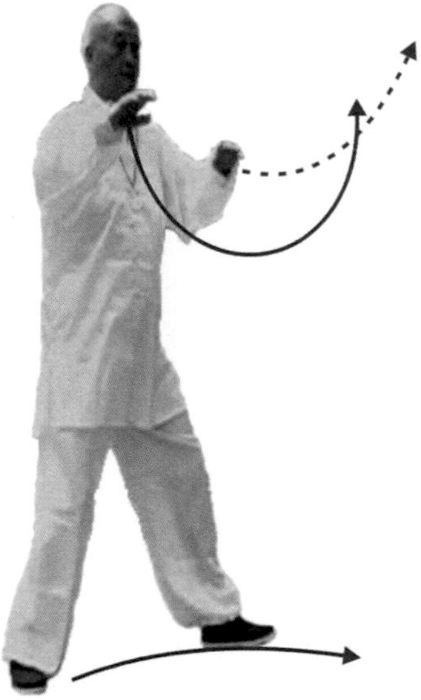
圖76

圖77

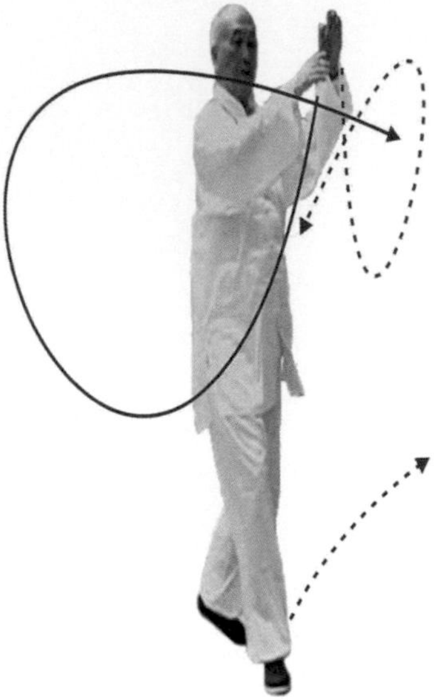

圖78

圖79

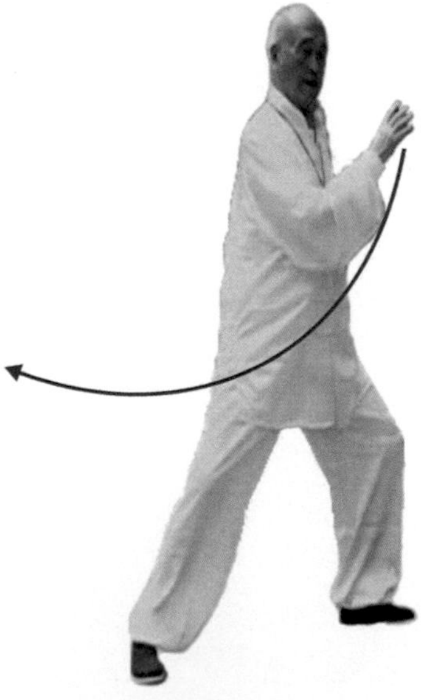

圖80

用法：

「進在雲手，退在轉肱」，趙堡太極「打死不後退，後退必打人」。雲手是進身打法，倒捲肱則是退步打法。太極無非就是進退轉換，所以高度提煉，最後離不了兩個東西，這就是雲手和倒捲肱。

倒捲肱也可以打三個不同的位置，高中低均可打，可打迎面，也可打不迎面（即進步雙管）倒捲肱。

一、雙手在我右邊上領對方左臂的同時，左脚做倒插（偷）步，迎面（向左）向左擰身，雙手抓住其左臂左下猛摺的同時，右脚劈其左腿，可使對方前撲於地，若用右腿劈打其雙腿則更狠。

二、中倒捲肱（也叫插步倒捲肱）：雙手領其左臂向上的同時，右脚插入其襠，用大腿外側或膝關節外旋分勁使其左腿處空，右腿變實（此叫打開門戶），這時用右手前按對方左腋窩外側，其可被我按出。用右腿打對方右腿（也可不打，以髖頂貼對方作支點）的同時，向左邁臉，擰身雙手摺帶，其可前撲於地。

三、雙手往上一領對方左臂，猛垂直向下一帶，同時右腿打對方劈腿，其右頭栽於我脚下。

四、進步後壁倒捲肱：雙手上領對方左臂的同時，用右膝或大腿外旋分對方左腿（開門戶），使其左腿落空，雙手搬打對方左臂肘的同時，右脚進步插入其襠，并從後面壁其右脚，對方較難逃掉。

五、進步前壁（即雙管）倒捲肱：前面動作和後壁倒捲肱一樣，唯不同的是，右脚壁在其右脚外側，并以我脚小指和其右脚小指對齊，則效果更佳。否則壁得太深，對方或劈或掛，都可給我添麻煩。

六、偷步壁腿：左脚做倒插步於其左脚後外，右腿向後打劈腿於其膝關節，因其左脚恰好處在了我兩腿之間，右脚後劈可將對方左腿折斷。

七、劈、掛、帶腿和推掌可將對方打出，如右手抓搌其右臂後，順勢進右脚於其右脚後，右腿壁、掛、帶的同時，右手前推或下拍其胸，則可令其倒地。

八、用散開來講，手向前時就是擊面，向下就是掛撥，向後就是擊撩襠，在中間時就是前打心、腹，後用肘。腿往後撤時就有後踢、點、蹬之技擊意義。

（十九）白鶴亮翅

白鶴亮翅打騰空，合手端肘倒栽葱。
含胸拔背立圓進，顧盼輕靈拳脚迅。

由倒捲肱之左掌和右脚在前爲起式，右掌由後下繞立圓於右前方，高與肩平，并與左掌平行；左脚向左後方撤半步，重心左移於左腿，同時，右脚向左回收半步不落地再向右前方邁出半步，雙手向左下、再向右前上弧形按出，左脚前跟半步，面向東南方向，完成白鶴亮翅勢（圖七六、圖七七、圖七八）。

要領：兩臂劃圈時，以腰爲軸，以中丹田爲中心，兩臂下不過臍，上不過鼻，經身體中綫盤繞，左脚向左後側撤步和右脚向前進步，都亦帶弧形。

用法：

卸步白鶴亮翅主要是盤右肘，使其在推手當中不至於亮肘。左脚可撤也可不撤，右脚可向左後繞一半圓再落於前方，這實際上是上了一步，身體避開了正中打來的實，向旁邊一繞，再向前打對方（側面）的虛，以正對斜，效果則佳。

卸步白鶴亮翅用於推手時，是打其右臂，可採可拿、可打可發，可用肘可用膝，可靠可撞，可用腿打，可用步打，可用採脚，可用壁腿，也可用踢、點、蹬、掛、挑、撩、纏、跪、擺、扣各種腿法和步法。

一、上搬打其右臂白鶴亮翅，務使其右肘和其鼻尖對準打。

二、向左一繞，進步左前臂用滾肘，將對方擠出。

三、向左一側，以左前臂或左手爲支點，墊其左肘外側，右手抓緊其右腕，一個抖捌勁將其右臂打斷。

四、向左一側，上左步的同時，左掌耳巴子打其右面或打其腦後，或拳擊其太陽穴，或打其右肋，皆可湊效。

五、左脚後撤有後撩擊法，也有髋打靠撞法。

六、右脚向左下後撤，有個掛勾撩帶之法。

七、右脚前上有個採、踏、踼、點法，落下肘有跪、擺法。

八、上左步有個用膝法，雙管法。

九、成白鶴亮翅時有個雙手擊面，按手法，也有雙肘打心或打左右乳根穴的要命法。

（二十）斜行

避鋒下勢內掤撑，貼身扣腿弓膝崩。

十字手法變中論，肘靠膝胯順勢運。

接上式，此斜行方向和做法完全同第八勢之斜行（參看前圖三六、圖三七、圖三八、圖三九及圖七九）。

用法：

此處的斜行和前面的斜行基本一樣，屬重覆動作。斜行靠其最方便的用法，其詳解參看前面。

（二十一）閃通臂

閃通臂式圈劃圓，須知圓中有往返。
海底撈月單展翅，肘靠膝打不停止。

接上式，右掌由前向懷內下落，向外往右劃一平圓，使右掌置於身體胸前，右掌心朝上，右臂向內保持弧度（圖八十、圖八一），左手由鈎手變掌，由後經體側置於胸前，使掌心朝下，同時右脚回收於左脚前，身體向上升展成高虛步式（圖八二）；身體重心前移的同時，右脚向前上半步，左脚同時跟上半步，成右實左虛，左脚尖點地，身體下蹲，雙掌在胸前依次繞以碗口大小之立圓後，使右掌向前劈切而下，左掌由胸前向後變鈎手於底椎處（圖八三、圖八四）；重心前移的同時，左脚向前上一步，左手由鈎變掌，使掌心朝上，向前上方刺托而出（圖八五），掌心朝上，同時右掌由下向上，向懷內劃一半圓置於體前，右掌心朝上（圖八六）；身體重心繼續前倒於左脚的同時，身體右轉一八十度，右脚向左脚後斜上方上步，同時右掌由腹前向上方托出（圖八七、圖八八），掌心朝上，左掌由前收回至腹前，面向西北方向，完成閃通臂勢（圖八九）。

要領：閃通臂打四面八方，十三勢全寓於此式中，前後左右上下進退正隅包含其中，變化迅速，轉動角度大，所以要求身正步穩，轉向輕靈，虛實分明。無歪斜俯仰，無低頭晃膀，無摺胯强滯處。

用法：

閃通臂的用法很多，搌、帶、擠、靠、膝、肘、肩、髖、頭、手、足無一不能，上八法、下八法均可用之，更可散打。

一、從斜行的完成姿勢開始，右手向右後一旋撤，有一個搌帶法，如對方抓住我右手腕時，剛掛上我的手臂，我向右後一搌帶，其可撲出。同時也是一個下格勾掛撥手法，如散手時，對方向我右肋下一拳打來時，右手勾掛撥開，順勢進拳可將對方打倒。另外，這裡還有一個拗法，如右手抓其右手望我右手腋下一帶，以我右肋作支點，墊於其右肘外側，一個拗勁可使其手臂折斷。

二、右手從右後向前時有一個採手法，在推手時如我右手背與對方右手背相貼時，我順回轉之勢，不知不覺的右手內旋，變手抓其四指，向左側懷內一個捲壓，其可倒地。右手向前時也是一個扇耳巴，打太陽穴的手法。右步向前一擺有踢法，最主要的是，此是一個勾、掛、挑、撩、帶、蹬其另一條脚的技擊法。

三、成懷中兩小臂上下相疊時，是個擒拿採手法，也是撥手擊掌、進拳、用肘、膝頂、肩靠、頭擊之

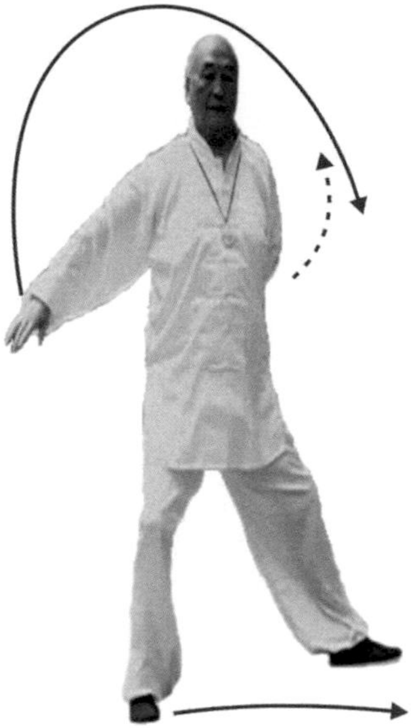
圖81

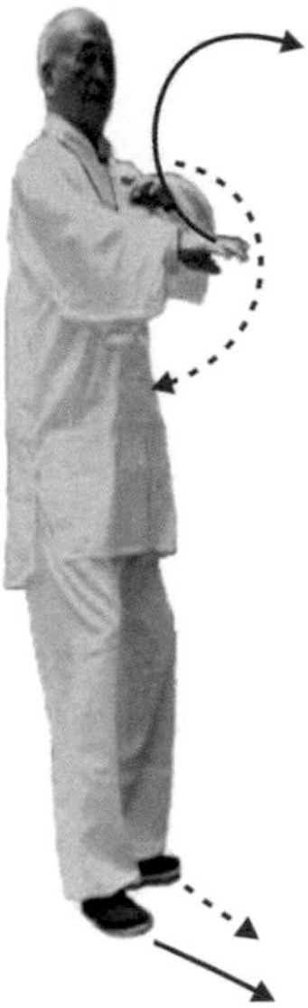
圖82

圖83

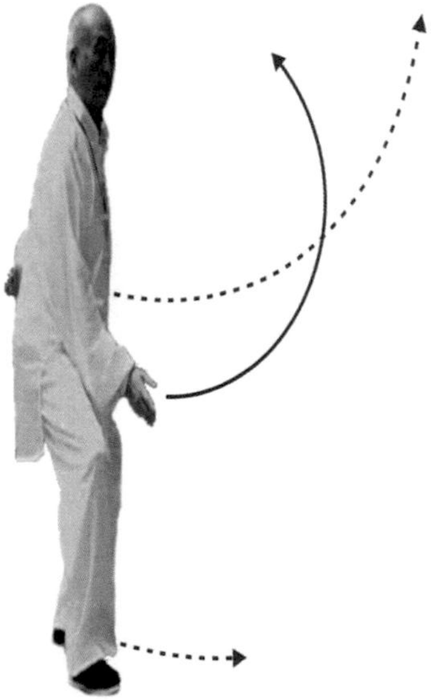
圖84

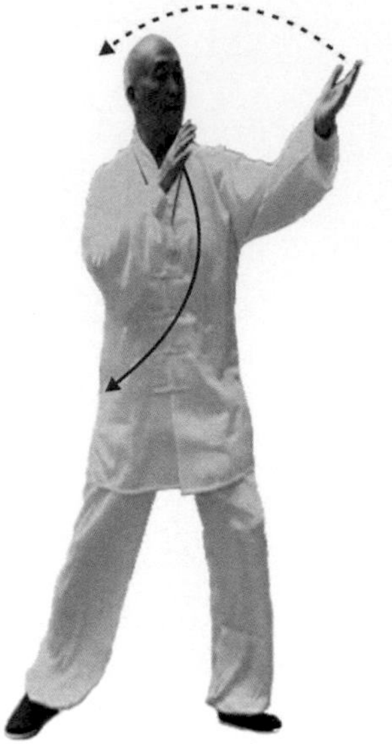

圖85

圖86

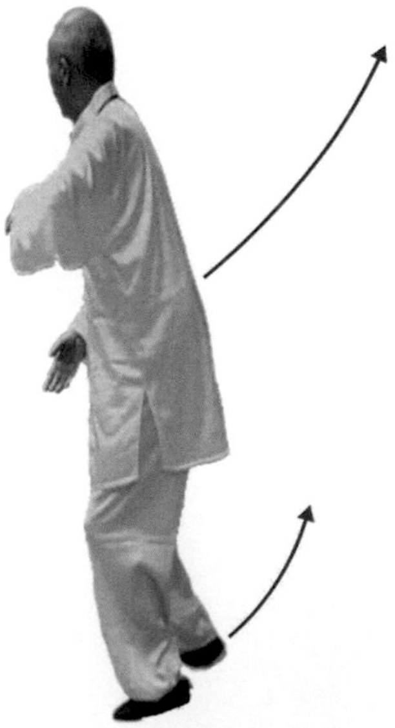

圖87

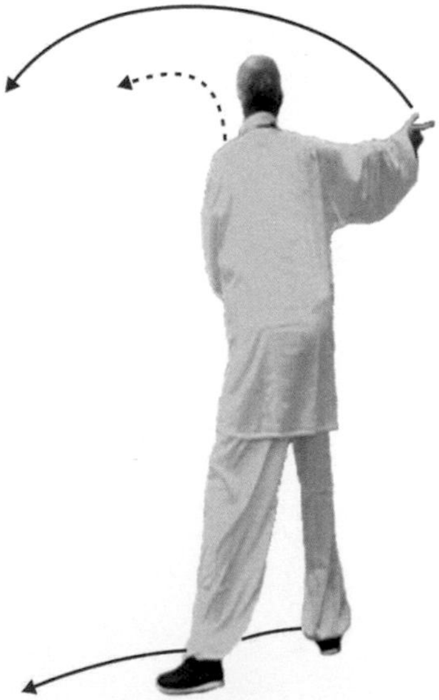

圖88

法。對方右手抓住我右手腕時，我左手扣住其右手，以金絲纏腕法下採，外切、內捲、上提、回帶都可使其倒地。也右左手前臂壓於其右前臂內肘側端，回搬下折，使其前跪於地。

四、左手向右手外下劃圈時，是個撥手，也可以是個擊面手，繼而右掌擊面（雙連環），也可以成拳擊。

五、右手向下時，可打其中間一綫，劈面、擊胸、打襠、砸膝、砸脚。同時也是一個沉回、往返折疊法，如對方緊抓我右手腕時，我右手向下一沉，向襠下一帶，一般情況下，對方可前撲於地或失去重心，并使其臂伸直，再往上一個反貫勁，使勁在其臂貫通，達於其肩身，可使其後倒於地。

六、右手向前時，是一個挑襠，可用戳、抓、捏、點等致使其死命。也可以海底撈月式，以挑法將其向我右肩後摔出，此法在推手時也極爲方便，左手外撥其右手，我右臂向下一插，雙手合抱對方右腿，往上一撈，向頭後背上摔出，使其頭往下，脚朝上栽在我脚後，輕者腦震蕩，重者死亡。

七、左手向前，左脚上步，是閃通臂的扛臂摔法，用的是挒勁。如對方右手欲抓我右手時，其後掌剛向下一翻，恰好落於我右手中，我順勢往回一帶，進上左步的同時，可左拳或左肘擊其右肘，也可用左肩先靠其右腋下，左掌插向其懷內，上看打其面，下看打其襠，中間肘擊其心臟，并使其右肘外側緊貼我左肩，我以左肩爲支點，左肩猛上抬，右手猛下壓，以杠杆式將其右臂（肘關節）打斷，或以左肩爲支點，右手抓住其右手，往下一壓，一沉，向懷中，向上一抬，向右轉身的同時，眼看脚前一丈開外，可將對方挒勁打出一丈開外，甚至二丈開外，此閃通臂法侯先生打得最爲漂亮，可看錄像，真可一飽眼福。

八、右手轉身（向右）托臂，再向左轉挒勁打法和前面的用法一模一樣，不同的是，前一個打的是其右臂，此一個打的是其左臂。一個打出是東南，一個打出是東北，其方向不同罷了。

（二十二）白鶴亮翅

白鶴亮翅打騰空，合手端肘倒栽葱。
含胸拔背立圓進，顧盼輕靈拳脚迅。

接上式，重心左移的同時，身體左轉一八十度，右脚前上半步與左脚齊平，與肩同寬，同時雙手一齊向左上方擺按而出，掌心朝前，完成白鶴亮翅勢（圖九十）。

要領：虛實轉換要輕靈，以腰爲軸，帶動肢體動作。

用法：

此處的白鶴亮翅和第一個白鶴亮翅一樣，盤的是左肘，屬重覆動作。也可以是雙手擊其面，也可以是

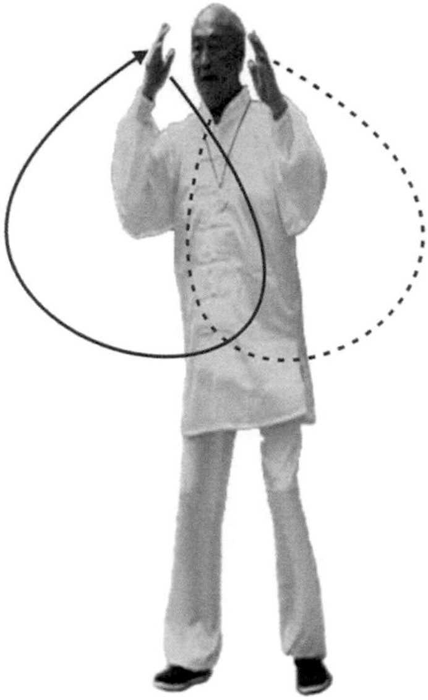
圖89

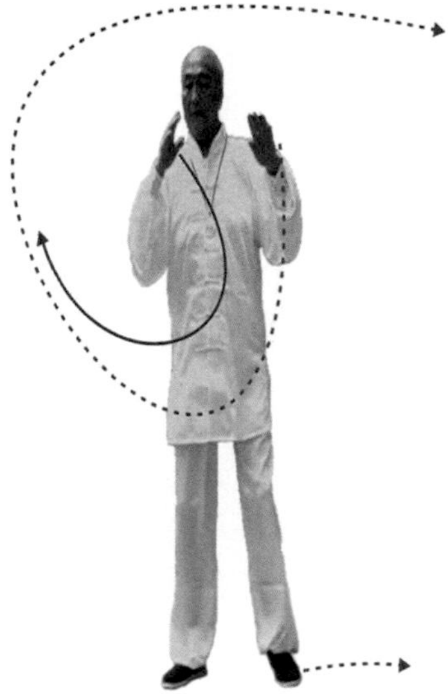
圖90

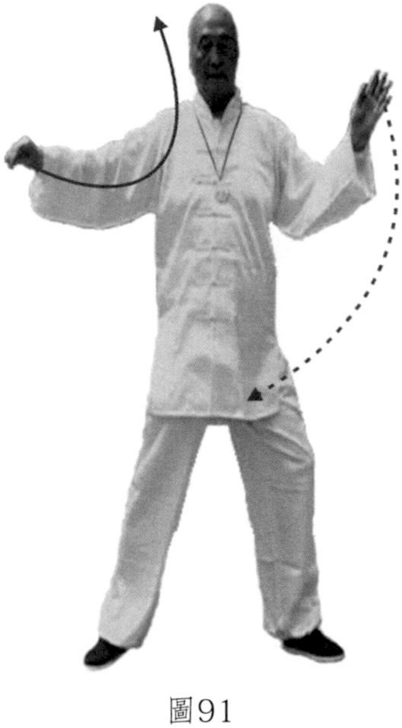
圖91

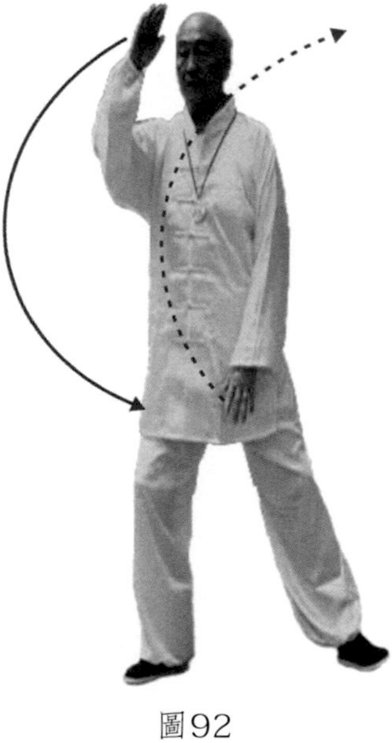
圖92

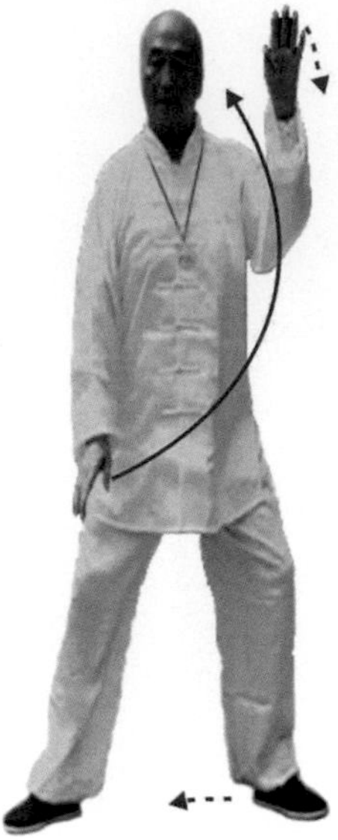

圖93

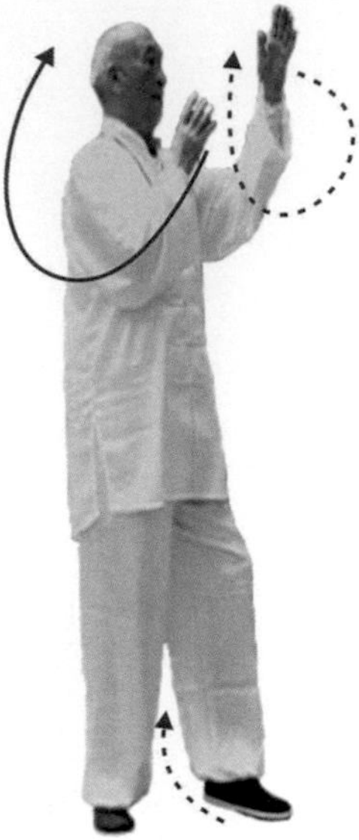

圖94

圖95

圖96

雙肘擊其胸，也可以是左右擺橫，滾壓用肘，抬膝、點頭，採手擒拿均可。

（二十三）單鞭

雙鉗臂肘拉單鞭，前後左右顧盼間。
上下繞打用不盡，鞭捶擊根追人魂。

接上式，此單鞭的方向與做法完全同第五勢之單鞭（參看前圖二一、圖二二、圖二三、圖二四及圖九一）。

用法：
此處的單鞭也屬重覆動作，其用法和前面的單鞭一樣。

（二十四）雲手

雲手三進顧盼間，兩臂交叉成連環。
上手打頭後打面，分進搬捌左右換。

由單鞭換雲手先將右鉤手展開成掌，向內合劃圈由下向上護頭，左臂也向內合下落護襠，兩手在頭襠正中上下匯合，上立掌掌心向外，下倒掌掌心向內（圖九二），然後向右劃外開圈，向右右脚尖外擺，左脚尖向右相應內扣，反之向左亦同。身正腰旋轉。這樣兩手一上一下交換，連續不斷地劃成兩個相交的圓圈（圖九三）。圓圈的大小與眉齊不過頭，下與襠齊，左右不過脚尖。中間兩掌的大拇指以肚臍與鼻尖成兩個三六十度的圓圈。這兩個圈要相交成連環。兩腿爲左右弓箭步，在弓箭步形成的過程中用馬步過渡。兩脚跟爲軸隨手的方向來回轉動；轉動時兩脚尖微微抬起即可。此式要求鬆腰鬆胯鬆肩，進行輕靈圓活的左旋右轉，在技擊上能增强左旋右轉的往返纏繞功。

要領：雲手托臂腰旋轉，輕靈圓活正在先，體若鐘擺來回滾，身似坐鐘立平準，往返滾動要均勻，動轉節奏要分明，腰脊旋轉虛實換，周身一體太極功。

用法：

「進在雲手，退在轉肱」，進是「進退顧盼定」五行八法十三勢之一。所有的進法，如手上的開門法，散手法都是雲手或者是雲手的變異。雲手是搶佔中央，登堂入室，探囊取物，要啥有啥的技擊法。掤、履、擠、按、採、挒、肘、靠、推、托、帶、領、纏、踠、挑、撩、劈、壁、掛、蹬、滾、點、跐、崩、彈、抖、勾、擺、旋、空皆可用之。

雲手進門頭打頭，打了前頭打後頭。上手打面，下手擊襠，但同時也是一個護面、封閉之法。雲手可用於挑撥勾掛、肩靠、肘打、髖撞，左右捌手、反掌耳巴。

雲手的腿上有用膝法，有脚的抹轉勾掛法。

一、手往上一雲，既是撥，又是擋，既是掛又可拿，順勢就可以進掌（拳）擊面、鎖喉、打心、擊肋，也可纏臂內扣或外掛，或夾臂摔。手向上一雲實際上直接就是一個反掌劈面，向上向外向下時可點其肩井，拿其肩、肘、腕、手指入臂傍。同時也可以護頭，邊化邊打，防中有打。

二、下手一邊護襠，一邊也可反掌打擊對方襠部。

三、雲手挑進後一個靠肩打其前胸，接著一個抬膝擊襠或雙手捌其臂膀折斷其肘關節。也可雙手抱其一臂而摔之。

四、推手時的摸手不見手、散手時的亂環法，走空法，肩耳巴，都屬雲手的用法。

五、左右抹轉脚時，肩的內外有靠法、膝的內外有扣擺法，前後有點、跪法，脚的內外有掛、擺、旋、轉、挑、帶法，這些都是脚底下的技擊妙用法。

轉身左手揮琵琶（中琵琶）

一、向左轉身的同時，左手反掌一個耳巴，也可是擺拳（拳背）打其左側太陽穴；同時也有向左的旋摔法，如對方抱住我時，我身體左轉將對方旋摔出；左轉時左肩有撞法；左轉時左臂有擺、掤、擠、分、攦帶法。

二、右掌在左肘下時，有戳其心臟、腹，抓襠之法。

三、成中琵琶定勢時，兩手臂有一個合、擠、送、放勁。如對方右拳打來時，我右手在懷中接住其右手、左手在其右肘關節外，接其右肘，猛向回一合（兩手同時，左右相行），其肘關節可被合斷，如此拿住其右臂後，雙手向懷下稍攦，再往前上連擠帶送帶放，其可後跌丈外。

四、左脚有踢、點、蹬、勾、掛、壁之法，都可將對方打倒。

五、左膝有抬頂、點、跪、扣、擺等技擊法。

六、更重要的是左脚點、踢襠部，挑、撩、掛、帶其前腿，可使對方斃命或摔倒。

七、另外雙手一上一下的定勢動作，都有採拿之法，可依次拿，也可同時拿。左臂有扣、壓，滾、擠的勁法。

（二十五）左高探馬

探馬插鐙蹬敵襠，翻身上馬迎太陽。

驚上打下互爲用，打癱敵人不能動。

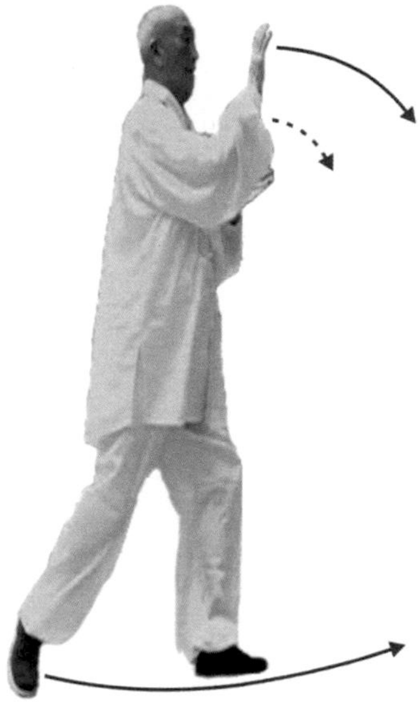

圖97

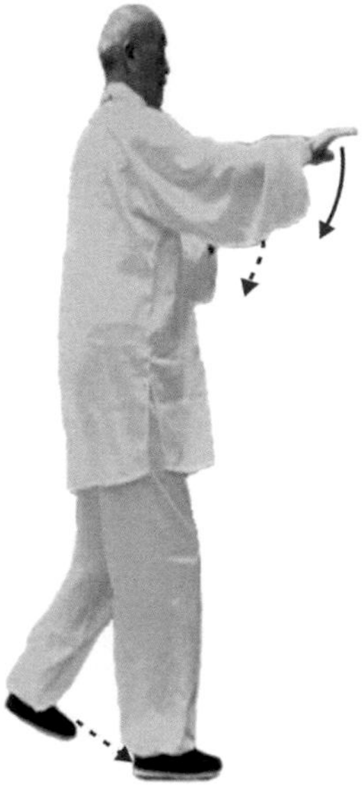

圖98

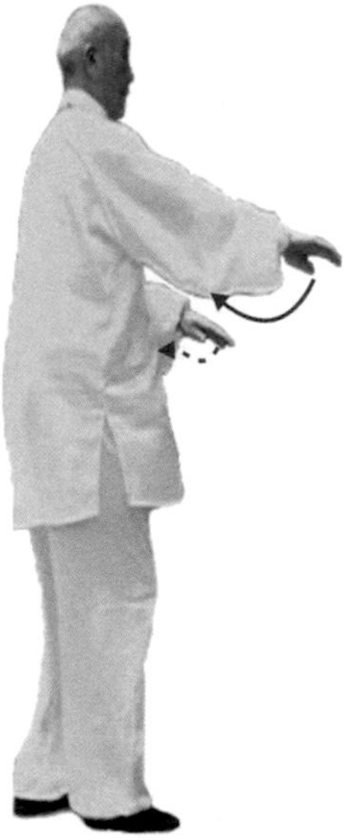

圖99

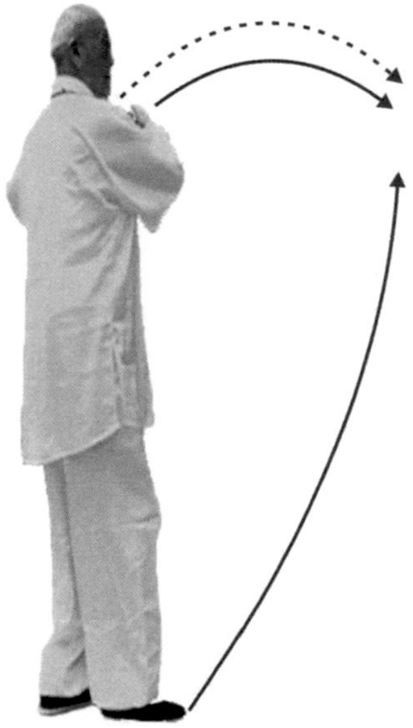

圖100

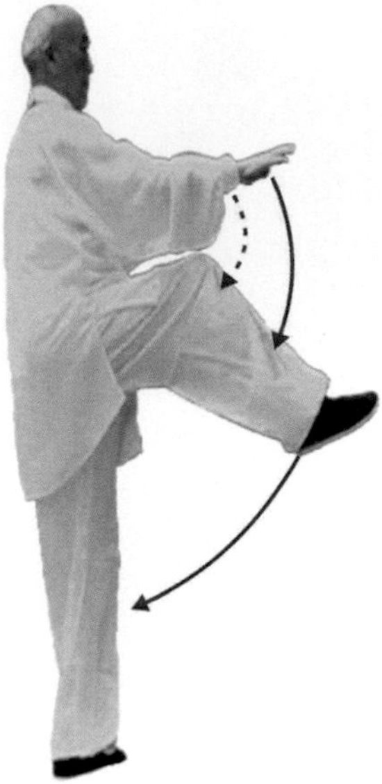

圖101

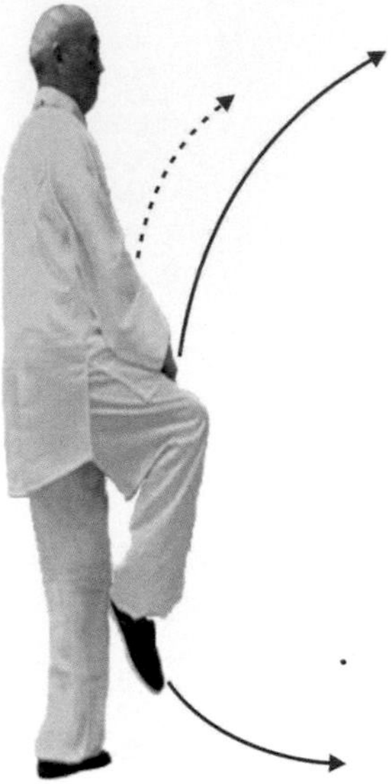

圖102

圖103

圖104

接上式，重心向下沉身體向上伸展的同時，左膝提起，上體右轉，雙掌向下、向右後、再向前往下落，同時劃一立圓（圖九四、圖九五）；當右掌劃至正東方時，身體又轉回原來位置（朝東），右掌在前，左掌在後，右掌心朝下，左掌朝上，高不過頭，基本與胸平（圖九六），左脚落步，重心繼續前移（圖九七），右脚向前一步，重心繼續前移於左腿時，身體下蹲，雙掌變拳，右脚跟上半步，以脚尖虛點地面，完成左高探馬勢（圖九八）。

要領：高探馬打縱橫交錯往返折疊勁，上搬（搬肘）、下鈎交錯攻；手脚齊到必成功，交錯折疊使敵之根自斷，往返引進使敵落空。

用法：

高探馬是太極拳之名招，用法多變，巧妙細膩，發人頗狠，在推手中必須明確上、中、下的用法，在散手中其搬踩鐙上馬，都是脚、手、膝、肘的用法。

一、上位高探馬：即領起來打高探馬，扣腿時更狠。也可左手領起時，左腿稍進步的同時，右掌推按其左肘，其可後倒跌出。

二、中位高探馬：即對方左手剛出時，即打。也可掉轉身打則更佳。如候轉運之直接在胸前上抬下壓打高探馬，如侯占國在對方左手剛出時，在左則劃一小圈後在胸前打高探馬；劉會峙向右轉身（胯不轉），身體向下一鬆沉，使對方落於雙空，再往返折疊，扣腿打其高探馬，最狠，而且對方難以逃掉。

逃腿的破法：當我打對方高探馬勾其右腿時，其發現後抬腿想抽起時，左脚蹬踹其左膝及小腿，當其抬右膝要擊我襠時，我則用右大腿或膝作滚襯腿將對方發出。

三、低位高探馬：即低探馬，不同的是低探馬須要帶手頭，即左手抓住其左手四指往右捲，使左手心朝上，同時右手以鉗子式拿其左肘，向左側一提一搬，前壓推擠的同時，左脚扣勾脚上提，將對方打出。

打低探馬時如果對方有覺察可變作打對方旋（回旋）手按，也可左脚勾旋（以脚跟爲軸，脚尖內擺）的同時，左手拿住其左手向左㩟帶，使其倒於我之左側。

從手揮琵琶開始，雙手向右後時有㩟、採、外掛；左腿有用膝、用脚之法。高探馬時，左脚有扣、蹬、踹，左手向前時有刺眼、鎖喉，左手同時也是一個撥壓對方來手，以便右手進擊。右手向前時，有拳擊其頭、掌打其臉，肘擊其胸之意及用招法，右脚上步時有踩、踏、踹、蹬、踢以及用膝之法。

（二十六）右插脚

插脚一起進襠裏，勁力原源在腰脊。

脚面直撩尖對點，命門一突神技顯。

接上式，身體展起的同時，雙拳向下，向左後劃弧；右腿撩起的同時，雙拳變掌，掌心朝下，由後向前上方，雙掌一齊拍擊右脚面，完成右插脚勢（圖九九、圖一百、圖一零一）。

要領：插脚時要正，神安體舒。切莫低頭哈腰，俗說低頭哈腰，傳授不高。蓄沉蹲身腰胯鬆，特別左胯要鬆根，左膝多蓄彈勁，手脚拍合時發出清脆的響聲。

用法：

雙手向左下時，是一個攌勁，也有一個採勁，如對方右拳以上勾拳向我下頦擊來時，左手下格截斷對方之右肘內窩，或下勾，右掌下壓對方右拳（有人叫做給猴子戴帽），可使對方前撲於地，如果對方進肘時，左手向左勾掛，做內搬攔，右手向左下方壓對方之右拳，也可將對方打倒。

雙手向前時其就叫做霸王敬酒，即雙拳擊其面，雙拳依次擊其面，雙掌擊其面，雙掌依次擊其面，雙掌擊刺喉，依次刺鎖喉的同時，右膝上抬擊襠，遠則用脚擊之。此種上下同時擊打的用法，一般使對方難以逃掉，只有走側門才可破解。

（二十七）右高探馬

探馬插鐙蹬敵襠，翻身上馬迎太陽。

驚上打下互為用，打癱敵人不能動。

接上式，右腳擊響後不直接落地，只是落於半空時即前進一步，同時雙掌一齊向下，向左後，再向前劃立圓而出，同時上左步，跟右步，身體下蹲如同左高探馬勢，但方向相反（圖一零二、圖一零三、圖一零四、圖一零五）。

用法：

此高探馬，難度很大，易被人發現，需要花時間，下功夫盤招練習，如果運用純熟，則是相當利害的用法。

此用法須要雙手向右前方的同時，左腳不向後（原來是應後撤再上右步的）直接向右前邁。雙手回落於左後的同時，左腳跟壁於其左腳（後腿）跟後，雙手向右前方搬打高探馬時，右腳同時上勾其左小腿，此用法使對方難以逃掉。

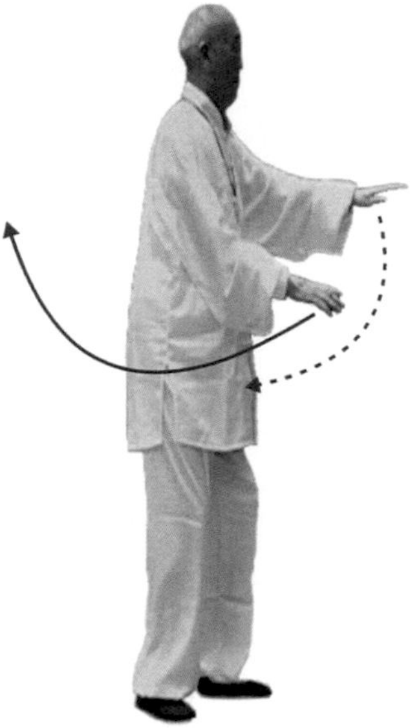
圖105

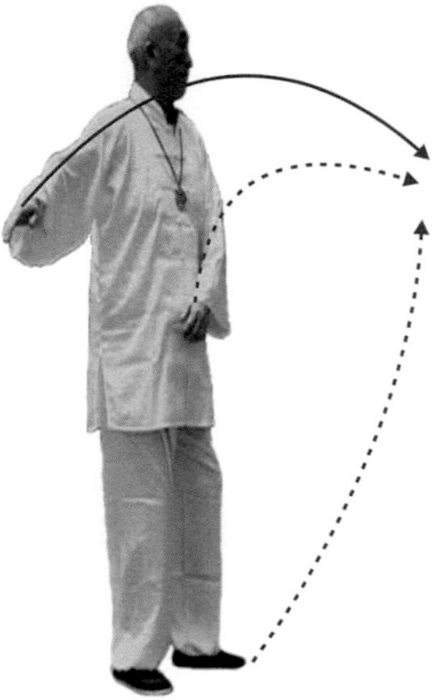
圖106

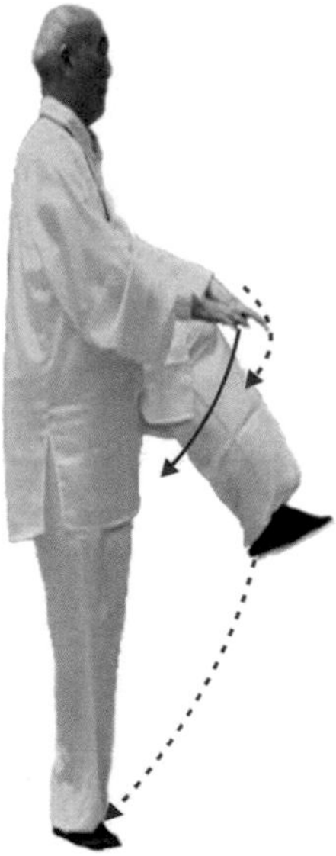
圖107

圖108

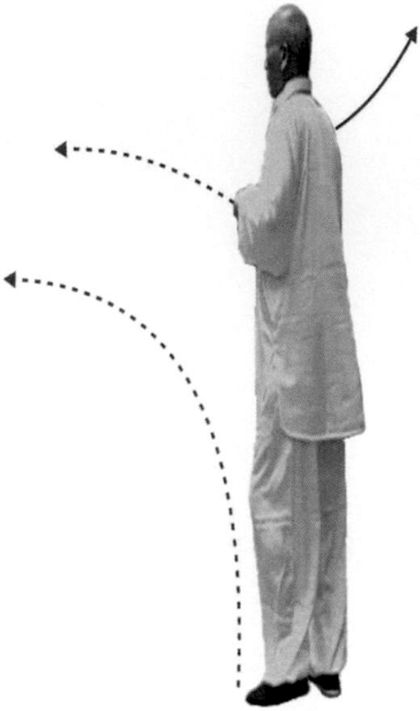

圖109

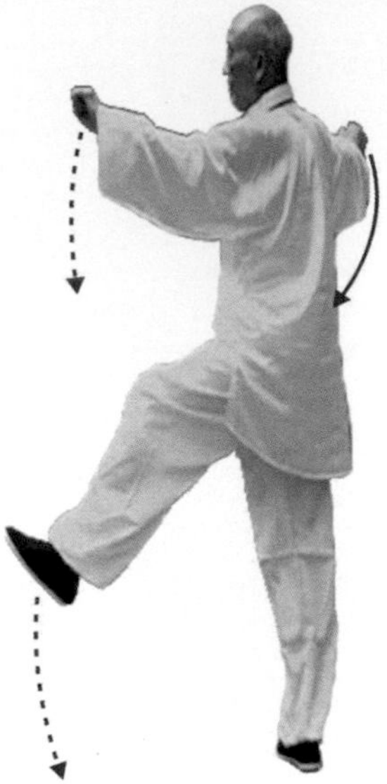

圖110

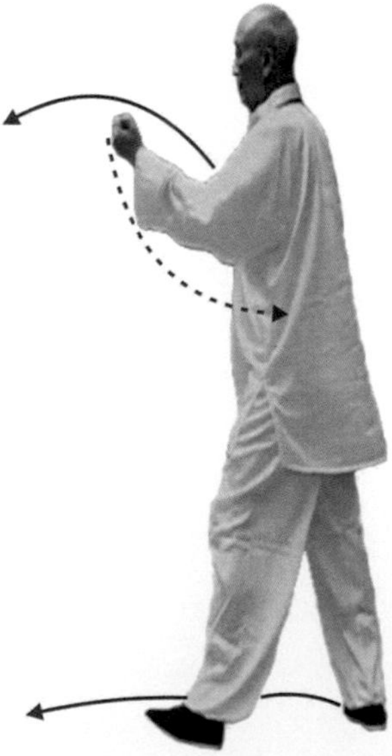

圖111

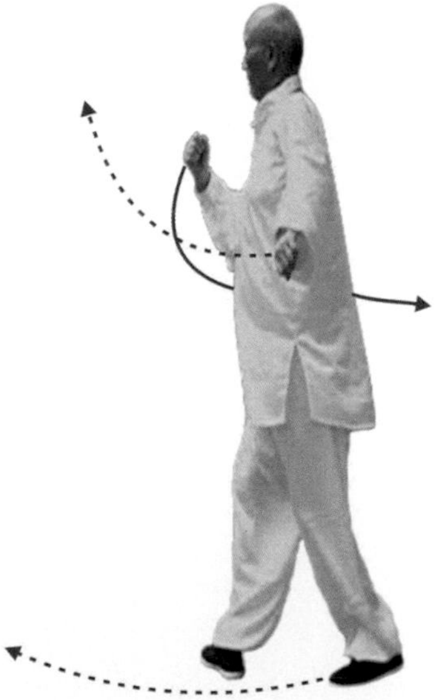

圖112

（二十八）左插脚

插脚一起進襠裏，勁力原源在腰脊。
脚面直撩尖對點，命門一突神技顯。

左插脚緊接右高探馬式後，其接法和做法如同左高探馬結束動作接右插脚動作，但左右相反（圖一零六、圖一零七）。

用法：

左插脚和右插脚的用法基本是一樣的。不同的是下接動作不同，用法更多。左插脚後有個下踩沉勁，又有個再次用左膝的用法。上肢雙臂有個開合，開是分勁，合是集勁，開的同時用左膝，合的同時（雙風貫耳）下踩（踏）脚。此外雙手外下開時，也是一個鳳凰三點頭的用法，然後可用橫拳或肘左右擊其面頰。

（二十九）轉身蹬脚

轉身提膝把脚蹬，雙拳回貫前後沖。
蹬襠蹬腹又蹬胸，旁蹬軟肋用不空。

當左插脚之雙掌與左脚拍擊完成後，不要直接落地，身體重心稍微下沉蓄，以作緩衝，穩定重心的同時，雙掌心相對（圖一零八），分別由左膝的兩側下分，左右展開雙臂，使雙臂置於左右髖外，距髖約一拳之距，向上微展身的同時，右脚跟提離地面，以脚前掌撑地，并以右腿爲軸，身體左轉九十度（面北）（圖一零九），同時雙掌變拳，由兩側對拳於腹前，拳面相對，間距約兩拳；左脚向左方蹬出時，雙拳向左右沖出，拳心朝下，兩臂成平舉狀，左腿成水平狀，此轉身蹬脚勢完成（圖一百一十）。

要領：動作要協調、連貫、自然、舒展大方，意、氣、神三位一體。

用法：

轉身有旋擺摔法，雙手在胸前做雙風貫耳，也可做合掌。頭有前後的點打，雙肘向後有肘後擊之法，雙拳前後伸時是打前後之敵，左脚有蹬、踢、點、踹之法，可打擊其膝關節及襠部。

（三十）三步捶

順裹拗摟三步捶，順拗進步連擊隨。
進步栽捶撲面打，青龍探海中綫耍。

接上式，左脚下落時，左前臂下格滾臂與腹平（圖一一一），重心前移於左腿的同時，右脚向前上一步，同時右前臂由後向前下格滾臂與胸腹平（圖一一二）；重心繼續前移於右腿的同時，左脚前上一步，同時左前臂由後向前下格壓滾臂與胸腹平，兩拳均拳心朝上（圖一一三）；重心移於左腿成左弓步，同時，右拳由後向上、向前栽下去，過膝爲度，此完成三步捶式（圖一一四）。

要領：膀活胯鬆體自然，腰旋左右體自端，含胸拔背通脊胸，凝神，意守丹田，躍步斬手截裏擠，手起步落跪腿逼。

用法：

三步捶爲武當太極八捶之一，其用法多變，非常巧妙。散手中的叫門，開門、滾捶（滾肘）的打法就是三步捶的小臂的用法。

從蹬脚的結束動作開始，左脚下落有踏、踩、跐的用法，左前臂有格、壓、截、裹的用法；左脚落地後有點、跪、纏、壁、擺、扣的用法，左前臂有向前上的擠長、撥、貫的用勁法，欲將其打倒。

用於散打時，如果對方右拳沖來，我左前臂截其右肘外，此法也是一個點勁，可打壞其右肘關節，也可下截其右臂，繼而順藤摸瓜，沿其右臂上打（以拳背）其面或咽喉。如果對方左拳沖來時，也向右截擊對方左肘內側，繼而沿其左臂內側反拳擊其面，肘擊其胸，抬膝擊襠，頭點打頭，肩靠、髖打等等。

三步捶的脚型是，脚尖外擺，脚跟向內，脚尖點地，脚跟抬起，這樣便於用膝上的各種密法，同時也是一個虛脚，可撩可擊，可抬可擺，可抽（退）可進，脚跟往下一踏，就是一個劈、崩腿可將對方打倒。

左脚尖踩住其右脚尖，右脚上步使右脚跟落於其右脚跟外側，脚跟向外（右）旋擺可將其打倒，右脚跟向下一踏實時，崩夾其右腿，可將其右腿打斷，也可右脚插入其襠中，用膝蓋頂撞扣擊其右膝內側或大腿內側，將其向左方打倒。

三小捶摟拳一定要過膝，特別是最後的左拳下摟，可擊其襠，內砸其大腿內側，右拳下栽捶可打對方中綫一條，擊頭、刺眼、打喉、打胸、擊心、打腹、擊襠。砸膝、敲腿、砸脚面，拳打後可變肘擊之，可頭點，可肩靠，也可抬擊右膝。

三步捶的左右用法一樣都相當利害。

（三十一）翻身二起脚

栽捶滚翻身騰空，空中連擊兩脚蹬。

脚到手到二起妙，踢襠踢腕踢喉要。

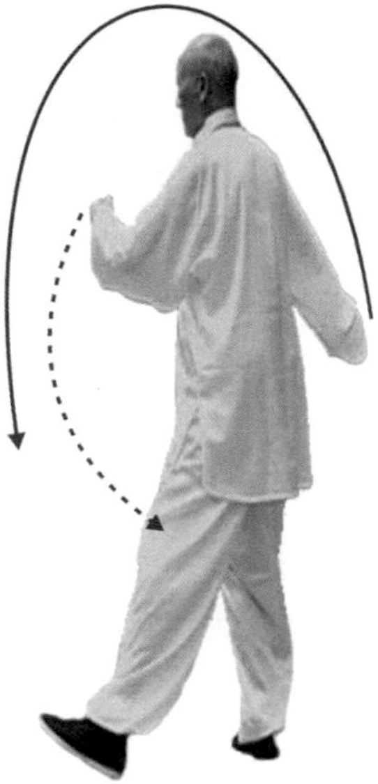

圖113

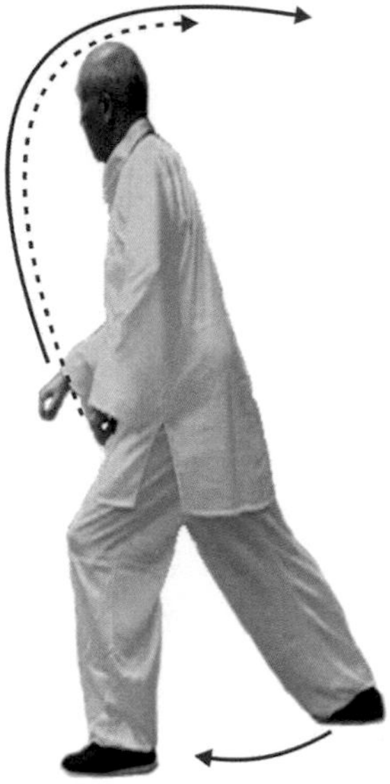

圖114

圖115

圖116

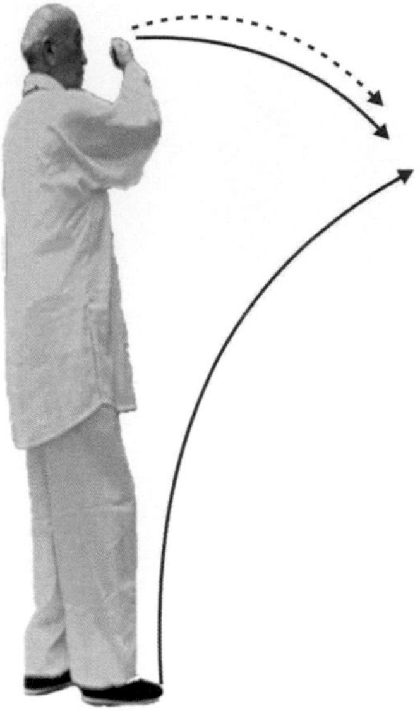

圖117

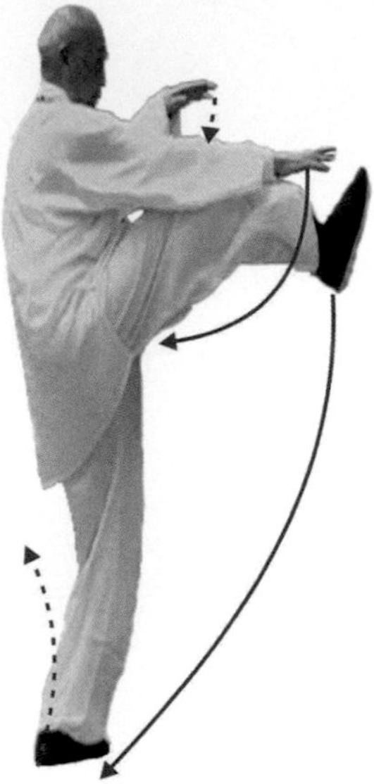

圖118

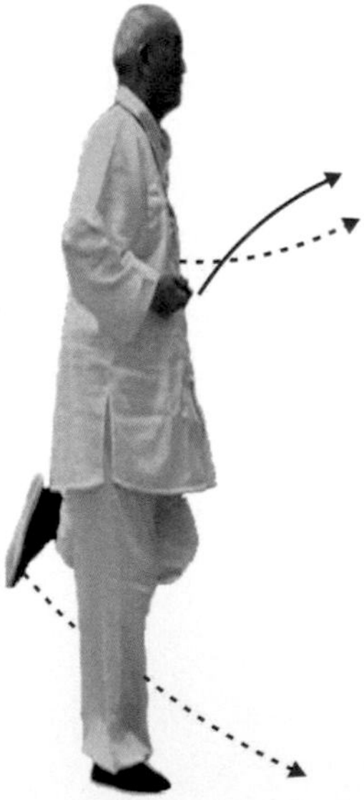

圖119

圖120

接上式，左腿爲實，右腿爲虛，身體右轉（後轉）一八十度面向正東的同時，雙拳如撇身搖狀，左拳擺於腹前，右拳撇於前上方。高與鼻齊，兩拳均拳心朝內（圖一一五）；兩拳向後下撤回於左髖後，左腿抬起，兩拳變掌由後向前上方拍擊，同時，左脚落地，右腿依次上撩。以右脚面同雙掌同時擊響，此翻身二起脚勢完成（圖一一六、圖一一七、圖一一八）。

要領：栽捶探海要鬆肩，特別要鬆右胯根，起身滾翻要迅猛，回擊身後敵來攻，制敵首先己身正，輕靈圓活騰二起，脚起手落彈跳力。彈跳騰空兩相擊（脚手齊到），只有式正聲清脆。

用法：

翻身二起脚是相當利害的招法，主要用於散打。

從栽捶的結束動作開始，向右轉身的動作本身就是一個旋摔法，如對方後抱我時，我向右一個轉身，即可將其摔倒。右拳後擺以拳背擊打對方叫撇身捶，是打後來襲我之敵。雙拳向左下時有擺勁，也有踩勁，也是一個猴戴帽的招法。同時左腿抬起時有用膝、用脚頂、撩敵襠、小腹、下顎的用法，左脚下落時有掛法（可使其前撲於地），踩、踏、蹬、跐的用法，同時右腿二起以膝頂其襠，脚踢其小腹、心臟、下顎。同時雙拳是一個霸王敬酒擊面或雙拳撲面或在向前的過程中雙拳左右依次開門，繼而左右拳擊其面胸等。

二起脚前的上步，有一個拉弓用法，即當對方後抱我時，我上步使其落空，給我騰出空隙，然後以右肘後擊其心臟的利害之招。

（三十二）分門樁抱膝

倒鈎即進樁分門，十字手掤滾臂運。
上掤下點身攻進，三盤齊到著法迅。

接上式，擊響完畢後，右脚落地，重心前移於右腿，雙掌分左右同時撩向後下方，同時，左脚跟抬起向上倒鈎後直接向前上左步，漸至重心落於左腿上，且成左弓步（圖一一九）；同時，雙掌由後向前擠出，過膝爲度，高與胸齊，左掌在外，右掌在內，兩腕交叉相貼（圖圖一二零）；重心後撤，落於右腿的同時，身體重心下降於右腿，左胯鬆。右膝屈曲一百七十度左右，左脚尖虛立地面，成左虛步（圖一二一），同時雙掌向外、向下劃弧，稍展伸，身體重心稍微抬起的同時，左腿抬起離開地面，雙掌由下向上托抱，高與胸平，掌心朝上，此完成分門樁抱膝勢（圖一二二）。

要領：蜷臂前掤要含胸，弓蹬步成腰後撐，鬆腰坐胯勁沉蓄，兩臂擰裹抱膝成。根節一動梢節發，中節齊到勁最佳。

用法：

分門樁抱膝也主要用於散打，推手時可用於對方前按我時，我雙手插入其胸前內，下抹其雙臂做鳳凰三點頭，打毀對方。

由二起脚的結束動作開始，上左步時，左脚後抬，以左脚跟後上勾擊，名爲倒掛金鈎，是在敵後抱我時，我以左脚跟上擊其襠的用法，左脚上步有踢、蹬、踹之法，更是點、扣、纏、擺腿，也是一個插襠，雙手胸前交叉向前同時是一個掤、擠、彈、沉、貫長勁可將對方打出，也可以是十字反掌，打耳光的打法。

雙手向外是一個分勁，向下是一個㩟、掛、帶勁、膝上抬有頂勁，頭有點勁，此法同時用時，就叫做鳳凰三點頭。雙手外分後，可作合掌耳光，向下有雙切對方左右肋的打法，繼而可有肘擊、肩靠、身撞之法。

（三十三）喜鵲蹬枝

順勢提膝擰裹就，雙手端肘不許溜。
鑽翻滾按鵲蹬枝，失敵平衡撅捌撕。

接上式，身體重心稍下沉的同時，左膝微內收於腹前，同時雙掌心朝內，向胸前收回，距胸約兩拳之距；身體向上展伸的同時，雙腕旋內，變掌心朝前，并雙掌朝前推按而出，同時左脚向前平蹬而出，謂之喜鵲蹬枝勢（圖一二三、圖一二四）。

要領：踡腿提膝胯時膝胯要完全放鬆，不能用力。蹬出時兩手托肘回帶在敵膝蓋交點前蹬下踩發出。亦可向敵襠內及小腹蹬踩發出。

用法：

鵲鶴蹬枝也主要用於散打。

當對方向我撲來時，我雙手向上掤架對方雙臂的同時，左脚蹬、踩、點其襠、小腹、面門。同時也有用膝之頂勁、用脚後跟的下掛勁。雙手臂可夾抱對方雙臂上抬擊其肘關節，使其折斷，同時，上抬前送可

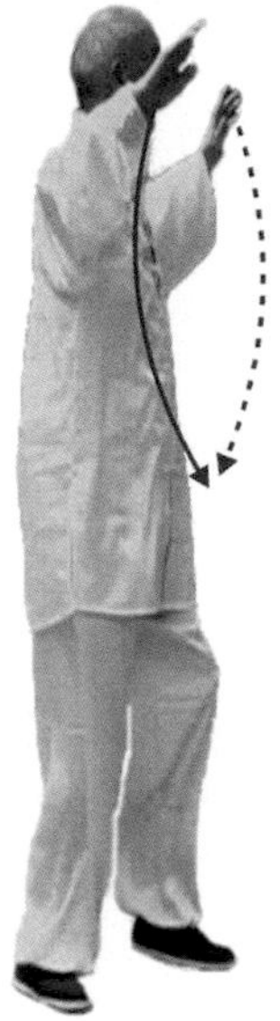

圖121

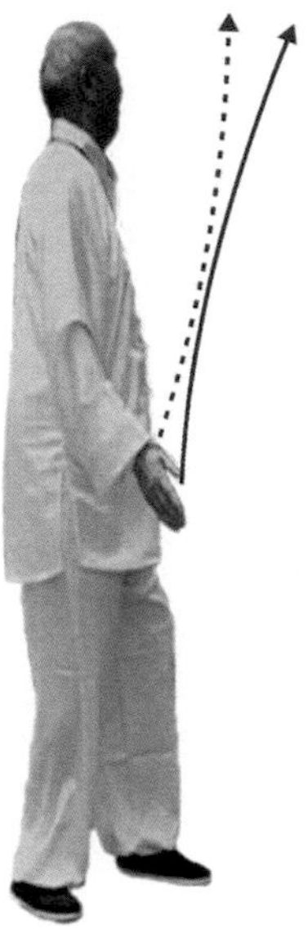

圖122

圖123

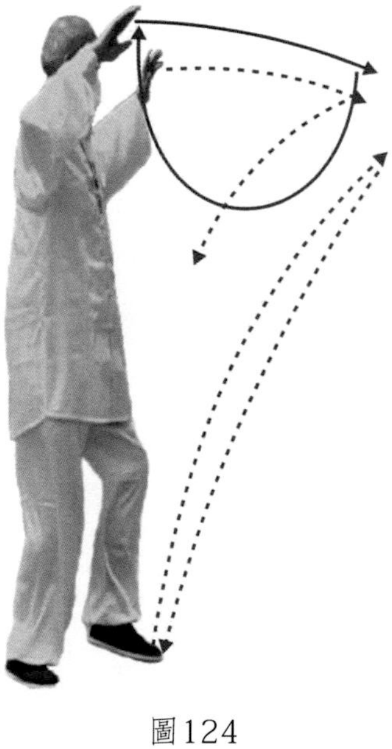

圖124

圖125

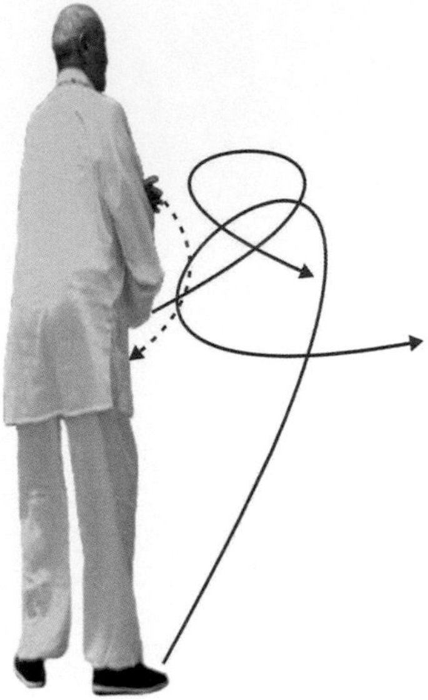

圖126

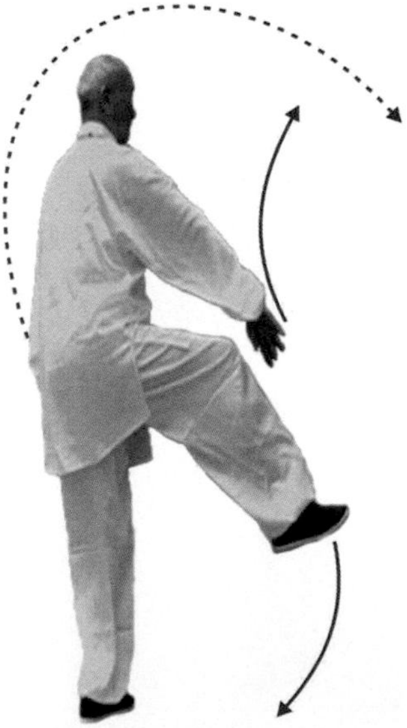

圖127

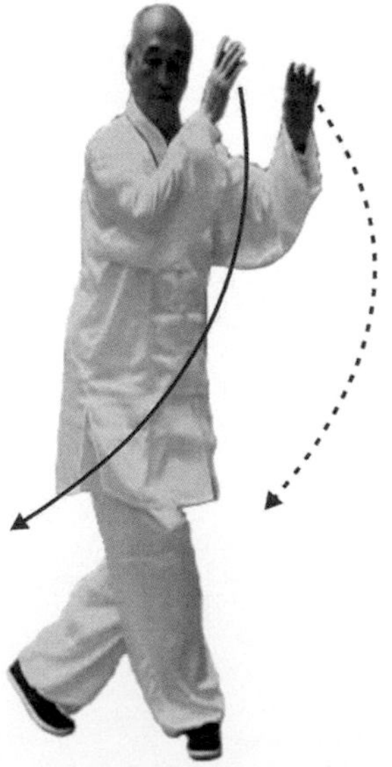

圖128

將對方發出。

雙掌向前時是雙掌面，肘擊其心臟的用法。

（三十四）鷂子翻身

鷂子翻身主在跟，轉身採捌挑摔狠。

翻身之中遇肘靠，提膝撩掃摔跌要。

接上式，身體重心向下微沉的同時，以右腿爲軸，後轉三百六十度，左脚稍下落，再向後上撩起，并落於右脚後，前後相距約兩脚之距，與此同時，雙掌心上翻，成掌心朝上（成雙托掌），隨著後轉翻身，右掌在前，左掌在後，同時向後上方托出，雙掌同時向後劃一立圓後，左掌置於胸前，掌心朝下，右掌置於腹前，掌心朝下；身體重心落於左腿，左腿屈曲二百七十度左右，右腿屈曲使脚尖虛點地面，形成右虛步。此完成鷂子翻身勢（圖一二五、圖一二六）。

要領：鷂子翻身旋腰功，拿手端臂向右擰，右後擰轉右足跟。腰似軸心脚似鑽，腰帶足轉右翻身，此身之中閃掘臂，鷂子翻身要平穩，兩臂抱臍此式成。

用法：

鷂子翻身主要用於散打，也可以用於推手，其用法與閃通臂相似。

鷂子翻身前左臂有肘擊其肋，掌打其襠，左脚用膝的頂法，用脚的踢、蹬、點等各種用法。

當對方右掌向我沖來時，我右手抓住其右掌（四指）向後一帶，左手支（托）其右肘關節，向後轉身一百八十度的同時，將其摔於我眼前（原來的後方）丈外，也可使其右肘墊於我左肩上，猛抖、上頂下壓其手，可將其肘關節打斷。

（三十五）旋脚蹬根

蹺腿護襠旋脚蹬，提帶敵腿玄蹬封。

手腿旋帶返回送，順勢借力妙無窮。

接上式，右脚抬起前撩的同時，右掌以掌沿向前撩出（圖一二七）；右脚不落，以膝關節爲支點，小腿收回的同時，右掌由前向左劃一小弧綫收回腹前，右小腿再向前蹬出時，右掌以掌沿向前撩過而出，同時身體稍向上展伸，此完成旋脚蹬根勢（圖一二八）。

要領：旋脚蹬襠手摟脚，敵脚到手跑不脫，蜷腿是爲防敵進，蜷分敵腿護襠成，敵若分摟吾脚跟，回旋引進送出蹬。送腿蹬脚一齊用，身穩體正顯樁功。

用法：

旋脚蹬根主要用於散手，以破對方擊來之脚的用招。

右小腿內旋掛，有用脚跟扚掛對方來腿之意，同時右手也是一個下撈其脚跟的用法，此時左手配合抓其脚尖，雙手向外一擰，可擰斷對方的踝關節，更甚者可將其大腿卸掉。

右掌前挑是一個撩擊，切擊對方臂、襠、腹以至下顎的用法。

右脚向外劃圈是一個纏腿法，同時也是一個外掛、跪膝法，將其膝關節跪斷。右脚外掛其腿後有踢、蹬、點其另一條腿的用法：進步落脚可撞靠對方，也可打對方另一條腿的壁腿，均可將其打倒。

旋脚蹬根同時也有用肘、用膝之法，也有靠法。

對方脚來時，可不用手，只用右脚內掛或外開，也可避開其擊來之腿，踢、蹬、跐、踏其膝、小腿、踝、脚等處，也可撩點其襠，也可脚蹬小腹，點打其心臟，上踹其頭面。

右手劃圈在左方時，是格撥掛採其右拳（掌），在右方時有外挎、撥、勾、掛、提、撩、採、拿等用法。

（三十六）右攔腰掌

落脚橫踩走中定，攔腰掌法軟肋敬。
兩掌分飛左右用，中定步在坐盤應。

接上式，身體重心前移，右脚落地，成右順弓步的同時，上體右轉九十度，同時右掌心朝下，由前向右後下削抹而出，眼看右掌，謂之右攔腰掌勢（圖一二九）。

要領：劈掌時臂掌旋轉圓活，定要步落掌到身攻的整體全發勁。

（三十七）左攔腰掌

落脚橫踩走中定，攔腰掌法軟肋敬。
兩掌分飛左右用，中定步在坐盤應。

接上式，身體重心繼續前移，左脚前上一步，成左順弓步的同時，雙掌心均朝下，一齊向左平腰削抹而出，此謂之左攔腰掌勢（圖一三零）。

圖129

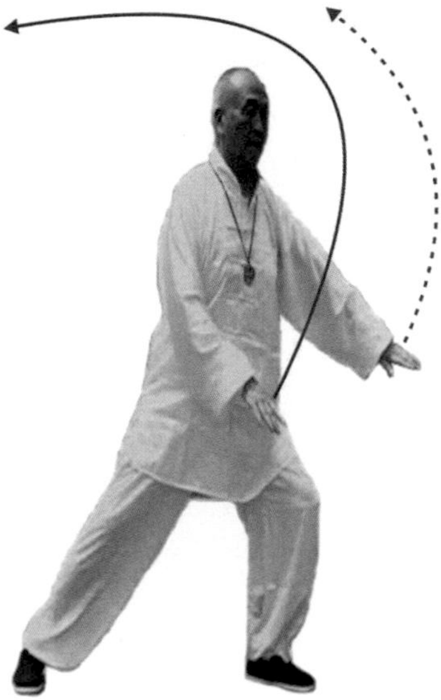

圖130

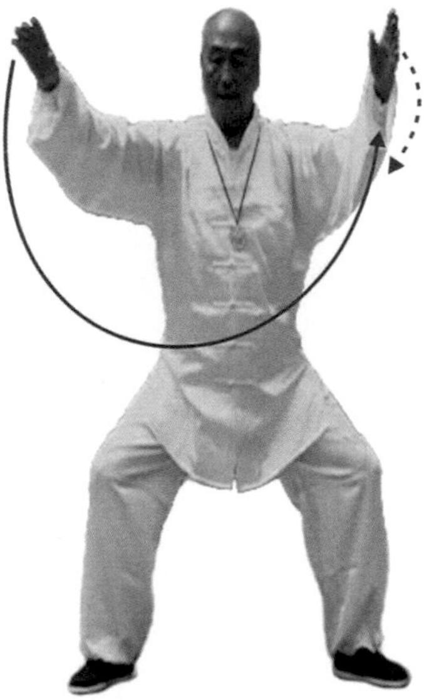

圖131

圖132

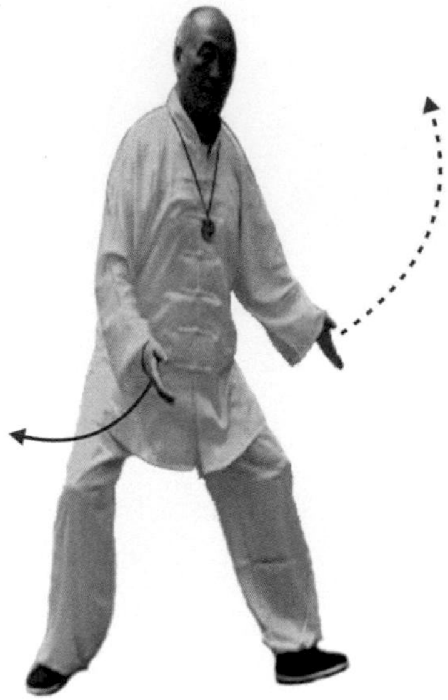

圖133

圖134

圖135

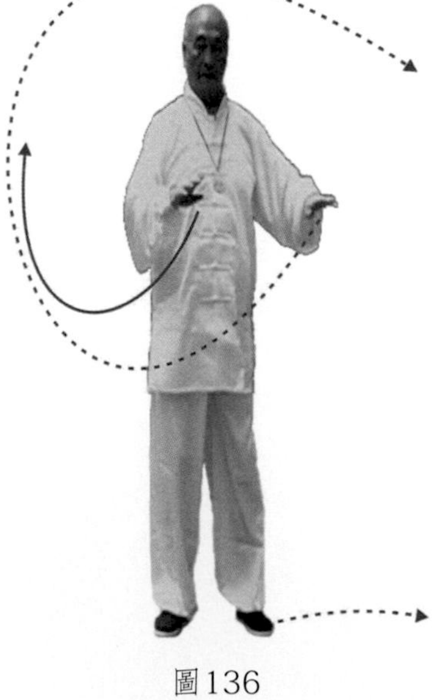

圖136

（三十八）掩手肱捶

捶隱藏在掌肱後，故名捶稱掩手肱。

掩而不露爲藏真，欺身過步要用心。

接上式，兩掌向上，再向左右，向下各劃半圓的同時，身體重心稍抬起，且稍右倒（圖一三一）；當兩掌將要處於合抱狀時，重心下沉，倒於左腿，成左順弓步的同時，右掌變拳由下向左、向上，高與腹平，使拳心朝上，置於左前臂內側，并使右拳背與左前臂內沿輕貼，氣沉丹田。此謂之掩手肱捶勢（圖一三二）。

要領：身正體鬆要鬆淨，腿部先鬆右胯根，腰活步穩襠要圓。

用法：

攔腰掌用手散手中主要是切、砍的用法，也是各種手法的組成部分，如在拐八字型的連環散打中配合運用較多。在握手中主要用在要接對方手或肘的過程或在空隙中下擊小腹、撩襠，切砍對方雙肋、勃頸的用法。

由旋脚蹬根的結束動作開始，右脚下落（橫脚，脚尖向外，脚跟向內）有跐踩、踏、蹬、跺、踹、踢、點、撩、掛等，落地後有扣、跪、點、壁、擺、旋、纏、滾等用膝之法。右掌下落時有切、砍、採、拿、攌、掛、劈面、砍頸、抓臉、抹面、扯衣之法。左脚上前有頭打頭的用法，如對方拳沖來時，我右手抓住其手腕向右一帶，或右掌向下拍壓擊之，順勢用前額點擊對方鼻梁或撞擊對方心臟，但撞時眼神須控制住對方之各個關節。

左脚上步是膝撞、肩靠、拳擊、肘打、用頭左側點擊之法。落脚有扣步法、膝點法、跪、壁、劈、旋、擺。雙手向右後是一個攌帶、採拿之法，與此同時左側有肘打心、頭擊頭、肩撞肘、身靠身，以及左膝的各種用法。在推手中這時也是一個捌其左臂之法，用在散手時左掌切肋、砍頸、劈面、抹、掛胸面之法。

雙手向右後除了攌、帶、拿、捌、擰裹之外，也有擊打右後沖來之敵，右肘可以打擊敵人，雙掌可以撲劈敵面。

雙手向左時，是一個攌、帶、攌掛、採拿、擰裹，同時左肘可頂擊左方來敵，雙手擊打其面。左右之雙手撲面（攔腰掌）在運用中均可一手撲面，一手打心或一手打心，一手擊腹、或一手擊腹，一手打襠，或一手打襠，一手切膝，總之可靈活運用，千變萬化。

（三十九）虎抱頭

雙臂繞舉虎抱頭，抱頭技法推山求。
式成抱頭推山就，推山亦可破抱頭。

接上式，身體重心右倒至右腿的同時，左掌向左後下方旋轉向上劃圓（圖一三三）；身體重心左倒至左腿的同時，右拳變掌，向右後下方旋轉，向上劃圓（圖一三四）；身體向上展伸而立起，重心倒向右腿（圖一三五），同時，左脚向右回收半步與肩同寬，與此同時，雙掌由頭後兩側經頭的左右斜上方向前劃弧而下與胸平齊，此謂之虎抱頭勢（圖一三六）。

要領：向後轉臂用腰旋帶，鬆肩沉肘，繞頭平推，滾肘正身，勁發敵臂，擠捌閃截；敵臂遇上，必斷無疑。

用法：

虎抱頭亦叫抱虎歸山，主要用於散手，用於推手時，是七寸靠的打法。小架子、大架子用的是肘，身子壓得很低，中架子用的是頭、肘、臂，動作適中，靈活多變。

由攔腰掌的結束動作開始，左手向左下時有抓、擓、掛、帶其手臂、衣襟之法，有切砍其大腿，襠、膝關節內側，也可用臂外分、壓，手外分、壓對方左腿使其倒地之法。左手向下時，有左肘進擊之法，與此同時可頭點其胸，肩撞其肋，也可用於背折靠，左膝有扣、跪、擺、劈、旋、點的用法，左脚有掛、勾、旋、轉之法。左臂向後上，向前時是一個摔法，意是挎住其右腿，向上一挎，向前（右前方）一個挑撩，將對方摔出丈外，上挑的過程中可用左肩靠，也可用左手挎開其右腿後（使其左腿變成實腿），推、按、擊其左腿摔出。右手向肩上時，也是一個挒法，如對方用右臂摟抱我勃子時，我用左手或左前臂外側切貼推按其右肘外，向左前挒之，其輕者可向前栽出，重者右肘關節折斷。左手上舉過肩時，也有如閃通臂式的挒摔法，如其右掌擊來時，我順左手抓其右腕向懷中一帶，同時向右轉身，使其肘關節墊於左肩上，左手向懷內猛帶，使其向我脚前摔出。重者使右肘折斷，輕者摔出丈外。

右側的用法與左邊一模一樣，也有挎有掛，有採有拿，有擓有帶，有肘有靠，有點有撞，有挒有摔，有扣有擺，有跪有劈，有脚扣有脚分，有纏有崩，也是變化無窮。

雙手向前時有合勁，當對方兩人左右抓住我左右肩時，我雙手左右向內（前）打合勁，以挒法將其打倒。

雙手虎口相對落於胸前時，有扣夾其勃子的捏法、雙切手，又有用肘打心、進懷掛麵、點頭、撩襠、進身靠等，隨機而變將其打倒。

虎抱頭實際上是從後抱對方之頭，使之摔於我脚下。如對方從後抱住我腰時，我雙手從上向後抱住對方之頭，向前下摔之。對方如抱住我雙臂時，我雙手則在前抱其一臂，從一側肩上向前摔之。使其仰面趙於我脚前。如此方法，一手從後抱頭，一手從下向後挑撩之，則敵摔得更狠。

（四十）單鞭

雙鉗臂肘拉單鞭，前後左右顧盼間。
上下繞打用不盡，鞭捶擊根追人魂。

接上式，此單鞭方向和做法完全同第五勢之單鞭勢（參看前圖二一、圖二二、圖二三、圖二四及圖一三七）。

用法：此處單鞭和前面的單鞭用法一樣，屬重覆練習的動作。

（四十一）前後照

前後照法擰裹精，引進敵來使落空。
轉腰擰身旋挫勁，使敵栽跌狠又迅。

由單鞭之結束動作開始，右鈎手變掌，使掌心朝左，橫掌向左腋，下橫擺，謂之前照（圖一三八）；身體右轉九十度，左掌心朝右，向右前方橫擺，謂之後照（圖一三九）；重心下沉於左腿，右脚回收半步成右虛步的同時，左掌由前向下，收至腹前，右掌由腹前往左臂內側前上方展伸，高不過頭，右掌心向左，左掌心朝右，如手揮琵琶狀（中琵琶式），此完成前後照勢（圖一四零）。

要領：引進落空用得妙，進來落空即栽倒，引進合出連貫用，四兩千斤功法成。

用法：

前招：前招既可以用於推手，又可以用於散打，既可用左手又可用右手，左右手都有方法，一般來說左脚是個扣步管脚，左手是個抓攦，右手是個打耳八橫勁。

在推手過程中，我左手抓攦帶其剛出之左手，向我右後方輕帶，以引出其焦點，使其髖折疊，此時，右掌在其左肩外側向我之左側橫向一掌，其可栽出丈外。

從單鞭的結束動作開始，左手向下時有攦、抓、掛、帶、扯，與此同時有頭打、左肩靠、身撞、膝扣、跪、點、攦、壁、劈，左髖有攦、撞，左脚有抹轉、旋攦、勾掛。

右手向左是可以是一個打耳巴，也可以是單拳（掌）貫耳，也可以是切、砍、打頭、打臉、切勃、打

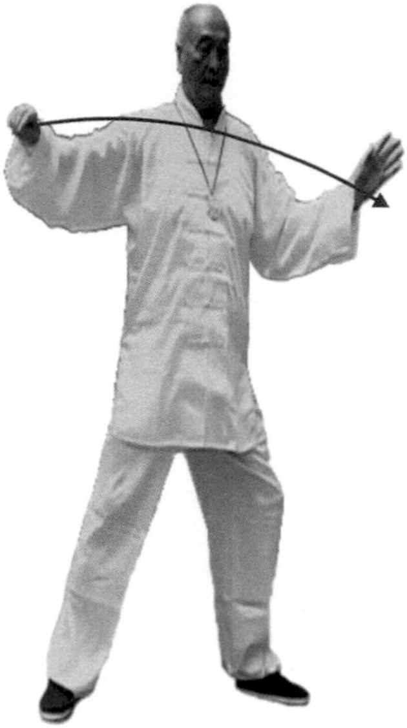
圖137

圖138

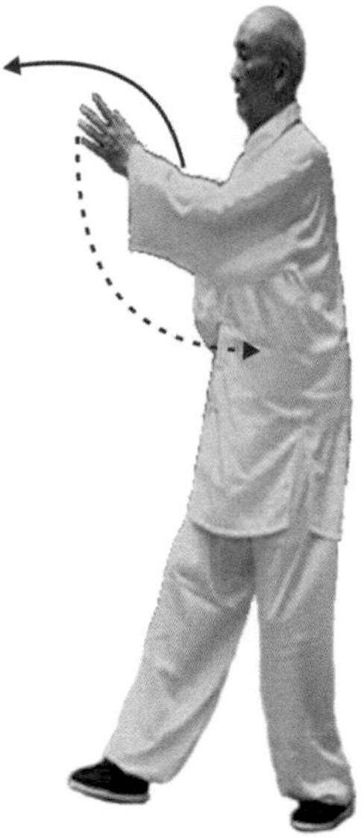
圖139

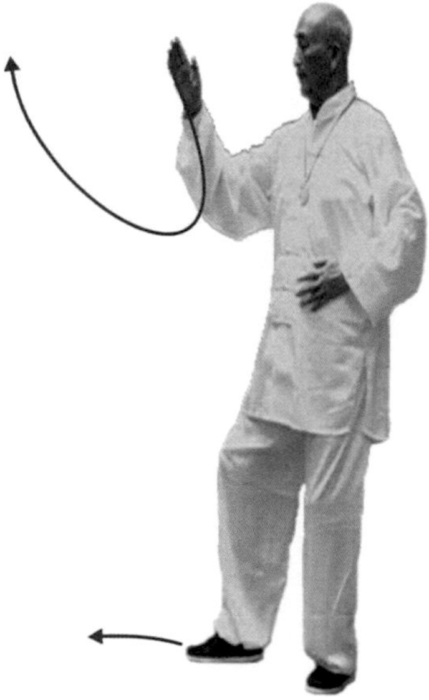
圖140

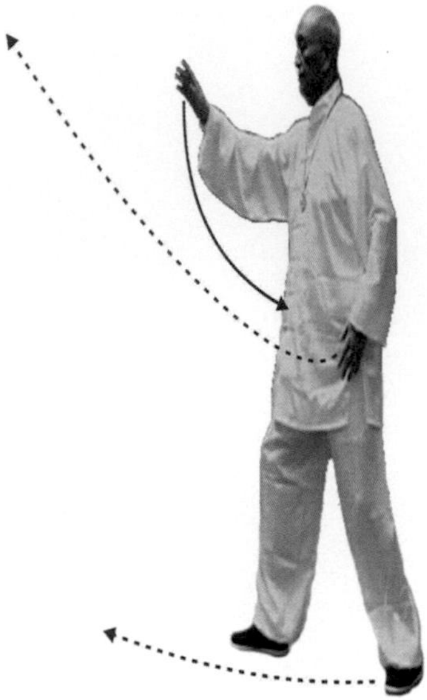

圖141

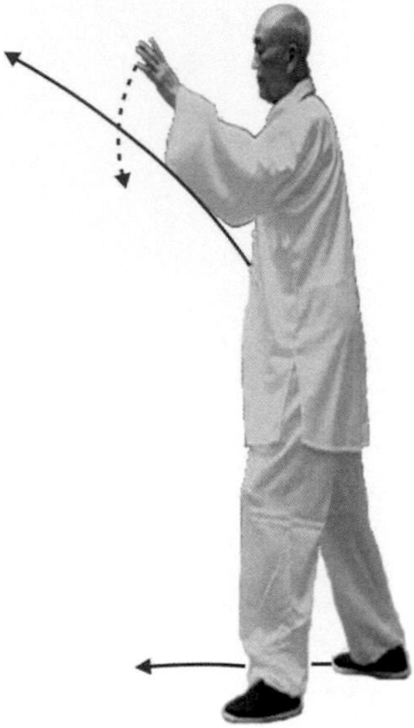

圖142

圖143

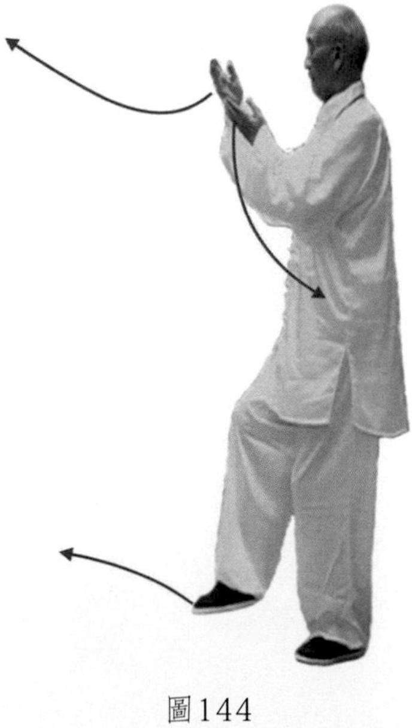

圖144

肩、敲肋、擊髖、削膝等用法。

身體向左轉身本身就是一個摔法，如當對方從後面抱住我臂膀時，我左脚向左側邁的同時，向左轉身，以旋勁將對方摔倒於我脚前。

向左轉身時，右腿有個扣膝、扣脚及跪腿的用法。

後招：後招在推手當中用起來和左側的掏腿按一樣狠，用時也以掏腿後招用之爲佳，對方一般難以逃掉。

在推手的過程當中，用右手領其剛出之右手，俏俏使其向自己的左後方，這時使之出現焦點、髖折叠，這時我既掏右脚置於對方左脚後的同時，左掌向右在其右肋或肩外側一按或橫向一掌，對方即可向我右側倒地，一般情況下，其可栽出丈餘外，甚者則更遠。

由前招的結束動作開始，身體右轉有旋摔法，如對方後抱我時，我身體向右一轉，可將其摔出。左手向右時謂之後招，左手可以是格、擋、撥、掛、採、拿。也可以是左耳巴、打頭、切砍勃、拍肩、擊肋、打推髖、削膝等。右轉時也有頭打、右肩背折靠。左手向下時有擺、抓、帶、掛、壓手之法。與此同時右手向上有反背蓋臉、刺眼、鎖喉、劈胸等，也有下抹、下帶、擺掛之法，同時右腿膝有點、扣、跪、纏、掛、劈、壁、挑、撩、擺、旋之法，脚有脚跟的掛、帶、撤，脚尖有點、踢、撩、掛、刺等用法。

後招的結束動作是中琵琶，中琵琶主要是合、擠、送、發之勁，打其肘臂很順手。

（四十二） 野馬分鬃

手揮琵琶當前站，腳手劃弧齊向前。
手肘肩靠正橫進，野馬飛奔不停頓。

接上式，身體重心前移，右腳前上半步的同時，右掌心朝斜上方滾分而出（圖一四一），重心繼續前移，前上左步，左掌向前上方分滾而出（圖一四二）。左右各做兩次，仍成右腳在前，腳尖虛點地面，右掌在前；左腳在後，屈膝一七十度左右之左虛步，左手置於腹前之中琵琶式（圖一四三），此完成野馬分鬃勢。

要領：盤腿進步先鬆胯，鬆胯鬆在大腿根。發勁在掌鼓掌心，要鼓掌心領指翹。上下齊到上下照，協調一致方生效。

用法：

野馬分鬃在散手中屬進法，和雲手是一個類型。做野馬分鬃必須走中綫，手臂及步法都要走弧形。野馬分鬃式在散手和推手中的用法也是很普遍的，它變化無窮，勁法莫測。有伸、有展、有回旋、有夾擠；

有崩、有彈、有戳、有點、有採、有抓、有拿、有發、有勾、有掛、有擺、有帶、有肘、有肩、有身靠；有膝、脚腿的各種用法，其變化無窮。

其最基本的方法是推手時，對方剛前伸右臂，我則不去理他，而是直接用左臂從其右臂下鑽進，伸進其懷中，使左掌切按在其左勃頸或左肩鎖處，同時進左步扣於其雙脚後，利用身體向前的勁，左臂向左前方滾分，可將其打出。也可右手抓住其右手，左臂向上、右手向下，以挒勁，再向前打野馬分鬃，或者左手下壓其右肩，右手採住其右手，可使對方前跪於我脚前。

前伸之臂有滾分、回旋、夾擊之勁。如推手時，對方右手前伸欲與我搭手，我可不去理他，而是直接右臂向前，用右肘外側去接其右肘外側，在對方一呆之際，我右臂向下滾壓其臂，使我右臂搶佔其中門，進入其懷中（可謂登堂入室），手掌正前按推其胸，可將其打出。

當對方打我高探馬、白鶴亮翅或前按，擠我左（右）臂時，都可用野馬分鬃破之。如當對方打我高位探馬時，或打我高位白鶴亮翅時，我左臂稍一沉，接著向前一個滾撐分展勁，可將對方打個仰面朝天，對方中位或低位按推，或前擠我左（右）手臂時，我朝下一沉，向前上方一個滾分撐旋勁，也可將對方打出。

野馬分鬃的步型是由內向外的弧形步，邁出之步有擺、扣、點、劈、壁、纏、跪等各種用法。步走弧形的過程是一個避實之法，步法前落是一個擊虛之法，脚前落下的定式是一個內扣或外扣腿，也是一個內跪外跪腿，也可以是一個跪壁（擺旋）腿，也可以是一個掛勾、挑撩的實用腿法。

野馬分鬃之步向前一上，就可以用手、肘、肩、髖、膝、脚、頭等七個關節，謂之七星進打。顧住三前盼七星就是這個意思。

野馬分鬃的結束動作仍然是中琵琶，和前面的用法一樣，其合勁不能忘記。

（四十三）玉女穿梭

穿梭雙掌吞吐進，又似白蛇吐雙信。
吐信之掌先刺喉，採住敵手雙瞳求。

接上式，身體、雙掌和右腿稍抬起（圖一四四），然後右脚落地；身體重心前移（圖一四五），左脚前上一步，并使重心落於左腿的同時，左掌前刺；身體以左腿爲軸右轉二七十度（圖一四六），同時，右脚插於左脚後一步；左掌心向下經胸前劃至腹前的同時，右掌由下向上經左臂內側向上，再向右前方以掌沿劈出，同時形成右順弓步，右掌高不過頭，如攔扎衣之結束動作（圖一四七），此謂玉女穿梭勢。

要領：穿梭向前邁左步時，似箭步穿躍而進，整個動作要急速連貫，穿掌有壓臂壓手採手刺喉鎖喉刺面取雙瞳之意，要求一氣呵成。

用法：

穿梭也稱玉女穿梭，甚用法極多，在散手中她是狠毒的招法，其肩、肘、膝、髖、頭、手、足都有用場，變化無窮，奧妙莫測。不僅在散手、推手中也是用法無量。

一、與對方接上右手，用我右手臂將其右手臂朝下一壓，繼而向前上滾擠對方右臂肩胸，與此同時右脚（或左脚）上步壁於其右腿後，可將其擊出數米。

二、對方剛與我相接右手，我即上左步與其右脚外側的同時，左拳擊打其右肋（此時必須看住其右肘），我繼而以我之左肩臂貼緊其右肩臂後及背部，向我右後轉身的同時（形成背貼背），右膝後擊其左肋後，再以連珠炮用左肘擊其右肘後。此一拳本來就可將對方打倒，如果俏俏轉身再打連續兩肘，一般情況下其難以逃掉。兩肘後還可以頭打、臀擊和用倒掛金勾。

三、轉身左脚扣腿前按，剛與對方接手，即緊貼其右手臂（須看住其肘）及右肩後，向右後轉身，以左脚爲軸轉三百六十度，變成面對其後背，雙手前按其後背的同時，左脚前扣其雙脚前，可使其前撲於地。

四、轉身換步壁腿按：此法其轉身和上一個一樣，只是轉身後不用左脚前扣其雙脚，而是左脚落下倒換一次右脚，使右脚成爲前扣（壁法）之脚（不管是用左或右脚前扣或壁，一律前扣或壁其左腿），雙手同時推按。意想無限遠時，其撲出可很遠，意想前栽時，其可猛栽於地。也可用雙手抖按，將其頸部打壞，以至破壞其延髓小腦，使其喪命。

用於散手時，從中琵琶之結束動作開始，雙手向下有壓、搌、掛、帶、貼、粘、滾、順之之法，雙手向上時有，同時或依次取瞳、刺喉、鎖喉、擊心的打法。如對方一拳沖來時，我右掌向下用掌背稍壓，繼而順貼其右臂（使其右臂無法抽回）向上取瞳、刺喉、打心等。也可以壓其手臂後，先右拳擊心，再向上擊顎，再用右肘穿心肘、再右拳背打面，再右肘頂心肘、抱心肘，連珠炮將其打毀。雙臂沉肘向下，同時也是一個護心和守肋回旋進擊之法。

右腿上抬有膝頂之法，同時也是防備或破解對方進擊我右腿之法。脚有由下向前上方點其膝下的挫點法，有踢、踹、蹬、撩、挑閉之法，右腿下落時有蹬、踹、踏、踩、跐之法，脚尖朝外落地後是扣腿、跪腿、壁腿之法，同時右脚尖還有抹轉、勾掛之法。右脚由其右脚外側落於其右脚後時有壁腿之法，與此同時可身撞、肩靠、右肘擊，形成鐵門栓打擊對方則更狠。

左步向上有膝頂之法，左脚落地有扣、壁法，與此同時左拳（掌）擊其右肋、後命門、腦後，可打死對方。轉身時有摔法，如上步的同時用右臂摟抱住其腰，向右後旋轉三百六十度，以離心力將其摔出。轉身後，有頭後打擊其腦窩、肘打其腎俞、臀打其髖、脚後跟打擊其襠或尾巴骨，以制服對方。

穿梭下面的懶扎衣、白鶴亮翅、單鞭、雲手，都屬重覆練習的動作，其用法和前面講過的一樣。只是懶扎衣不要忘了左手勾掛，其右肘內（肘窩）的左掛帶（內搬攔）的用法。

圖146

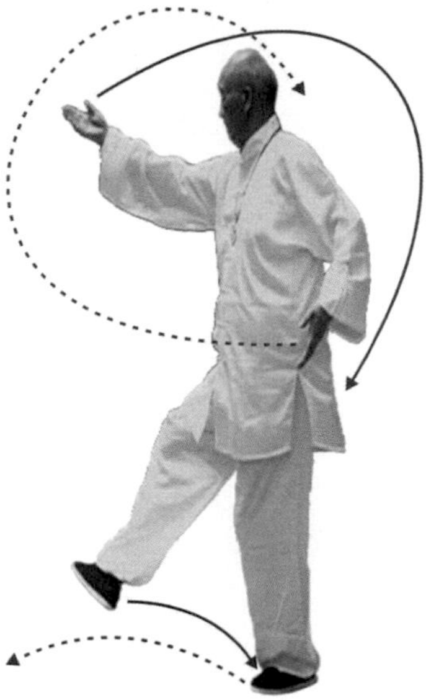

圖145

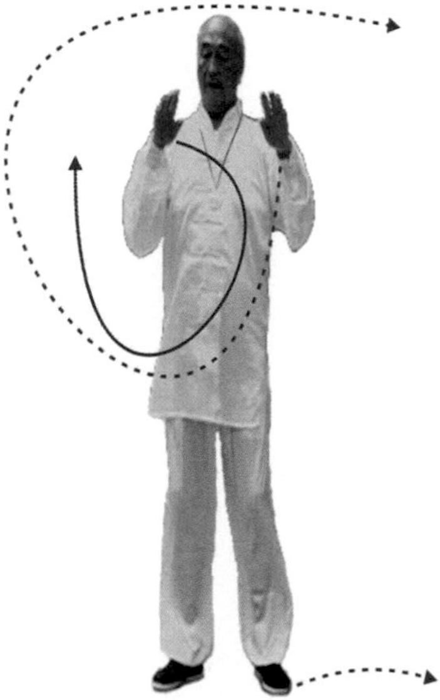

圖148

圖147

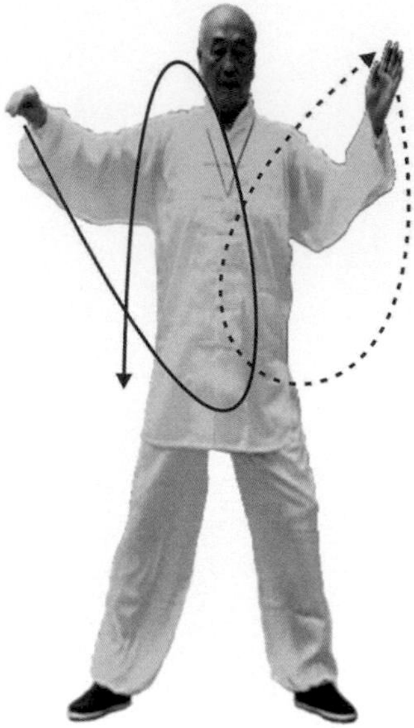

圖149

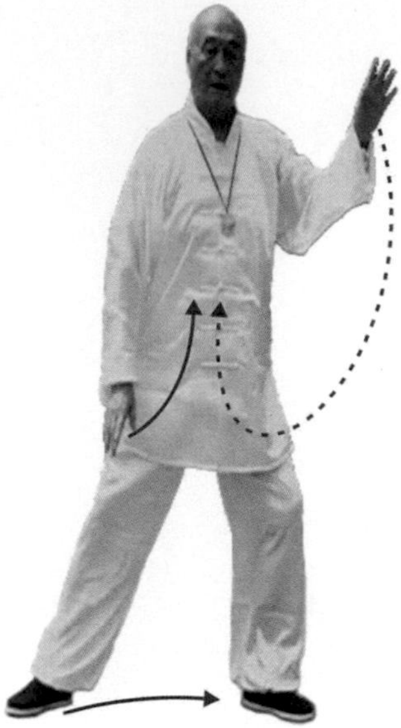

圖150

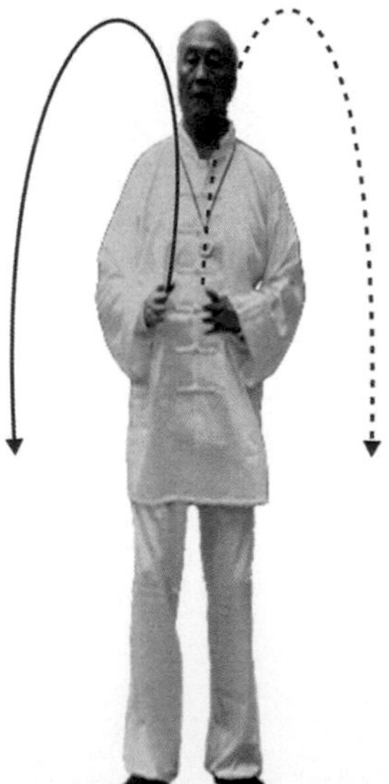

圖151

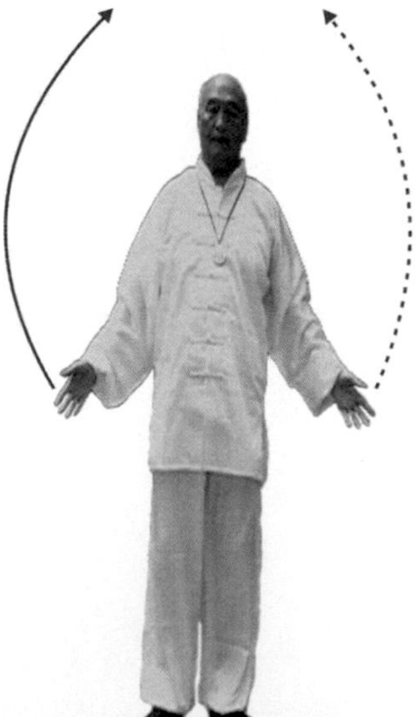

圖152

（四十四）白鶴亮翅

白鶴亮翅打騰空，合手端肘倒栽葱。
含胸拔背立圓進，顧盼輕靈拳脚迅。

接上式，完全同第四勢之白鶴亮翅（參看前圖一七、圖一八、圖一九及圖一四八）。

（四十五）單鞭

雙鉗臂肘拉單鞭，前後左右顧盼間。
上下繞打用不盡，鞭捶擊根追人魂。

接上式，完全同第五勢之單鞭勢（參看前圖二一、圖二二、圖二四及圖一四九）。

（四十六）雲手

雲手三進顧盼間，兩臂交叉成連環。
上手打頭後打面，分進攦挒左右換。

接上式，完全同第二七勢之雲手勢（參看前圖九二、圖九三及圖一五零）。

（四十七）跌岔

遇敵逼近勿須忙，童子拜祖功高強。
跌岔寓有踩臁意，緊跟掃堂不留隙。

當第四個左側雲手結束以後，身體重心倒至左腳，身體向上伸展（圖一五一）。右膝提起的同時，雙掌分別由左右下方向上在腹下合掌後，又分別從提起的右膝之兩側向左右分開，兩掌心朝上（圖一五二）；下落右腳的同時兩掌變拳向內夾擊（亦名貫耳捶，圖一五三），之後，兩拳變掌由上向下落，與肩平，成擔擔子狀，這時右腳落地後，身體下蹲（右膝全蹲），左腿向左側仆腿伸出的同時，雙掌由上向下，前後直臂而下，與胸腹齊平，此謂之跌岔（圖一五四）。

要領：合步收臂裹合圈，鑽掌繞拳要走圓，分臂「擔山」要沉肘，沉肘鬆肩胸要含。跌岔之時要單輕，單勁下勢胯要鬆。

用法：

跌叉既可以用於散手又可以用於推手，也是狠毒的招法，主要用以破毀對方的前按（推）和前撲、採、抱頭、抓肩等。

一、推手時，對方雙手正按我胸時，我雙手合掌由下向上從懷中挑開其雙臂的同時，順勢（不能使其雙臂抽回的情況下）前按其胸，將其按出。

二、對方前推我兩大臂時，我雙手向外一分，順勢進身進步，雙手前按對方，將其按出。也可在分開其雙手臂的同時，雙手合掌或雙手反掌合擊其面，或雙風貫耳或雙打左右太陽穴。

三、對方前按我雙前臂時，我前臂向下稍沉，繼而以崩勁將其彈出。

四、對方前按我時，我雙手向外分開其雙臂的同時，雙手向外向下向上捲抓其雙臂，使其雙手夾於我兩腿腋下，其臂伸直，其肘窩向上，我兩手心托住其左右肘關節，向前猛送，將其發出，也可雙手向一抖抬，將其肘關節打壞。

五、對方按我時，我雙手由內向外一分，同時抓其雙臂向下猛擺帶的同時，抬膝頂襠或擊面，將其打毀。也可雙手外分其雙臂的同時，用前額擊其面門。

六、對方前撲來時，用臂膀將其雙手掤起的同時，合掌以雙手四指（八個指）尖戳擊其心臟，將其打倒。也可雙手內挑其雙手臂的同時，雙掌撲面，雙肘穿心肘，壓手左右太陽時，以連珠炮式打毀對方。

七、對方採我手時，我順勢向頭後肩上一拉，以肩作支點拗斷其臂。左右兩敵抓我左右肩時，我雙臂左右下劈可將其臂打斷。

跌叉式用於散手時，七星進打、各種用法都有，雙手有挑、分、抓、採、攦、帶、擰、裹、挒、撲面、貫耳、擊心等法，頭有撞擊之法，膝有抬頂、撞之法，脚有挑、跺、踢、踹、蹬、點、跐、踏之法，雙臂向下時有劈法。左腿下仆有蹬跪之法，同時也是破對方劈、掛腿的防禦之法。

（四十八）掃堂

遇敵逼近勿須忙，童子拜祖技高强。
跌岔寓有跺臁意，緊跟掃堂不留隙。

接上式，身體重心倒至左脚（圖一五五），以左腿爲軸；身體左轉一百八十度，右腿向左前掃一百八十度（圖一五六），同時，雙掌臂以合抱姿勢由後向左前方，前擺於胸前，左掌置於腹前，右掌置於胸前，兩掌均朝內，面北方向（圖一五七），此謂之掃堂。

要領：旋轉要圓活，動作要敏捷。

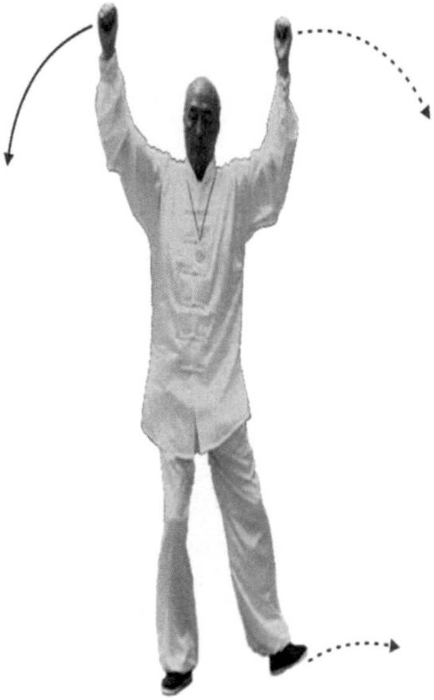
圖153

圖154

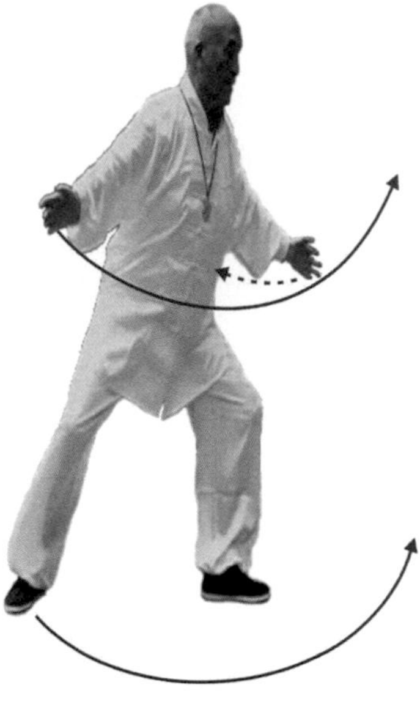
圖155

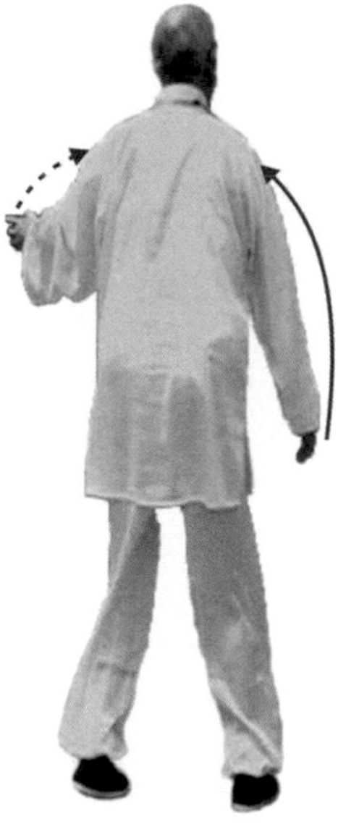
圖156

圖157

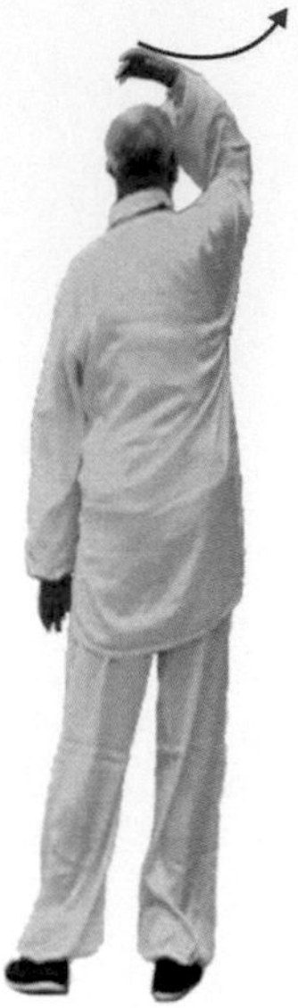

圖158

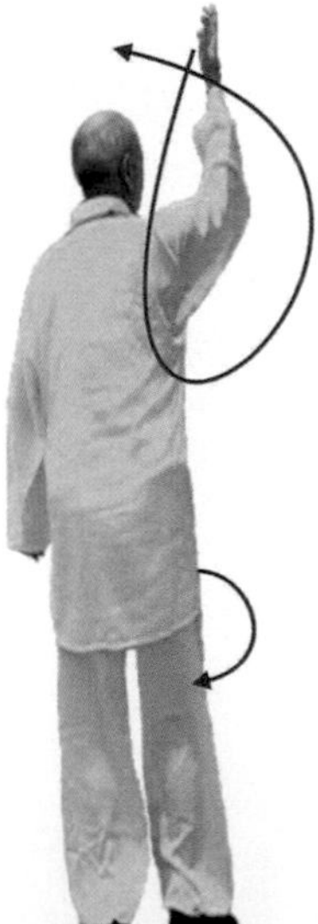

圖159

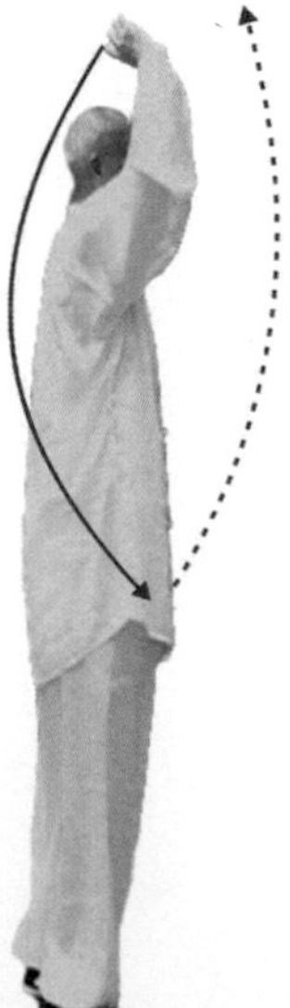

圖160

用法：

掃趟式既可以用於推手，也可以用於散打，多用於散打。掃趟的用法，必須和上肢的打法配合運用。

一、推手時，特別是散推時，對方右手推我左肩時，我左手抓其右臂（手），向左後帶的同時，右手推、橫擺旋其左肩臂，使其向我左方飛出。

二、推手時，左手抓其左手臂向上一領，左脚掃挑撩其左脚後懶筋處，可將其掃倒。

用於散打時，掃趟的用法則比較多。從跌叉的結束動作開始，向左轉身，有身體的旋摔法，如對方從後抱我時，身體向左轉，以離心力將其摔出。轉身左掃的同時，左手有抓、攦、帶、採、格、撥、卸手之法，左掌也可是一個反掌耳巴，也可以左掌外沿切、削耳左側太陽、勃頸、肩、臂、肋、髖、膝、臁等。兩手配合恰好是個禦手耳巴子。右手向左時，有拍、劈、切、砍、擊。可拍其左肩、劈其面、切其頸、砍其肋、擊其太陽穴、打其卸手耳光。也可推其髖、按其膝、削其膝、砸其脚面。同時右手也可掃、撩、挑、撥、格其左膝脚等，使其倒地後栽。

（四十九）左金鷄獨立

左右金鷄獨立勢，好似利劍沖天刺。

上擊掌托下敬膝，鈎纏跪挑壁劈踢。

接上式，身體重心下沉，上體微展（有對拉拔長，穩定重心之意），右掌向上沿頭頂方向如梳頭狀向後劃弧（圖一五八）；右膝抬起離地（圖一五九），左脚跟抬起，以左腿爲軸，身體向右轉九十度（圖一六零），同時，右掌由腦後經耳根處向前，再向上直托而上，以右臂微微伸直稍帶弧形爲度，右掌心朝前，面向正東；右脚自然落下的同時，右臂經體前沿右耳外、右乳而下，使右手臂自然垂下，右掌心向內，置於右髖窩處。此左金鶏獨立勢完成。

（五十）右金鶏獨立

左右金鶏獨立勢，好似利劍沖天刺。
上擎掌托下敬膝，鈎纏跪挑壁劈踢。

接上式，重心倒至右腿，變右腿支撐，同時左掌上抬於頭頂，如梳頭狀（圖一六一），左膝抬起，當左膝繼續上抬接近小腹高度時，左掌由頭後，經左耳根向前，向上直托而上，左掌心朝上（圖一六二），此謂之右金鶏獨立勢。

要領：圖四九、圖五十這兩勢要身正肩平，獨立步要穩，提膝鬆腰把胯順，周身始得平衡。

用法：

金鷄獨立式用於散打是很毒的招法，用於推手時則變化無窮，上肢在破採方面最妙，下肢配合纏腿，既輕巧，又靈活，打人則最狠。

由掃趟的結束動作開始，右腿向回收有勾、掛、撤、帶其脚腿，使其倒地之法；右手收在懷下時有抓、拿、搌、帶其臂、身衣之法；左手稍向下移時有抓、搌、採、帶、壓之法，配合右手向上時恰好是個捌其臂的用法。右手向上時有挑襠、戳腹、點心、刺喉、擊顎、打面、繼而穿心肘、頂心肘、搗心肘、搗面肘。與此同時右手上挑時，有配合左手的搬捌其肘關節的用法。右手向後時，是用肘之法，同時也是破對方採拿我右手時的破解之法，如對方右手抓採我右手四指時，我右手向頭後一帶，將對方吊起，或向後帶出，使其前撲於地，或引之使其右臂伸直時其肘關節墊於我左肩上，左肩猛上抬的同時，右手下搬其右手，以捌斷其右臂，或後引的同時順勢用右肘（屈肘）從下向左（在其右臂外側）搬捌其右臂肘外側，向右捌之，猛捌可捌斷其右臂，順勢貼搬捌可使其向我右後方飛出。

右膝上提，有膝頂其襠和小腹的方法，同時也可抬膝頂擊其大腿內側、膝內側，或脚後跟掛提其脚後跟使其倒地的方法。身體右轉，有身體的旋摔法，以離心力將對方（抱我時）摔出，也是右肘尖擊其右側太陽穴或面頰、或頸、或肩、或肋、或外搬捌其右臂的方法。右膝在提起的情況下右轉，本身是一個纏腿的用法，也是破其打我高探馬時的一個摔法，對方左脚操於我右脚後欲打我時的勾掛、纏提、剪挫以打斷其腿的用法，此外，下開門也是右膝右旋外分的實際應用所在。

對方剛要打我左手高探馬，其右脚掛上我右腿時，我同時也如火車碰勾一樣纏掛住其右腿，同時順勢向右轉身，其右脚緊別其右脚跟，使其在難以逃掉的情況下，反被我摔倒於我的右後方，此法破其高探馬則最佳。

與對方推手時，右膝向外旋分其右膝（謂之下開門），使其右腿變空，左腿變實的情況下，打其進步內外壁腿白鶴亮翅，或打其插步、扭臉倒捲肱，恰是右膝在此的形式。

與對方推手時，對方右腿偷在我右脚後（欲打我）時，我立即上抬右膝頂擊其襠或頂扣其左腿大腿內側或膝內側。或用右腿纏掛其右腿，右脚面緊掛貼別其右脚面關節處，上提可使其立即倒於我右後，一般情況下，可使其坐斷尾巴骨。或纏提其腿後，右脚後下落地，脚後跟向下一踏，可夾劈打斷其腿，或使其直接下坐於地面而趟倒。或纏掛其右腿向我左腿前，使其右脚別在我左脚前面，同時我右腿稍後撤，後跟狠踏地時，可打斷其右腿，此是剪、夾、崩勁，以我右膝窩做支點的打法。非常凶狠，在腿法的八法中屬暗法之一。

左右手的交替在懷中向上是進入其門內的用法，指或拳擊其腹、心臟，掌跟或拳托擊其下顎，繼而頂、穿、搗用肘，反拳擊面，下抹、上挑其正中綫一條，可打毀對方。總之，上肢左右手的用法都基本一樣。

左膝上抬也是一個頂襠法，也是一個外開門的纏腿法，如纏住其右腿，左脚外踝向左外上方一撩挑，可使其前栽於我右後方。同時也是打其左掏腿倒捲肱的一個打法，如對方右腿在前，前按我時，我用右手抓其左肩向懷內拉帶的同時，左脚掏換入其右脚內，身體右轉的同時，左腿猛外劈其右腿，對方可仰面朝天趟於我脚下。此外，左盤肘的用法就在此處。如推手時，左手逼緊其左手於其右肩內側的同時，我之左肘屈逼貼緊其右臂肘關節以上及肩外側，右手向懷內抓引拉帶其左肩的同時，左腿內掏於其右腿內打其劈腿，同時身體右轉，左前臂推按其右肩外（必須貼緊其右臂，并控制好），三個動作同時進行，可使其身體向我右方旋轉三百六十度而仰面朝天的倒於我脚前。

左脚上抬有點法，同時也有一個跪腿法。如對方推手時，我左腿上提，用左脚後跟點擊其右腿膝窩（膕窩），其可前撲於地。推手時對方若是右脚進在我左脚內時，我馬上以膝關節下跪其右膝後膕窩處，使其前撲於地。

左脚上提外分其右腿的同時，踹、蹬、踢點其左腿膝內、大腿內側，可將其打倒。

（五十一）雙震脚

手繞頭轉解敵手，肘往外旋反捌肘，

兩脚先後雙震跺，跺踏脚面不爲過。

接上式，身體重心微微下降的同時，左脚和左肘同時向後，向外，再向前劃一碗口大小的平圓；隨後左脚下踏地面，同時右脚抬起，不停頓右脚下踏地面，不停頓左脚仍然二次抬起，左右脚各震一次，謂之雙震脚（圖一六三、圖一六四）。

要領：左肘左腿上下同時繞一裹合圓圈，在繞圓中把勁蓄足，展身下蹲雙震脚時身要正，胸要含，胯要鬆，垂直下沉，左脚先落地，右脚緊連其後。雙脚落地聲音清脆，不同的兩聲要短促有力。

用法：

雙震脚，主要是用於破對方的掃趟腿。左脚下落是個踏法，同時也有用膝窩的崩劈之法。左肘向下時有用肘的點、擊、砸之法，如對方踢我左肘時，用左肘下點其脚面，可將其脚面骨砸碎。對方拳擊我左肋時，我左肘向下可格、可擊，化解其進攻。對方前撲來時，我右手抓其左臂向左一擺，順勢左肘擊其後背、頸、小腦延髓，可將其擊斃。對方下抱我腿時，我除了上抬左膝擊其面門外，左肘下砸用肘尖擊打其腦後或背部、打毀對方或上下合而擊之。

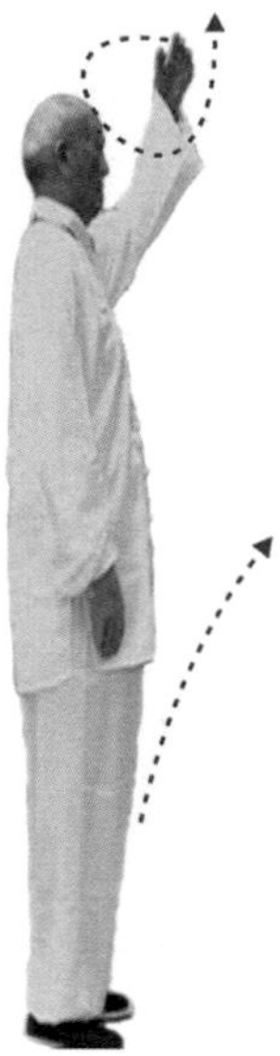
圖161

圖162

圖163

圖164

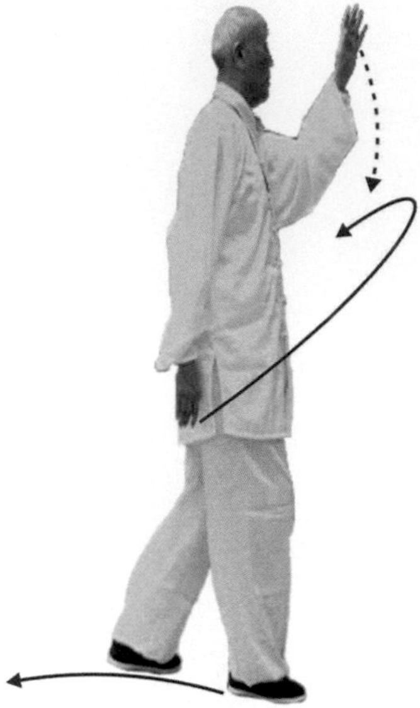
圖165

圖166

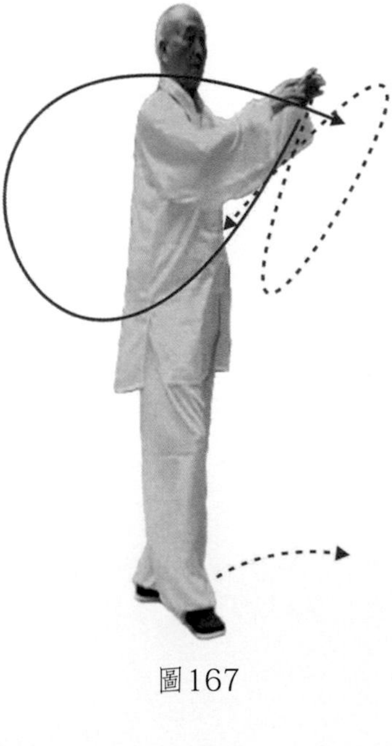
圖167

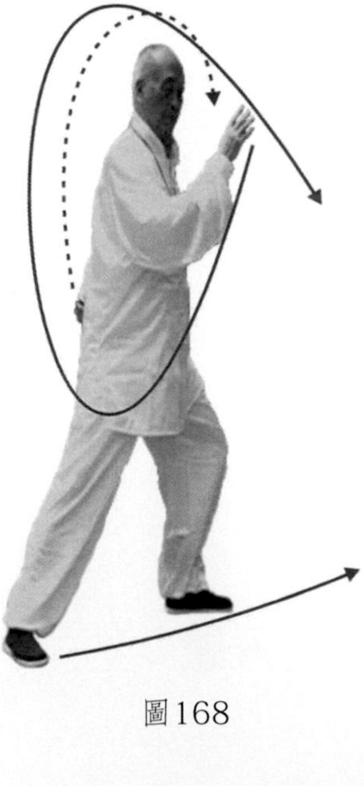
圖168

（五十二）倒捲肱

退行三把倒捲肱，怎識退中有進攻。
進退顧盼都悟透，攻防防攻變化就。

接上式，重心稍前移的同時，左脚由提膝變直接後撤一步，同時左掌心朝前，由上向前按出（圖一六五），繼而接做右側倒捲肱，再做左側倒捲肱，左右各兩次（參看前圖七二、圖七三、圖七四、圖七五），其做法同第一八勢之倒捲肱。

用法：

此處的倒捲肱也屬重覆動作，不同的是，此處是左脚先後撤，它有不同的特殊用法。左脚後撤是個掛帶（用後跟），可使前拖我左腿之敵前撲於地，掛其右脚後跟大筋處，可使其仰面朝天倒地，若左脚回掛其右脚時，其要抬腿逃掉時，或用膝預頂我襠時，我右腿後掛撤的同時，用右膝內側夾錯其右腿，以剪刀腿將其打倒，或直接用右膝內扣，或頂擊其右大腿髖端內側，也可使其向我左側倒地。上肢的動作主要是摟脚（腿）擊面的打法，如對方向我下盤踢（踹、蹬）來時，我右手摟拘、掛帶、挑撩、送捽的同時，左掌擊其面門。

卸步白鶴亮翅、斜行、閃邊臂、白鶴亮翅、單鞭、雲手此六式都屬重覆練習的動作，這裡則不復重述。

（五十三）白鶴亮翅

白鶴亮翅打騰空，合手端肘倒栽葱。
含胸拔背立圓進，顧盼輕靈拳脚迅。

接上式，完全同第一九勢之白鶴亮翅（參看圖一六六、前圖七六、圖七七及圖一六七）。

（五十四）斜行

避鋒下勢內掤撐，貼身扣腿弓膝崩。
十字手法變中論，肘靠膝胯順勢運。

接上式，完全同第八勢之斜行（參看前圖三六、圖三七、圖三八、圖三九及圖一六八）。

（五十五）閃通臂

閃通臂式圈劃圓，須知圓中有往返。

海底撈月單展翅，肘靠膝打不停止。

接上式，完全同第二一勢之閃通臂（參看前圖八十、圖八一、圖八二、圖八三、圖八四、圖八五、圖八六、圖八七、圖八八及圖一六九）。

（五十六）白鶴亮翅

白鶴亮翅打騰空，合手端肘倒栽葱。

含胸拔背立圓進，顧盼輕靈拳脚迅。

接上式，完全同第二二勢之白鶴亮翅（圖一七零、圖一七一）。

（五十七）單鞭

雙鉗臂肘拉單鞭，前後左右顧盼間。

上下繞打用不盡，鞭捶擊根追人魂。

接上式，完全同第二三勢之單鞭（參看前圖二一、圖二二、圖二三、圖二四及圖一七二）。

（五十八）雲手

雲手三進顧盼間，兩臂交叉成連環。
上手打頭後打面，分進搬挒左右換。

接上式，完全同第二四勢之雲手（參看前圖九二、圖九三及圖一七三）。

（五十九）十字手

十字手法變不盡，連環用技不停頓。
正隅互變側身進，壁腿進靠貼身運。

當第四個雲手，即左雲手向左側時，身體重心左移至左腿，右脚向左收回半步（圖一七四），與此同

圖169

圖170

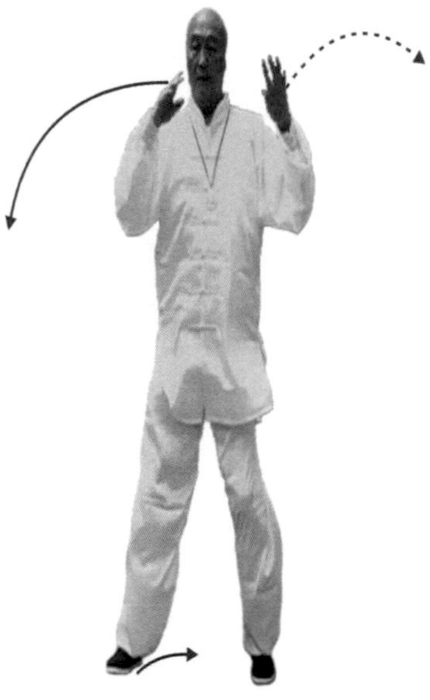

圖171

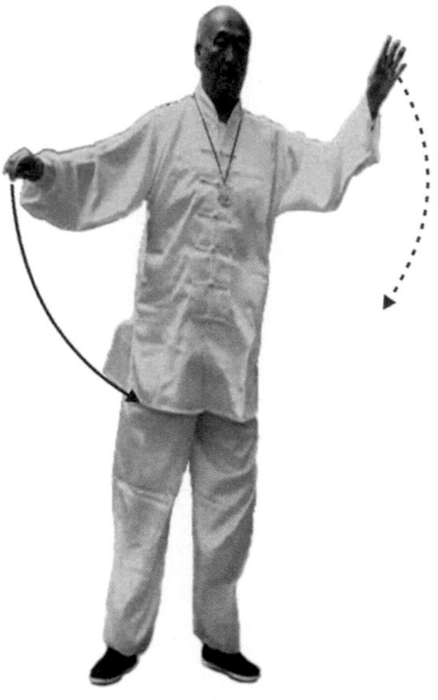

圖172

圖173

圖174

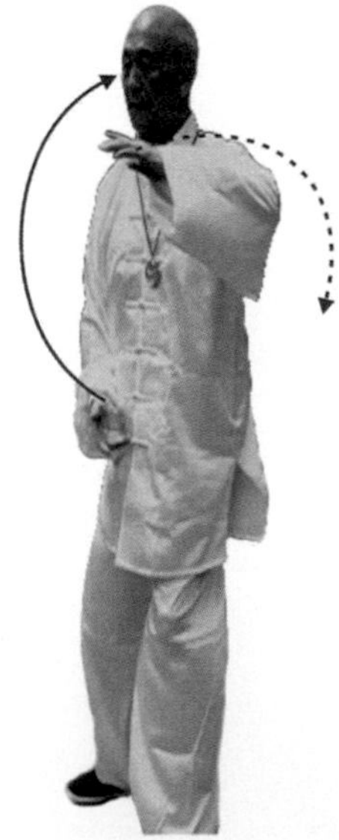

圖175

圖176

時，左掌由外向下，掌心朝上置於腹前，右掌由外向下，向懷內，向上置於胸前，右掌心朝下，重心落於右脚，右膝屈曲一百七十度，成右虛步如抱球式，身體重心前移，左脚向前移一脚許，成左順弓步的同時，身體右轉九十度，同時右掌向上向外劃半圓形，掌心朝上落於腹前，左掌由下向左上、向內劃半圓形，置於胸前，掌心朝下，此謂之十字手（圖一七五）。

要領：肩活胯鬆身要正，十字環抱肘要沉，扣步弓蹬十字變。

用法：

「十字手法變不盡，肩肘膝髖貼身靠」。體現了十字手變化無窮的打法，實際上任何一種左右交替，相互配合的打法、挒手法、採拿法的實施，都是十字手法的變異或直接的出現形式。十字手不只是手法，而是全身整體配合運用的肩、肘、膝、髖、身、脚各種技擊方法的實施。十字手法不但在推手中奧妙無窮，用法極多，而且既准又狠，散打中更是千變萬化，連環散打，兩手配合細膩的打法都是十字手的運用。

一、與對方搭手，左脚上步管於其雙脚後的同時，左臂屈肘由懷中向右面稍下沉，手心朝上，肘沉下，就此一動，即可使對方後倒，特別是當對方前按我左臂時，用此法最好，可使對方騰空後落地。

二、剛與對方搭手，身體左臂向我右轉的同時，左脚管於其雙脚後，同時身體下沉，左手心朝上、肘下墜，順勢以左肩靠撞對方右側肩臂及肋，可將對方打出。此法也可用頭的左側點擺，打擊其面門或右側太陽穴，將其打倒。或者肩也不用靠，頭也不用點，只左腿後管其雙脚後，身體前攻，將對方擠逼而倒，或者左腿直接用跪腿或點腿均可將其打倒。或者只以左肩靠其身，繼而以第二個勁打其十字手，將既脆又狠。

三、推手時對方前按我左臂時，我左臂在胸前屈肘下沉，手心朝上，身體下沉的同時，左臂稍向右一個順勢鬆引，使其徹底落空，繼而向我左肩後方打其十字手，可使其兩脚朝天，頭栽於地。或者左臂向右一鬆，繼而向左往返以肘打其心窩。或者左臂向右鬆的同時，右拳（掌的四指尖）在左肘下藏花式的抖擊其心臟，也可致對方於斃命。或者左臂向右順勢帶的同時，右手下抬摸其左肘（因爲這時其左臂恰好伸直），或上挒抖擊打斷其左肘關節，或向前托送之，使其後跌。

四、挒其左臂，與對方推手時，對方左手前逼我時，我身體下沉的同時，身體右側，引其左臂恰好伸直，這時右手腕一轉，使右手由其左手外由下向內抓採其左手四指（叫帶手頭），幷使右手內捲手心向上，使其左臂肘的內側朝上，外側朝下，同時左臂插入其左臂下，用手四指在其左肘臂外下，向上勾掛而抬之，或用左臂肘窩掛在其左肘外，合而抱之，左臂猛抬的同時右手下壓，此法可挒斷其左臂。或兩手抓挒而送之，或雙臂合抱左臂上挒，前上而送之。

破法：當對方右手剛要帶我左手頭（抓握左手時），我馬上左手四指勾掛抓握反採其四指，左手四指內扣，手腕內旋將力點主要用在其四指之小指上，使其向我右方跪地；手外旋以大指向上外施力於其右手食指根處，則可使其後仰面倒地；左手反採其四指後，即刻上提其四指，目的使其右臂放鬆落空，繼而直接向下折疊，可打斷其四指，或使其直接前跪於我脚前。此是左手反採後的三個勁法變化。也可不用此法，左手一鬆，順其左手摟抱我左肘臂之勢，用肘向我內下打擊其心臟，可使對方後跌出。

五、捌其右臂：與對方推手時，本來是左手應該在其右肘上接其左手，而我這時却不去接，而是順勢偷偷鑽入其右肘臂下，同時右手翻手向下採住其右手，這時形成兩臂合抱其右臂（使其右肘心向上）於我面前，向上抖捌之可打斷其右肘關節；左臂抱住向左外掛擺的同時，身體左轉，可將對方向我左方摔出。

六、高位的探馬：對方打我白鶴亮翅，我向下一沉，左臂稍向右鬆，繼而以第二個勁打對方高探馬，以及中位的探馬，均用十字手縱橫交錯勁。

打對方十字手必須切記，第一身體要正，一點都不可側身，若側身，右脚跟必須前擺。前腿要虛，脚尖點地，後腿要屈曲。第二左肘必須下沉墜，千萬不可抬肘或亮肘，此法一定是左手心朝上。只要做好這兩條，十字手一般百發百中，首先可防止其右手及前臂切滾我左大臂將我反打出，因爲這時我左肘是沉墜的，可使其前按之雙手摸空。第三若不打其十字手時，可變換第二個勁，以左腿之虛，用膝上抬，以滾襯腿打挑滾於其右大腿下，可使其向後騰空倒地。

破十字手的方法是，若發覺對方下沉右側身打我十字手時，我右手看住其左肘，左手壓住其左手頭，我左手順其右側身下沉之勢推按其左肩或左大臂，可使其向我前方跌出。此法也可以右掌跟切滾或右前臂切滾，也可以右肘切滾其左大臂，也可左手抓採下壓其左手頭的同時，右手前上搬其左肘，將其向前打出。

若是對方很內行，左肘下墜，右手心上朝打我十字手時，我還是有辦法，即左手採、抓、下壓其左手頭的同時，右手虎口、四指在下，拇指在上，鉗住其左肘關節，右手抓其左肘向我右後外帶的同時，左手抓推其左手向其左肋下，這時恰如使其左肩關節對死，這時我右手再對準其左肩窩向前推送入榫，將其向我前方打出。

七、推手時，右手在左肘下採其上托我左肘之右手，或撥或壓其右手，繼而以左肘打擊其肋下、心窩、下顎、太陽穴、面門等。

八、推手時，左手在右肘下採其上托我右肘之左手，或撥或壓其左手，繼而以右肘進擊其肋、胸、頸、顎、面門、太陽穴等。

九、推手時，我手心相對在上採其手，或兩手心相疊在其手背外採其手，或金絲纏腕採其手等等，兩手臂配合的採拿法均是十字手的用法。

十、推手時的左右撥、挑、卸肘耳巴、叫門、開門，反掌、背劈砸拳、雙手十字交叉反掌擊面、或反拳擊其太陽穴、左右的兩個挒臂等等，都是十字手的用法。

十一、十字手是散手的基礎，也是手法的核心，可以說沒有十字手，就沒有散手，不懂行十字手的妙用，就不懂得散手。

架子此處的十字手式，實際上是三個十字手、三個小擒拿。由雲手的結束動作開始，左手在下右手在上時，就是左邊的一個十字手，是在左邊用，打其右臂，我用的是左手，但必須掏右脚於其左脚後，左手可在右肘下打葉底藏花，可上挒或抱送其右臂，可左手抓、帶、採其右手頭，可右肩靠，可向上、向我右肩後打其左側的右向十字手。左手上轉，右手下轉，同時稍上左步，身體稍右側的動作是個小擒拿，其用法是當對方也打我右臂掏腿十字手時，以此小擒拿而破之，有三個妙法（一）我右手抓帶其右手頭，順勢左轉身體下降之勢，左掌推滾按其右肩臂，將其打倒。（二）我右手抓帶其右手頭的動作不變，左掌根、前臂、肘貼按推滾其右肩臂，可將其打倒。（三）我右手抓帶其右手頭後，向其右肘下後塞的同時，左手虎口鉗住其肘關節，大拇指在上，四指在下，後外掛（向我之左前方帶）之，這時已對死其右肩關節，繼而兩手控制其右臂，向前推塞其右肩窩，可使其倒地而受制。

身體右側時，右手在下，左手在上的姿勢就是一個右側的十字手，左手向前下翻轉，右手向懷上翻轉，左脚虛步回收，脚尖點地做三個同時完成的動作，又是一個小擒拿，也是我們常打的十字手摔跌法。左脚尖點地，脚跟提起，是一個鎖扣腿的妙法，千萬不可忽視。

左手上翻，右手下翻，身體右轉，左脚向前弓步的動作，又是一個左小擒拿，不過，這時的上弓步左脚一落地，就是一個扣步和跪腿，或膝打膝的點腿，可以定式直接將對方打出。在右側轉成右手在下、左手在上時，又成爲一個十字手，其用法和前面一樣，「十字手法變不盡，」意義就在於此。

（六十）小擒拿

遇敵出手使擒拿，折叠反關把敵發。
分筋錯骨制頑敵，切磋武藝技法奇。

接上式，身體重心右倒至右腿，左脚收回一至兩脚許成左虛步，同時，左掌由上向外，向下劃半圓，掌心朝上置於腹前的同時，右掌由腹前向外、向上，向胸前劃半圓置於胸前，且掌心朝前，眼視正前方（南方）（圖一七六）。此謂之小擒拿勢。

要領：十字翻轉用腰旋，上下相隨勁完整，完整勁發有交點，交點會在十字叉。

（六十一）十字手

十字手法變不盡，連環用技不停頓。
正隅互變側身進，壁腿進靠貼身運。

接上式，以原路綫返回，還原成第五九勢之十字手勢（圖一七七）。

（六十二）單擺蓮

十字擺蓮腿法精，內撩外擺顯神通。
連環臂繞撲面打，腦後一掌不要耍。

接上式，身體重心完完全倒至左腿的同時，身體微向上展伸，右腿向右前上撩起的同時，左掌在齊胸的高度以掌面與右脚面拍擊（圖一七八）；右脚擊響後向右下方劃弧落下。此謂之單擺蓮勢。

要領：十字擺蓮體要鬆，鬆的重點左胯弓，膝胯鬆够即沉身，正身展起擺脚輕。擺脚踢前又打後，左掌擺拍斂面胸。脚手齊到擺蓮成。功力全在挾挫勁。

用法：

單擺蓮是高腿的一種用法，太極拳本來是不允許使用高腿的，但單、雙擺蓮等却是個例外。但這種腿法的使用必須以完全控制對方爲基礎，即對方沒有一點對我威脅的情況下，廢其一側手臂，控制其一側手臂，打擊對方後心或腦後致命穴。

由十字手的結束動作開始，兩手十字（手心相對）上下相疊時，有左右抓、採、擺、帶的勁法，也有抓握拉其左右手臂，使其雙臂在其胸前交叉貼身對死，繼而前按或推擠可使對方倒地。也有如右手外挑，撥其左臂，用右肩靠；撥右臂，左肩靠；左手外挑，撥其右臂，左肩靠；左手內撥其右臂，用右肩靠其胸的用法。

右手或雙手抓其右臂腕向我之右後方擺帶的同時，右脚絆其雙腿，可使其前撲於地。或右手擺的同時，左手掌削其面門，或反掌或成反拳，擊面打肋均可。此勁是一個十字交叉勁，如右脚絆其雙脚的同時，雙掌向右拍擊其後背、頸、後腦勺，或用右肘則更狠。或者右手抓擺其右臂後，繼而在右脚壁在其右脚跟後的同時，右屈肘橫擊對方胸部或面門，可將其打倒。或在右手擺的同時，左手給其後腦一掌，輕者使其前栽於地，重者致其死亡。

右脚（腿）起來時有挑、撩、點、踢、蹬、踹之法，如挑其襠、撩其陰、點其膝、踢其腿、蹬其腹、踹其胸。近則用膝，頂抬、滾襯，落下時壁、劈、跪、點、擺、扣均可得法。右脚向右擺蓮時，是用脚尖

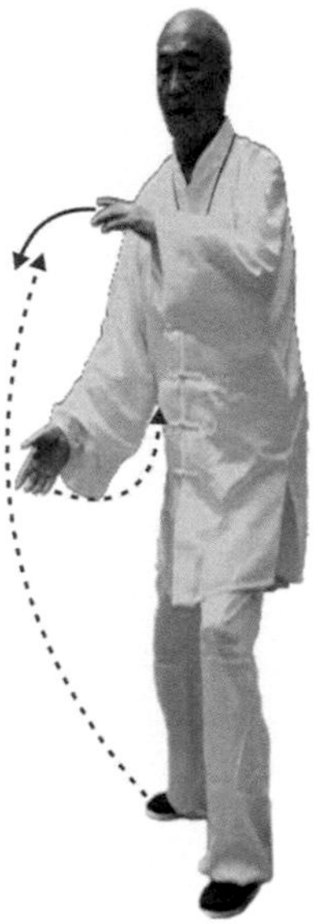

圖177

圖178

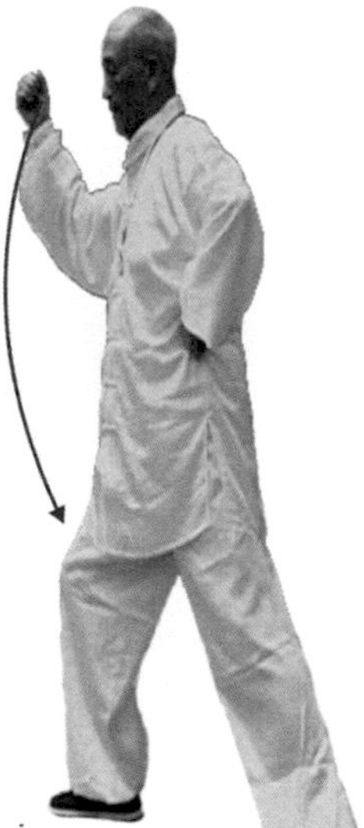

圖179

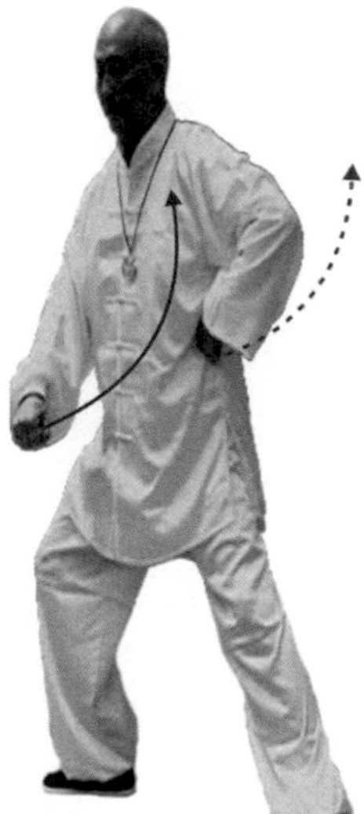

圖180

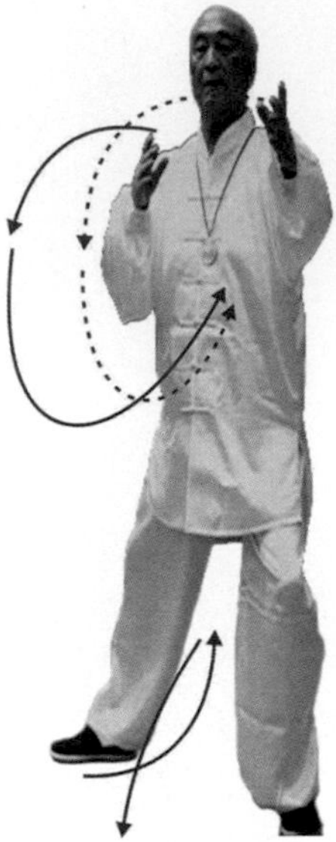

圖181

圖182

圖183

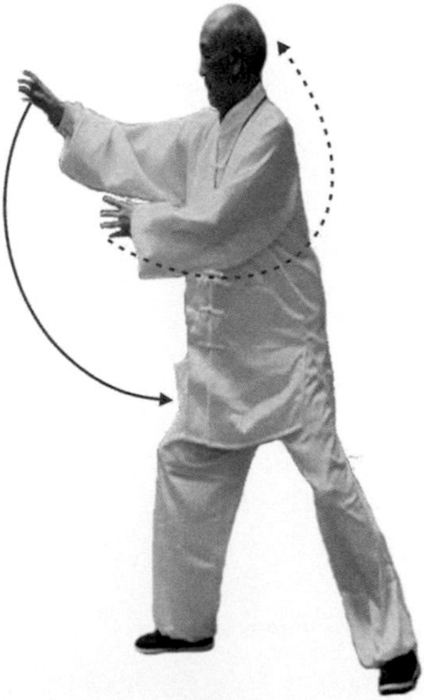

圖184

點其腎俞或命門，擺其背、打其後腦勺；左掌向前斜左上方時，可削其膝、打其心、切頸其喉頭、削其面門。

擺蓮腿在散手中用的比較多，推手中用的較少，但也是相當利害的招法。

（六十三）指襠捶

落掌攦拳破採拿，正身旋轉把肘發。
左右旋打連環肘，右肘旋內指襠手。

接上式，右脚落地的同時，重心倒於右腿，成右順弓步（圖一七九）；左掌收至左側腰間變成握拳，使拳面抵於腹側，與此同時，右掌變拳由後向前下方栽拳（圖一八零）。此謂之指襠捶勢。

要領：打罷擺蓮收左肘，正身旋腰斂換肘，右拳指襠前打擊，全憑鬆腰蓄沉功。

用法：

指當捶是太極八捶之一，主要用於散手，名爲指襠，實際是打面、打心、打襠、敲膝，砸脚面的一條串綫式的打法。

單擺蓮做完之後，左拳收回肋下時，手上有抓、攦、採、帶、卸手的用法，也是一個頂心肘的用法，做成左拳插肋時，是左肩有背折靠，向下一沉有用肘夾捌、採拿之法，右手向下時，右肩有背折靠，右手向右時有抓、攦、採、拿之法，右拳向上時有上挑、上沖天炮的打法。可挑其襠、擊其腹、打其心、沖其下顎。右拳向下時有擊其面、打其心、擊其腹、打其襠、敲其膝、砸其脚面，同時也有用肘法、頭打法、手掌中的採拿法。右拳指襠的同時，有右肩的靠撞法，同時也有左拳上沖其下顎的打法。右拳若再向上時有擊心、插顎、穿心肘、頂心肘、搗心肘、反拳劈面、雙手拳背砸面、雙拳翻杆向下打心，乃至七星進打貼身靠的方法。

（六十四）金剛

上步出手金剛掌，捌臂掤攦敵地躺。
連環玄肘扣搬攔，搗心頂檔跺脚面。

接上式，重心左移於左脚，成左順弓步的同時身體左轉九十度，雙拳變掌一齊向左前方伸出（圖一八二），其金剛式完全同第一二勢之金剛勢（參看前圖八、圖九、圖十、圖一一及圖一八二）。

（六十五）攔扎衣

太極絕技妙無窮，採挒跌打扎衣生。

掤擺擠按連殊用，鉗手管肘呈英雄。

接上式，完全同第三勢之攔扎衣勢（參看前圖一三、圖一四、圖一五及圖一八三）。

用法：

金剛、懶扎衣均爲重覆練習動作，此不再重述。

切記指襠捶的定式動作之左腿屈曲，有用左膝跪其右膝窩，或跪其右膝外側，或左脚在其右脚內用膝向內的擺、扣、旋、跪、摔、其右膝的方法。

（六十六）右砸七星

下勢號稱弓頭蛇，又施一技尋花著。

反擺帶挒撲地步，下砸七星把頭護。

接上式，身體重心後移於左腿，左腿向下全蹲，右腿仆地的同時，右掌下切於右小腿內側，左掌向後，向上劃半圓置於腦後，左掌心朝內（圖一八四、圖一八五）；身體重心前移於右腿的同時右掌向前托起，左掌由腦後向後、向下、向前上方經腹前右掌向前撩托而出，掌心朝上（圖一八六、圖一八七）；身體重心後倒至左腿，再倒至右腿時左腿上前一步，雙掌變拳，左拳在上收回到胸前，拳心朝下，右拳經左前臂下向前沖出，拳心朝下，眼看右拳（圖一八八、圖一八九）。此謂之右砸七星勢。

要領：下勢時要體鬆身正，不能吸氣用力。

用法：

砸七星是專門破對方打我跪、劈二腿的。既可以用於推手，又可以用於散打。

由懶扎衣的結束動作開始，左腿下蹲有跪坐法，左手向下有擺法，向後有挑、撩陰之法，也有手中的各種採指法，如左手抓住其四指後，用卡拇指採、折其大拇指，用小指和無名指內扣折疊、採其小指或掌外側，手抓其四指上提下折疊，採其指頭，手腕朝下一轉，手心朝上時，再向上折疊其手背，可以使對方直接騰空而起，右手向上時，有掛背前摔或挒打其伸向我左側之手臂的方法，同時也有肩靠、肘打、髖打。左手劃向頭上時，有抓其由右側肩後伸來後抱我頸部之手，向左（後）一拉使其臂伸直時，左手下壓，右肩或頸後上抬，將其臂捌斷之法，當然，左手上舉過肩時，也有一個下搗肘的用法。

右手臂向下時，有抓、握、帶、掛、搬之法，繼而向上時，有彈、崩、貫、送、挑、撩、沖天炮的方法。如對方剛抓住我右手腕時，我右臂以掛帶之勢，向我襠下搬掛之，而使其前栽，此法也可抓、拿、採、搬而帶之。如果我帶下時對方還不鬆手，而且還想後抽其臂，以維持自己的平衡時，我右手臂反而向上，順其回抽之臂，向前以長勁貫而送之，可使其後倒趟地。同時用於散手時，右臂向上可是挑、撩其襠，推按其膝關節，沖打其腹、胸、喉、頭，繼而肘打、肩靠、身撞。

右腿下落時，是個破其打我右腿之跪腿，或從我右脚後跟處打我劈腿時，右腿伸直仆地，其跪和劈都可化解。但右腿起來前弓時有點腿、跪腿（內外）、扣腿、旋擺腿的用法。

連環捶

此處的連環捶是砸七星的一個組成部分，連環捶是武當太極八捶之一，是相當利害的連環雙打心的用法，可上挑其雙臂（開門），雙拳連續不停的打擊其心臟，這裡是上挑的反立圈，繼而可正立圈（向下），壓手臂雙打心，也可連環打面，連環打腹，也可一個打上一個打下，可同時打，可依次打，同時可用頭點、肩靠、身撞、膝點、膝跪、壁腿、擺旋腿等貼近身體的各種打法。如果說三步捶是正圈，那麼，連環捶就是反圈。正反互用之法組成了太極散手拳法的核心，其相當利害。

由砸七星仆腿向前起時，左手劃向右手前下時，有個捌臂、採手、擒拿之法，當然，右手再由下向前時也是又一個捌臂、採拿之法。接著就是雙挑、連環打心。右脚向前，是個跟步進身之法。

（六十七）回頭看畫

撩腿回頭把畫看，說來此畫不景然。

腿起脚落挑撩端，已是來敵躺平川。

接上式，身體重心倒至右腿的同時，身體左轉九十度，左肘後掛，左拳由前向後、向下、再向上劃一圓圈上挑，同時左膝抬起，眼看左前方，此式謂之回頭看畫勢（圖一九零、圖一九一、圖一九二、圖一九三）。

要領：左臂左腿撩擊上下要一致。

用法：

回頭看畫是回轉身軀的打法，既可用於推手，又可用於散手。在推手中，即當對方右脚進入我左脚內（襠下）時，左臂由左向下、向內、向上挑其右臂，同時左腿挑撩（由左向右、由外向內，由下向上）其

圖185

圖186

圖187

圖188

圖189

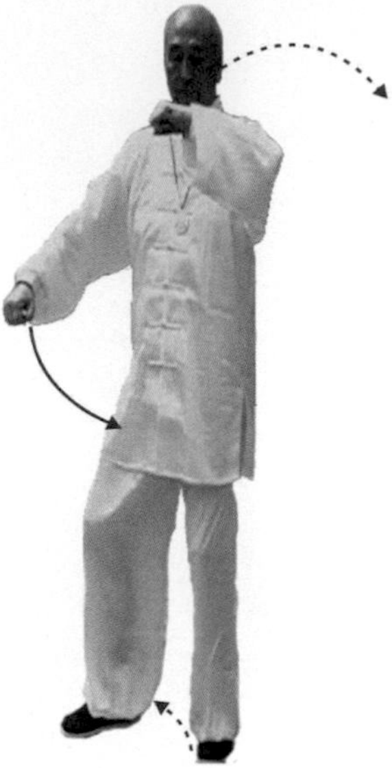

圖190

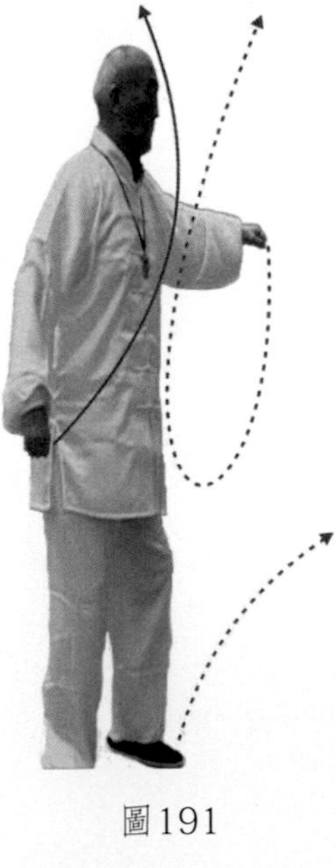

圖191

圖192

右腿，同時以左拳背或左前臂下砸其胸，可使其直接仰面朝天，或左腿挑撩的同時，以滾襯腿將其打出，或挑撩起後，右手抓脚扭、擰、採、拿、搬、卸或上抬前送，使其倒地。或挑撩其腿後，以左脚點、踢、蹬、踹或壁、扣、跪其左腿（實腿），可使其倒地。

由砸七星連環捶式的結束動作開始，重心左移時，有左肘後擊之法，頭有後側的點法，肩有折靠、身有撞法、髖有擺法、膝有跪坐、旋擺之法，脚有踏踩之法。右脚稍左上時，有扣腿、跪腿、點腿、跪擺腿之用法，右拳有在我正中的守護以待擊或在胸前的採拿之法。重心右移時有用右肘頂擊、擺擊、頭點、身靠、肩打、髖撞、跪擺、旋扣腿等技擊方法。

左手向左前上時，有抓、握、採、拿；向前下時有擺、帶之法；向懷內回時，有抓、握、轉旋、擰翻、採帶之法；向上時，有領、托、挑、撩、沖顎、擊肘之法。左腿向上時首先是個抬膝頂擊之法，其次是一個滾襯分擺的腿法，然後就是挑、撩、蹬、踹、點、擊、扣、跪、劈、壁等的用法。

（六十八）指襠捶

撩腿進步緊著追，箭步蹬催指襠捶。
全神貫注捶襠揮，敵人繳械顯神威。

接上式，身體重心左移，左腿隨之直接前上一步落下，右脚跟著前上半步，右拳向左膝內前方栽下（圖一九四），身體重心繼續左移，上體左轉九十度，右脚前上半步與左脚平行開立與肩寬，同時右拳由下向上沖於胸前，與左拳齊平，兩拳均拳心朝懷內，此謂之指襠捶勢（圖一九五）。

要領：撩左進右指襠捶，箭步一蹬正腰椎，鬆腰坐胯蓄足勁，指襠勁發在腰脊。

用法：

此處的指襠捶和前面的指襠捶沒有多大的區別，名爲指襠，實爲進中門後，打中綫一條，從頭到脚，任何一個部位都可打之。

從回頭看畫的結束動作開始，左拳在上，是一個上開門，內挑、外撥，上沖其胸、下頦，面門的同時，左脚落地以跐、踩、踏之法打其下盤，同時上右步右拳打面、打喉、打心、打腹、指襠、打膝，砸脚面，反而向上再打襠、打腹、打心、沖顎、肘打心、穿心時、反拳打面，頂心肘、搗心肘或雙拳雙擊面、雙肘雙搗心、雙掌雙切肩井穴、雙風貫耳、雙打紫金關，翻轉拳向下雙拳搗毁其內臟擊胸、雙手下抹面，雙手挑襠、胸、面、一條綫，頭點、肩靠、身撞、肘擊、髖擺、膝頂、腿壁等八面出擊，連環散打、連珠炮動，一招緊似一招，一環緊扣一環，招招相連，法法相變，環環相套，使對方無法招架。

圖194

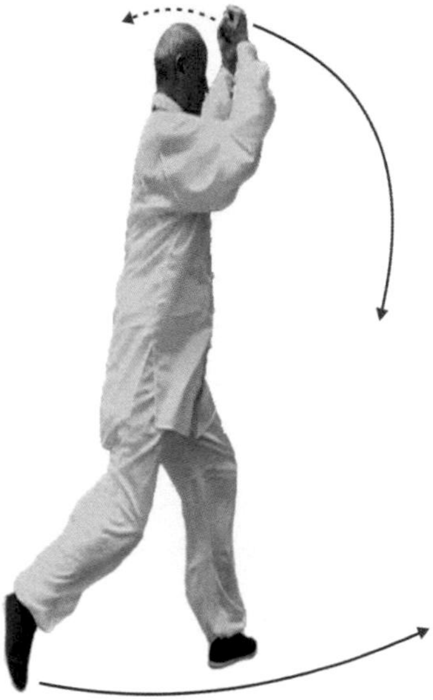

圖193

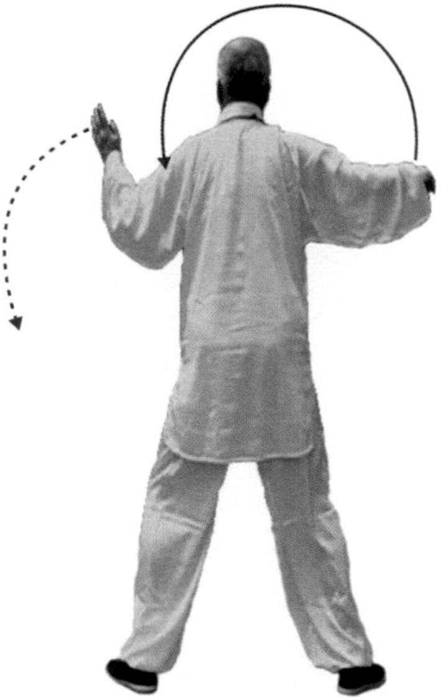

圖196

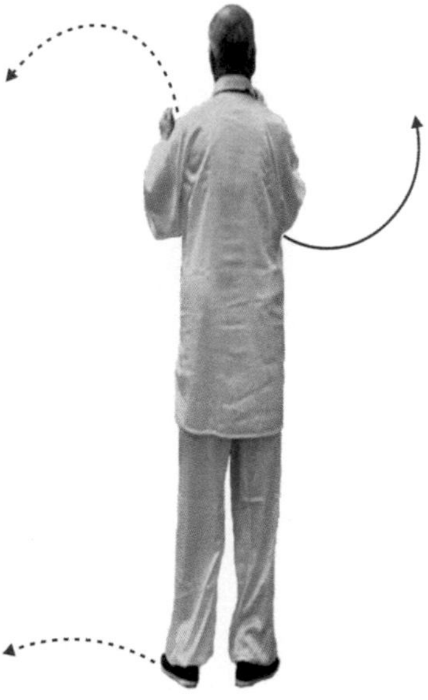

圖195

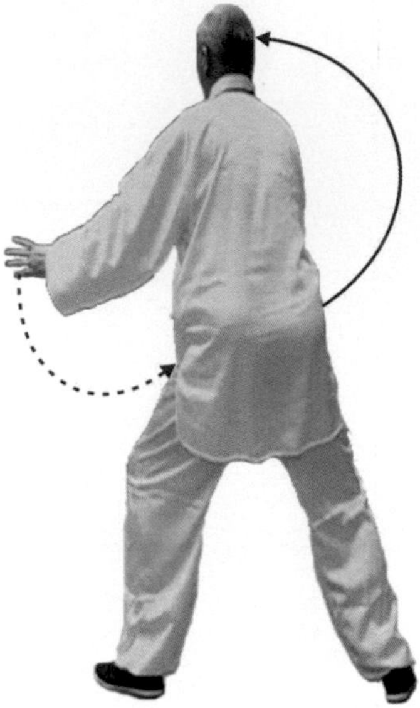

圖197

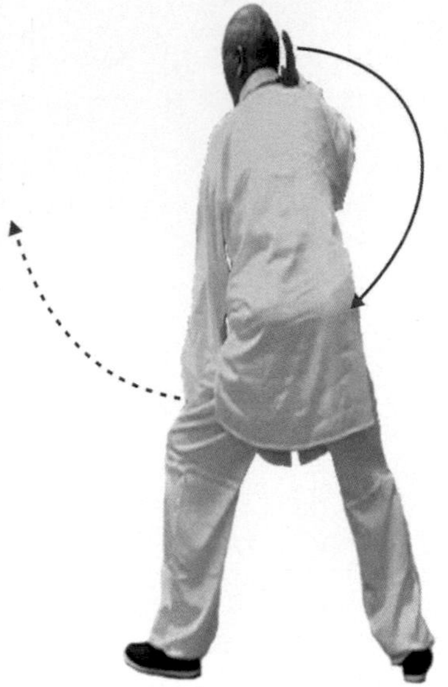

圖198

圖199

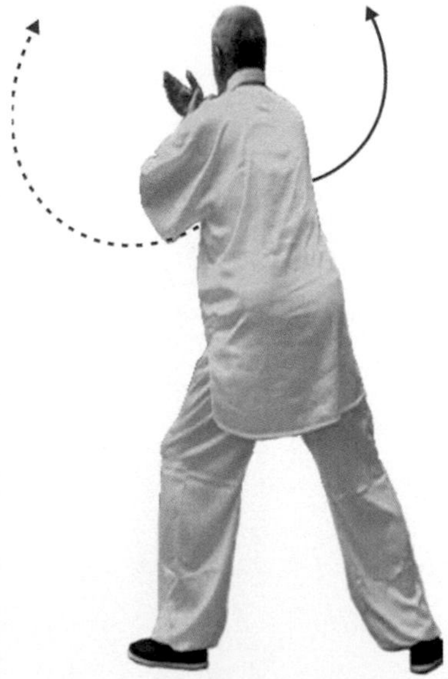

圖200

（六十九）單鞭

雙鉗臂肘拉單鞭，前後左右顧盼間。
上下繞打用不盡，鞭捶擊根追人魂。

接上式，雙拳變掌，做法如同第五勢之單鞭勢。唯方向轉一百八十度而已。由面南而面北（參看前圖二一、圖二二、圖二三、圖二四及圖一九六）。

用法：

單鞭是重覆動作，砸七星也是重覆動作，不同的是方向不同，採、帶、抓、拿其手臂的左右不同（只是指方便而言），如前一個主要是在右邊，而這一個則主要是在左面。

（七十）左砸七星

下勢號稱弓頭蛇，又施一技尋花著。
反擺帶捌撲地步，下砸七星把頭護。

接上式，右鈎手變掌由頭經頭上向左下輪一周至腦後（圖一九七），同時，身體重心移至右腿，右腿全蹲，左腿直仆於地，左掌收至腹前（圖一九八）；身體重心左移的同時左掌前插，右掌由腦後，向下經左臂外向前撩托而出，掌心朝上（圖一九九），身體重心移至正中部位時，右臂抽回與左臂在胸前，右外左內交叉（圖二零零），身體重心移至左腿，右脚虛點地面的同時，雙掌變拳向下，向外至左右側平舉位，兩拳心朝下，目視正前方（北方）（圖二十一）。此謂之左砸七星勢。

（七十一）跨虎

驚上取下隨機變，忽然撤步正身換。
勢成跨虎身中正，蹲身穩盤龍門弄。

接上式，（方向面北）身體重心下沉的同時，雙拳變掌，由左右側向上，向胸前合掌後，如斜行結束動作之左右手，即右掌向前按出，左掌向身體底腰處成鈎手，下肢重心落於右腿，左腿屈曲一七十度左右，左脚尖虛點地面成龍門步（圖二十二甲、乙，圖二十三，圖二十四甲、乙）；身體重心右移至右腿并以右腿為軸，身體向右（後）轉一百八十度（圖二十六），左腿隨之提起，當面向正南方時，左脚落於前上方，脚尖內扣，兩臂展開，左手由鈎手變掌置於左側平舉位，掌心朝下，右掌平舉位，掌心朝下，置於右後，身體再轉九十度，面向正西（圖二十七）。此謂之跨虎勢。

要領：在轉身之前先鬆沉而以彈勁帶動右脚跟和左脚尖轉旋而過。左腿向前跨步提腿不宜過高，兩肩鬆沉，兩臂鬆鬆甩開隨身而轉。頂勁領起，旋轉時平穩輕靈而落。

用法：

跨虎也可以說是騎虎，動作似乎是騎在虎背上一樣，其步型是一個龍門步，兩脚平行開立，兩腿屈曲，左脚以脚尖點地，兩脚距約一肩之寬，兩手胸前合掌或一前一後如斜行上肢動作的結束姿勢。此太極拳架子中跨虎一式很長，實際上它包含了七星式的動作，只是在這裡我們不叫，是楊式把它分細了，分出一個上步七星退、步跨虎。跨虎式的用法很多，既可以用於散打，又可以用於推手，但散打的用法用之較多。

由左砸七星之仆步下式開始，起身時，右肩有靠，身有逼和攻，左腿有壁、劈、點、扣、跪、旋劈之法，左掌有挑陰、撩襠、切其兩膝內側、拳打小腹、心臟、下顎。用時還有採、抓、握、拿、擺帶之法，同時還有用肘頂、穿、搗心、頂顎、打面的用法，頭也有點和擺擊之法。右掌向左側肘下時，有葉底藏花的打法，用指、掌、拳都行，同時還有採、拿、擺、帶之法。同時右手還有回拉其手臂，用肩作支點，打對方捌臂或閃通臂的摔法。左手向下時有掌（拳）擊肋、掌撩陰、擊腹、打面、抹、挑其衣襟等的用法，同時這裡很主要的一點，還是一個右手向上、向後、經我頭後，向我右肩上拉其右臂的同時，左臂操於其襠中，以扛口袋式將對方頭朝下，脚朝上摔在我右側後，此法在推手中用之最好。如當對方欲採我右手時，我趁機抓住其手臂，往回帶的同時蹲身挑襠，起身倒口袋，狠摔對方。

右手向右時有拉、抓、帶、擰、採法，也是用肘後擊、手後挑、撩（向右方），向右肩上劃圓時，有捲臂、纏肘、抱摔、捌臂、打面、擊膝、挑襠、擊腹、掏心、刺喉、抓面、肩靠、身撞、頭打、髖擺的各種用法。在右手右拉的同時，左手向左是個反掌擊面，如對方左拳（掌）擊來時，右手抓、採回帶的同時，左手以合勁反掌或拳擊其面門。對方左拳（掌）擊來時，此法也可。不過要防住其右拳（掌）擊我左側，如果我右手抓帶其左手時，對方進右拳（掌）擊我左側肋、面時，必須先用左臂外開，繼而滾進，再打擊對方，不給對方有任何縫隙。當然，左手向左時挑、撩、刺、點、抓、拿、肘、肩、頭、髖的用法都可與右手之法相同，雙手可左右同時，或依次使用。也可以同時打擊兩邊來敵。雙手向胸前合掌時，有夾、壓、合、擠、推、送、抓、拿、擺、帶、雙風貫耳、雙打紫金冠，雙手合掌以指尖刺、戳擊眼、面、刺、心臟、腹、襠、上挑下抹、左右反掌、左右肩撞、身靠、頭打、用膝、用脚、用髖、跪腿、點腿、擺旋腿等等的用法。如二敵左右兩側向我撲來時，我雙手向左右刺擊其心臟，挑撩其襠，擊其面門或太陽穴。或抓住對方的衣襟向中間一合，使其自身相撞。敵人從前面向我撲來時，雙前臂合截對方肘窩的同時，雙掌擊面、刺喉、打心，擊腹、挑襠、抹面、挑襟、頭打、肩靠。如果對方從前面雙手抓住我雙肩

圖201

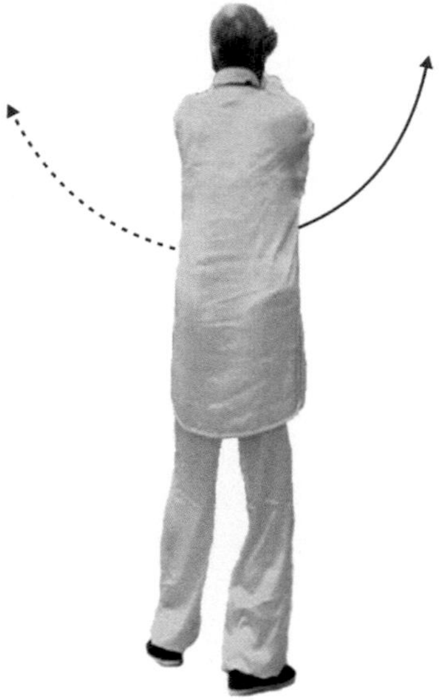

圖202

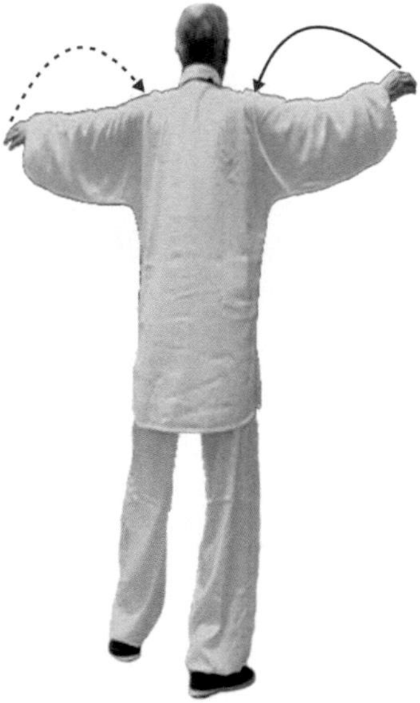

圖203

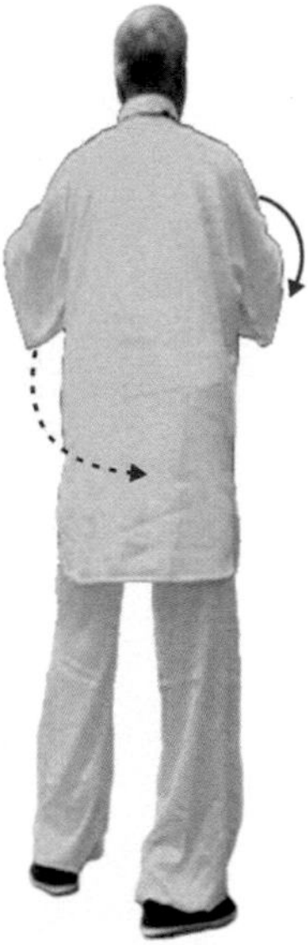

圖204

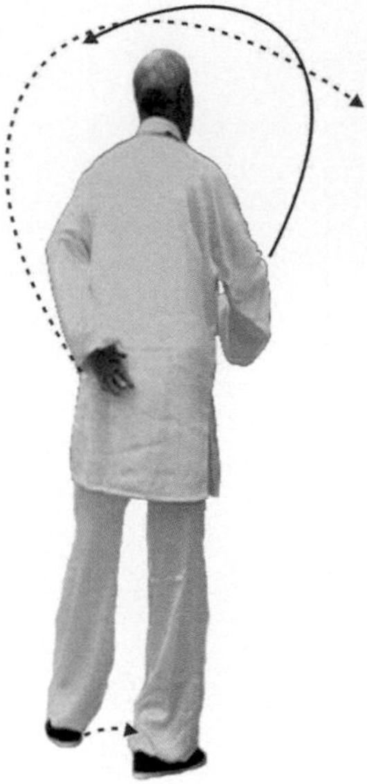

圖205

圖206

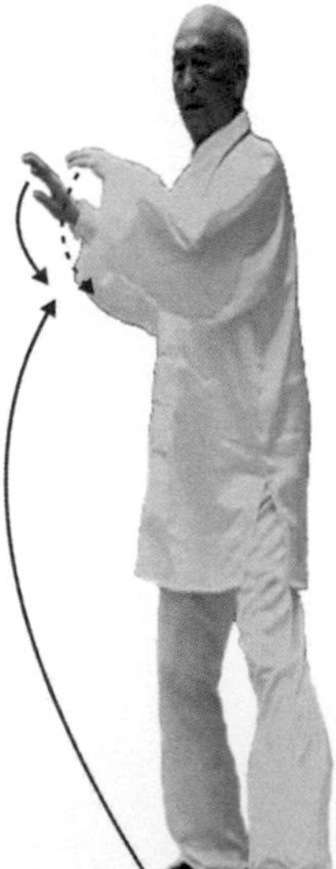

圖207

圖208

時，我用臂夾抱於其兩肘外，向前擠推送之，使其向後倒地。

右掌向前，左勾手向後之動作和斜行的上肢結束動作的用法完全相同。下盤的龍門步，有騎坐下跪之法。

身體右轉時，是一個旋摔法，如當對方後抱我腰時，我向右一個轉身，以離心力將對方摔出。右肩是個背折靠，頭向右有點法，髖有擺法，膝有旋劈、外開門之法，右腳跟抹轉時，其腳尖有擺、掛、勾、撥、下開門的用法。右肘有後擊、掛、點、搗之法。右手有抓、採、擴、帶之法，也有向後的反掌、反拳、橫擊的打法。

身體右轉用右側手臂的同時，左側也有配合的相當多的用法，如右手擴帶其右臂的同時，用左勾手之背面，推、撐、提，拔其右腋外側，使其倒地更狠，或掌擊後腦勺、後背等，或用拳擊其太陽穴、右肋下等等要害部位，致對方傷殘。

左腳跟提起，用腳尖向內抹轉有扣、跪、旋劈、夾剪腿的用法。如推手時，我左腳在其右腳後時，以膝蓋下跪其右膝後膕窩，使其前撲於地。如果我腳在其右腳內側，則做成內跪腿，對方鬆抽時，我膝向左一旋，使我之膝內側緊貼對方右膝外側，此時我用左膝一個旋劈扣腿可將對方打出。如果對方將腿伸進我襠中時，此時又是一個夾剪腿的打法，可將其腿打斷。

轉身後左腳一落時，有踏、踩、跐的用法。定式時有扣、跪、壁、點的用法。如直接扣腳落於對方腳後跟後，膝朝前一弓，即可將對方打出。或點、或壁、或跪均可收到同樣的效果。

（七十二）雙擺蓮

轉身擺蓮步扣定，提腿橫掃脚來敬。
平撩掃擺敵傾倒，雙掌撲擊敵難跑。

接上式，身體重心左移於左腿，右腿抬起，右脚前上撩起，高與胸齊時，雙掌一齊由右向左上拍擊右脚面，左右掌依次拍擊，連著兩響，此謂之雙擺蓮勢（圖二十八、圖二十九）。

要領：跨虎之後兩臂斜伸右後側，陰掌，不能失中。擺脚時右脚放鬆，先提伸與右後之雙臂成十字交叉狀，然後左脚上提回旋向右後擺踢。在脚向後擺時，兩臂向前迎脚而拍擊。

用法：

雙擺蓮的用法和單擺蓮的用法基本相同，不同的是雙擺蓮時用脚擊其後心的同時，雙掌撲面，或右腿前絆其雙腿的同時，雙掌或雙肘拍擊其後背，使對方後倒或前撲於地。

雙掌撲面，可以同時，也可以依次，可以一掌擊面，一掌擊心；可以一掌切頸，一掌擊肘；可以一掌擊心，一掌擊腹；一掌擊腹，一掌擊襠；一掌推髖，一掌切或推打其膝關節使其倒地。可以依次打擊，也可以同時打擊，可以用掌，也可以用拳。但也可以抓、採、拿、帶、摔、打，頭、手、肩、肘、膝、髖、脚配合應用，并無不可。

（七十三）彎弓射虎

敵人如把臂擒拿，轉身還擊雙拳打。
左挒右扣採制敵，連環捶肘戲中戲。

接上式，雙擊響後，右脚落於右前方成右順弓步的同時，雙掌一齊向右前上方按出，掌心均朝下（圖二一零）；身體重心左移成左順弓步的同時，雙掌變拳，雙腕均旋內，經胸前隨身體左轉九十度，同時向左前上方沖出形若射箭，左拳在前，右拳在後，兩拳心均朝下，目視左前方，此謂之彎弓射虎勢（圖二一一）。

要領：環繞兩臂要掤圓，弓箭步倒襠要圓，勁要渾整神貫頂，牢記意在頂頭懸。

用法：

彎弓射虎主要用於散打，其用法狠毒，變化無窮。

右脚雙擺蓮後的落脚，有踏、跺之法，落成弓步時，有點、扣、跪、壁之法。雙手臂向右下劃弧時，有抓、拿、搬、帶、拍、劈、抹打之法。向右側時頭有擺點之法，肩有靠法。身有靠法，髖有擺擊之法，肘有擊、點、頂、穿、搗心之法。雙掌向右上時，是一個雙掌撲面的打法。和雙擺蓮的雙掌打法一樣，也可變化，可依次打、可同時打。可打一個部位，可打幾個部位、可格可擋，可挑可撥，既是打又是化、既是守又是攻，變化莫測。

雙拳向左彎射虎時，身體向左，變左弓步，這時的用法也很多。左腿用膝有點、壁、劈、跪的用法，身有逼、攻之法，肩有靠法，髖有擺法，頭有點法，脚尖有跺其脚尖、壁其脚尖的用法。左肘有點、掛、擊、穿、搗、貫打之法，身體向左稍轉和左前臂配合時，是個開門的用法，特別是用左前臂外開，雙拳進門直接打面、打喉、打心、打腹、打襠，可同時上下打，也可依次上下打，也可雙拳同時打上中下三點打。也可在前臂開其右臂進打，右前開其左臂進打，連續一次上、中、下三點，迎上又上中下三點，抹、掛、挑、劈連珠炮動，全身各個關節出擊，打毀對方。

圖209

圖210

圖211

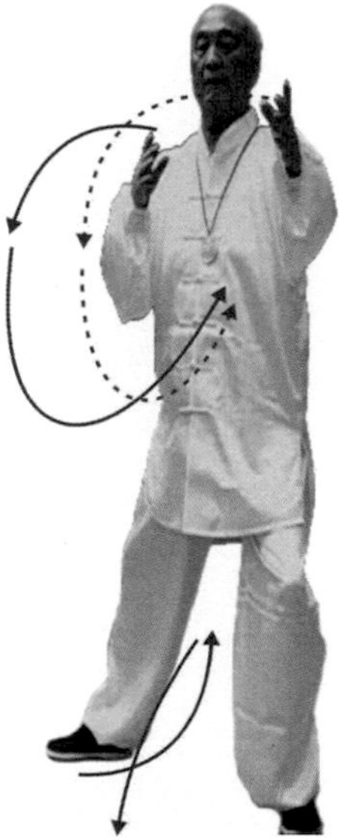

圖212

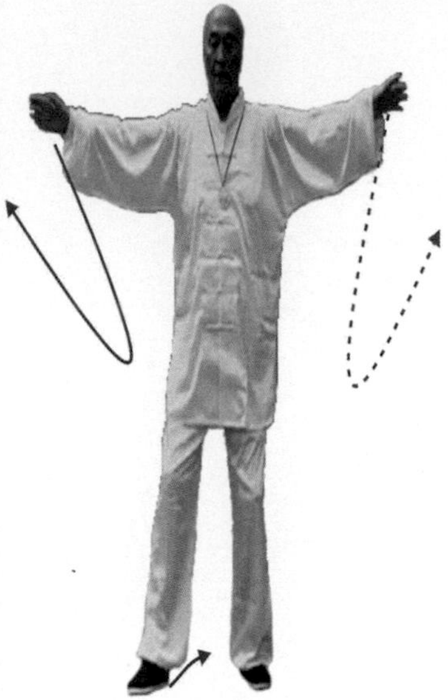

圖214

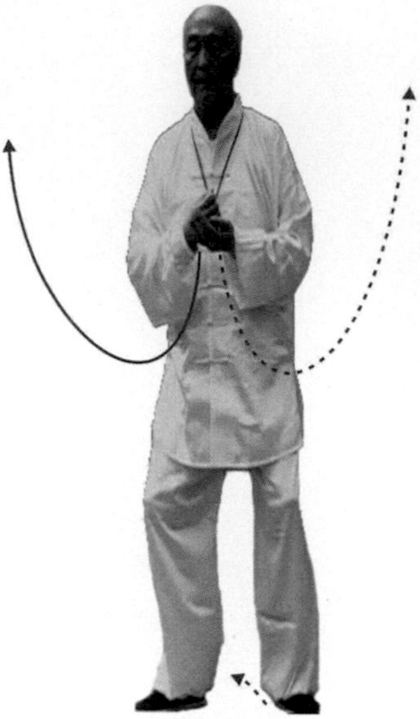

圖213

圖216

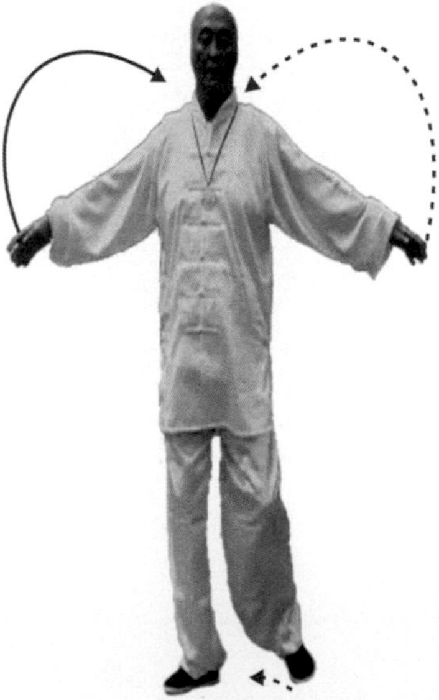

圖215

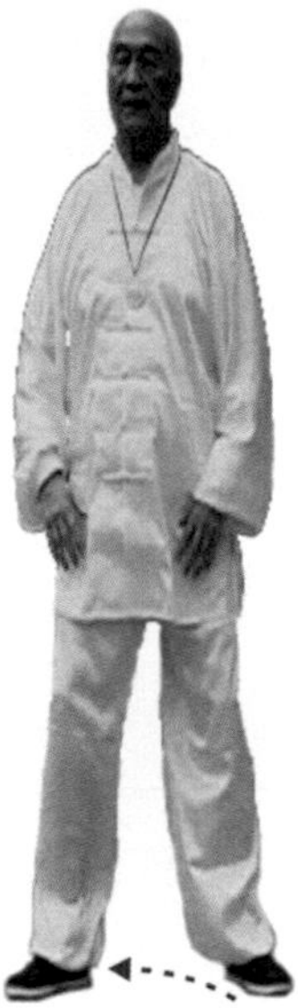

圖217

圖218

（七十四）金剛

上步出手金剛掌，拐臂掤攌敵地躺。
連環玄肘扣搬攔，搗心頂檔跺脚面。

接上式，身體重心右移，上體右轉九十度（面西）的同時，雙拳回撤於腹前變掌，右掌在後，左掌在前，右掌心朝下，左掌心朝上，左右與肩同寬；身體重心左移至左腿成左順弓步的同時，身體左轉九十度（朝南），雙掌向前插托而出（圖二一二），接做與第二勢完全相同之金剛勢（參看前圖八、圖九、圖十、圖二一一及圖二一三）。

用法：

此處的金剛，也屬重覆動作。不同的是在金剛之前，彎弓射虎之後，雙拳（前臂）向外上、向懷下劃一個小圈後再做金剛一式，實際上這個小圈的用法，也是無窮的，小圈比大圈打人更狠。

彎弓射虎的雙拳擊出後，向回收時有用右肘後打之法，雙前臂有格、撥、滾打之法，同時雙拳也可變掌，有抓、拿、採、攌、帶、合、擠之法。向下、向前時右手有採擰其手指、左手管其肘關節的採拿之法，同時雙拳也是一個雙蛇入洞，向前鑽打對方肋下或心窩。也是一個從對方前擊之右臂外，抓、採、帶、拿其臂以打對方金剛的用法。

其他用法和前面的金剛式完全相同。

（七十五）收勢（合太極）

太極無始亦無終，陰陽相濟總相同。
走即粘來粘即走，動靜相宜攻爲守。
以柔克剛含不露，剛柔虛實要悟透。
知己知彼練絕技，後發先至巧應敵。
任他狡敵多機變，怎能逃出太極圈。
太極以寡能禦衆，武當承架爲正宗。

接上式，右拳變掌的同時，左脚向後撤半步（圖二一四），雙掌由兩側向後撤於身後時，右脚後撤一步（圖二一五）；雙掌由後向上舉至頭頂上方兩側時，左脚後撤半步；兩掌下落於兩髖窩處時，兩脚成平行自然開立（圖二一六）；兩臂自然垂下於兩側褲縫的同時，左脚向右脚并攏，成立正姿勢還原收勢（圖二一七、圖二一八）。合太極即收勢完成，也就是整套七五勢武當正宗承架太極拳架走完，呼吸仍歸自然，身體倍感輕鬆愉快。

要領：與起勢相同，僅方向相反。

用法：

合太極是本套武當趙堡七十五式太極拳的收勢動作，其用法也很多。但它兩手向外、向前的許多打法和起勢都是一樣的，也是打兩側，打後來之敵。有打法，有採法，有拿法，可用肘，可用肩、可用頭、可用髖、可用膝、可用臀、可用脚後跟、可壁逼攻欺、可撞靠撞滾、可纏可鎖可發，全身各個地方均可出擊。

合太極和起勢唯一不同的是起勢是上步，合太極是退步，退是十三勢的一法，上步打人，退步則更不含糊。退實則爲進，是爲了在某種特殊的情況下更好的打人，使自己處於更有利的位置，使自己勢順而對方勢背。如二敵從我兩側欲夾擊我時，我就不能上步，因爲上步後就是背勢，對方則是順勢，他打我方便，而我往往易受他制，可我要退步時就完全不一樣了，我處順勢而他處背勢，我想怎樣打都很容易，我後退的同時，雙手合抱於左右二敵背後，順勢用力向胸前一合，可使其二人相撞，甚至撞壞對方，而我一根汗毛也不會有損，這就是此處合太極的特殊用法。

第九章　武當張三丰承架太極拳推手

武當張三丰承架太極拳爲武當張三丰所創之正宗太極拳，其推手和拳架一樣，具有六百多年的歷史。推手亦叫搭手、打手、葛手或轉圈子。如太極《打手歌》曰：「掤攦擠按須認真，上下相隨人難進，任他巨力來打我，牽動四兩撥千斤，引進落空合即出，粘連粘隨不丟頂。」或曰：「彼不動，己不動，彼微動，己先動。勁似鬆非鬆，將展未展，隨屈就伸，勁斷意不斷，意斷神可接」等等，都詳細地闡明了太極拳推手的風格和特點。

武當張三丰太極分爲九層功夫，即拳架三層功，推手三層功，散手又三層功。但就本太極拳之系統功夫而言，則爲拳架、推手、散手三層大的功夫。

推手爲武當張三丰太極之中層功夫，即中間階段，是通往高層功夫的必經之路，是太極拳技擊訓練的重要手段。它以拳架爲基礎，反過來又檢驗和修正拳架的技術用意和方法的準確度，是相輔相成、相互促進的關係。如果說拳架是理論，那麼推手即是實踐，是檢驗拳架正確與否的唯一標準，它們二者既相互依存，又相互制約，缺一不可。形成了太極拳訓練的獨特手法。

各家太極拳都有自己的推手法，其方法一般都大同小異。但各自又都具有自己的特點。武當張三丰太極推手屬傳統的武當宗派推手，它有自己顯著的特色。在風格上，它講究發手冷、脆、快、狠、毒、驚砟、彈抖，并且連環進招，勁法不斷變化，勁跟勁，招接招，給對方沒有喘息之機；在手法上講究節拿抓閉，分筋挫骨，採挒折別。推轉時手腕平直，手指展直，指梢微微上翹，此叫做手頭兒不丟；在身法上講究起落進退，騰閃圓轉，吞吐順化，避實就虛。在步法上講究偷步進身，扣擺封勢，活步轉換，定步擊人。除了上盤手法、身法講究掤攦擠按，採挒肘靠之常見方法外，其最大的特點是還完整地保留著武當張三丰承架太極中盤八法，即起落進退，騰閃圓轉和下盤八法即纏跪挑撩，劈壁掛蹬。故而形成上中下三盤二十四法，確是「法法有字，一字有一字之用，一句有一句之法，字字珠璣，句句錦綉」。三盤功夫合爲一體，練就周身一太極，無處不太極。

武當張三丰承架太極在練推手以前，先要做單勢的盤招練習。最主要常盤的有雲手、野馬分鬃、倒捲肱、白鶴亮翅、單鞭和斜行等。且又進行一對一的、一人坐樁遞手，另一人練習如小開合、攔扎衣、白鶴亮翅、高探馬、倒捲肱、十字手、斜行、串捶、掩手捶以及各種按手法、挒手法、肘擊法、靠法、採拿折別發放技巧方法的練習。凡此種種最常用方法的練習原則是，由生到熟，由慢到快，由給坐樁到不給坐樁，由給遞手喂勁到不喂勁，循序漸進，逐漸達到純熟自如，得心應手，隨心所欲，千變萬化，發無不中的目的。

武當張三丰承架太極推手以上下步推手法爲其基本方法。所謂上下步，即兩人對面站立，你上一步進，我退一步守；然後我再上步，你又退步。由一進一退到熟練後活步，即隨便進，隨便退。但開始練習時亦有一定之規矩。也是不同於其他各家的地方，即如果你出右手臂，且上右步，我出左手接你的右肘，則左步在前置於你的右脚尖外側。但切記，我的左脚（前步）一定是虛腿，而且不能超過你的右脚後，否則就會受到你腿上方法所制。反之我再上右脚進右手臂時，你則右脚、右手臂後退，倒換成左脚上步置於我右脚尖外側，左手接我之右肘，二人形成順步，你出左脚我出右脚，你出右脚我出左脚，各佔一半。兩人脚下踏成的圖形恰好是太極圖。即兩人胸前垂下的落點是太極圖的圓心點，兩人兩脚上踏的地方恰好是兩個陰陽魚的魚眼。再者上盤手臂的姿勢亦有獨特的講究，即除了一般的要求虛領頂勁、氣沉丹田、含胸拔背、沉肩墜肘之外，還特別要求：手指依次并攏，始終和對方手背與手背相貼，此手型叫團結手，也稱刀片手。不用招時，虎口和手指不能張開，掌心亦不能無意下翻。因爲無意中手指張開易被人採抓折擰捌挫。手心下翻易露出肘頭，受人抖搬所制。故秘訣曰：「俯掌即發，開手即打。」又講究「出手看肘」，也就是一般認爲的「手不離肘，肘不離手，倘若脫離，發打無疑」。故武當太極秘訣雲：「遇力不頂趨向攻，重裹顯輕必發手」，一手忙兩手，騰手妙無窮。

武當張三丰承架太極推手分爲單人推手和雙人推手兩大類。單人推手主要是意念推手，可以單臂劃各種、各個方向上的圈子，亦可雙臂進行，或按照雙人上下步推手的方法、步法、身法及手臂的循行路綫來進行琢磨，聽探式地與大氣相推摸。亦可在隨意的行進間，手眼身步法配合起來，并帶上技擊意念進行推轉練習。單人定步的如左右裏合圈、左右外開圈、左右平圈、前後立圈、左上右下、右上左下的斜圈，等等。圈子可大可小，可快可慢，可由大到小，可由小到大，甚至亦可意念轉圈。身體亦可上下、前後、左右、左前右後、右前左後配合協調運動。手臂可單可雙，亦可交替、依次進行，甚至還可以在體內意動。無拘無束，意氣勁三者合爲一體，其樂無窮。雙人推手可分爲單臂雙人推手和雙臂雙人推手。可以定步，亦可以上下步，還可以活步進行。

如雙人定步單臂推手時，互出右步右手，手腕陽面相貼，甲進時成弓步，乙後化時成虛坐。如此一進一收，往返進行。然後換另一側，其法相同。可劃齊肩或齊胸的平圓（進的一方儘量用手摸著對方的肩或胸部，而守的一方則儘量收臂坐轉腰胯關節，且手臂粘貼引化），或做前後上下的立圓，等等。如此變成活步，即隨走轉隨做亦可。雙人定步雙臂推手先做四正四隅推手，可不停地轉劃一邊的圈子，然後轉另一邊，待兩側都熟練以後，可左右配合起來，隨意轉換練習。

第二步做上下步推手。首先甲乙兩人正對面站立，甲出右手臂，掌心朝內，手高不過頭，沉肩墜肘，左手前接對方右肘，右脚前上一步落於對方左脚尖內側，雙手臂向對方右肩上、後下、下方劃轉；與此同時，乙右手心朝內，用手背前上接其右手（或手腕背相貼），左手順勢接其右肘關節，使右脚向右後方退一步的同時，雙手順對方來勁向右側後引化，如此甲進一步、乙退一步，兩手臂互搭向乙的右側劃轉斜立圓兩圈，形成乙的左臂斜伸於左前下方，右手置於左肘窩處時，乙復右脚前上，落於甲左脚尖內側，同時左手臂回屈以手背向右肘窩處操接甲扶托乙的右肘之左手，與此同時右手亦順勢由左向下，向右弧形接操甲之左肘關節（在乙換手之時，甲亦換接），兩臂配合向甲的左上右後方劃轉斜立圓兩圈，與乙上步動作的同時，甲則後退右步又做乙先前退步劃轉的動作。如此一上一下，一進一退就形成了武當張三丰承架太極最基本的上下步順式推手法。它在劃圈上的特點是立圓和斜立圓較多，平圓較少，因而易於拙根拔戶，縱橫交錯打人折疊扭擰的勁法、手法較多，故而發勁有冷、脆、快、狠、毒之謂，使人膽戰心驚，一般人難以忍受。

第三步是倒換步雙推手。此特點是在外觀上看去，似上下步推手，但細察却在步法上有所區別。不同之處就在於前者是右步一上一下而左步未動，後者則是上下兩脚在倒換，形成一個三角形，也可以說是三點式，即上步時，左脚在左斜前方，右脚在右斜前方，而收回時兩脚始終在一個點上倒換，甚至於這個點在「身要攻人，步要過人」的要訣指導下，無形中向前遞進。這就爲偷步、連枝步、過步、逼步的一些步法、打法技巧奠定了堅實的基礎。這種步法的好處是使對方在不知不覺中站立不穩，重心不能維持平衡，只有後退之力，而無前進之功。可是上肢的劃轉却是基本相同的。

第四步是活步雙推手。即上肢的動作不變，步法更靈活一些。可連續上步推，可連續退步守，亦可隨意轉換，不受約束。

第五步是活步兩人兩手腕相貼，隨著步法、身法的配合，兩手臂繞轉，以搶對方的內門，推擊按打對方的中心滯僵點。掤、攌、擠、按、採、挒、肘、靠、進、退、顧、盼、定太極十三法，以及頭、肘、肩、手、腕、胯、膝、踝、足、臂、胸、背處處可擊可防，隨意應用。做到聽探順化，引進落空，千變萬化，隨心所欲，得心應手，處處時時均可控制對方，不讓人知我，唯獨我知人。久久練習，朝夕盤打，做到周身無處不太極，依哪兒哪兒發之。因而極寓趣味性，更能引人人勝。

第六步是活步兩人雙推的同時兼用踢打摔拿，擠靠崩彈，抖挒驚砟。漸使招數純熟，由蓄勁而階極神明。發打跌擒融爲一體，主旨爲訓練習者之靈敏反應能力，掌握尺寸分毫，發揮太極寸勁短打之特長，直至上升到太極拳之上層高乘功夫——使犯者應手即仆。

武當張三丰承架太極拳推手的三層功即是訓練提高的三個階段，概括起來即「重、輕、空」三個字。訣曰：「重不如輕，輕不如空」，能做到周身透空，也就達到了虛靈莫測，發人無形，一觸即出，淩空彈放的高乘境界。

武當張三丰承架太極推手上、中、下三盤二十四技法：

一．上盤八法：擁、撮、擠、按、採、挒、肘、靠

（一）掤：「掤在身臂」「掤要撑」。掤是太極推手的基礎功夫，掤勁處處有，時時有，掤勁貫穿於整個運動的全過程，任何時侯都不可丟。掤勁功夫是粘連粘隨的基礎。掤是活勁，絕不能理解爲不讓或硬頂。

（二）攦：「攦在掌中」「攦要輕」。攦有順對方來勢輕帶指引，使其在不知不覺中落人陷阱之意。常言：「順勢借力，引進落空，順手牽羊，四兩撥千斤」，就有攦的作用。

（三）擠：「擠在手背」「擠在身臂」「擠要橫」。擠有逼迫擠中搶位之意，使對方失去平衡而栽跌。在擠法中應處處走螺旋，使對方之接觸點遇著螺旋即被分旋，身不由己而後跌。

（四）按：「按在中攻」「按在腰攻」「按要攻」「打人如親嘴，手到身要擁」。按法在形式上雖表現爲以手推按，但仍貫穿以全身之整勁。特別是身要擁，腰要攻，氣沉丹田，形成了一個周身的完整勁。沉著鬆靜，且有撐拔之意。訣曰：「根節動，梢節發，中節齊到生妙法。」使其脚跟離地而騰空跌出。

（五）採：「採在十指」「採要實」。採即抓拿擒制對方也。訣曰：「採在十指要抓牢，其妙就在把擰中。」採拿法即爲超過對方關節的正常活動範圍（反關節），使其產生劇痛難忍，全身僵滯，欲動不能，身不由己。重者分筋挫骨，扯裂其關節。訣曰：「直中求曲採法精。」

（六）挒：「挒在兩肱」「挒要驚」「來勢凶猛挒手破」。挒手完全是反關節的打法，其主要針對肘關節。挒時先鬆後緊，杠杆之撬動，迅猛如閃電，可使對方手臂立折斷無疑，因而要切記慎用。

（七）肘：「肘在屈使」「肘要衝」「肘打隨時任意行」「遠用手，近用肘」「寧挨一拳，不挨一肘」。肘多打擊要害部位，如肋下、窩內、搗心、頂心、背心、腦後肘等。故亦要慎用之。

（八）靠：「靠肩背胸」「靠在肩胸」「靠要崩」「遠拳、近肘、貼身靠」。靠要短促有力，要整體勁地撞靠壓砸結合才更具效果。故傷害性也很大，亦要慎用。

二．中盤八法：起、落、進、退、騰、閃、圓、轉

（一）起：「起在足心」，欲要向上，必寓下意。全脚掌著地，五趾抓地，百會領起，精神提起，方顯神威。

（二）落：「落在窩中」（人體有十三窩），蓄在丹田，下沉上懸，身法自然。古傳曰：「太極勁法妙無窮，其妙都在窩中存。」落要落得鬆靈，輕穩實在，不可動搖。

（三）進：「進在分鬃」「進在雲手」，意到身俱到。意從心裏起，手向鼻尖落，發人如彈丸。

（四）退：「退在轉肱」，轉換腰中。有進必有退，進退要適中。古傳云：「打死不後退，後退必打人。」倒捲肱即是退中必打之法。

（五）騰：「騰在柔韌」，輕靈圓活，變轉輕快，必須抬之即起，按之則落。氣沉丹田，鼓蕩騰升。

（六）閃：「閃開正中定橫中，其閃定有隙。」含胸縮骨，吞吐避讓，閃展騰挪。

（七）圓：「圓在轉軸」，活在其中，爲不凸不凹，中正安舒，不頂偏丟抗，活轉適中，恰到好處。

（八）轉：「轉在腰際」。轉必用腰，腰是周身之軸心，它是調劑周身平衡之樞紐。「刻刻用意在腰際」、腰爲「第一之主宰」。以它帶動四肢并協調身姿而運轉。主要在於發展先天之源而固先天之本，有

健身强體、技擊技能的特殊功效。

三．下盤八法：纏、跪、挑、撩、劈、壁、掛、蹬

（一）纏：「纏在鬆盤」。如藤纏繞，粘粘鬆貼，捨己從人，法在己用。

（二）跪：「跪在膝中」，要横竪找。貴在用意，功就而從心，曲中求直，蓄而後發，發落點對即成功。

（三）挑：「挑在稍尖」。猶似翹板，根節鬆沉，稍節彈升。

（四）撩：「撩在順填」。順撩填空，旋轉引空，使其失中。

（五）劈：「劈在直崩」。欲劈先鬆，横竪問用，冷脆快准。

（六）壁：「壁在立根」。主在制根，貼身寸進，無堅不攻。

（七）掛：「掛在勾環」。粘貼帶回，剛落即用，脚到成功。

（八）蹬：「蹬在展跟」。妙在胯根，蹬踏結合，其見彈功。

單推手（平圓立圓）

圖219

圖220

圖221

圖222

圖223

圖224

圖225

圖226

圖227

圖228

圖229

勁法簡圖・按

圖230

勁法簡圖・攌

圖231

勁法簡圖・壁

圖232

勁法簡圖・纏

圖233

圖234

勁法簡圖・撩

圖235

勁法簡圖・掛

圖236

勁法簡圖・蹬

圖237

圖238

勁法簡圖・肘

圖239

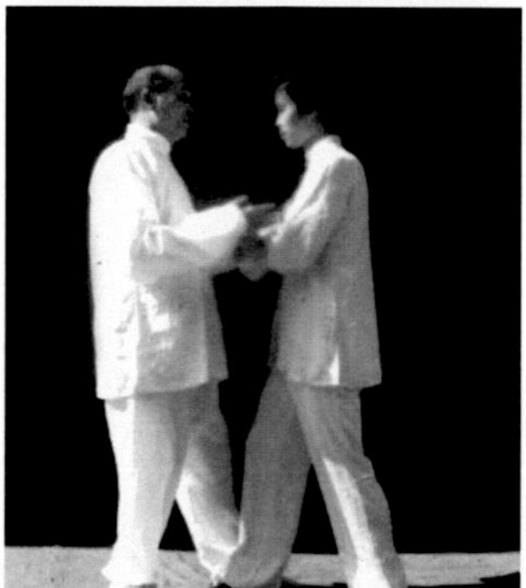

圖240

圖241

勁法簡圖・擠

圖242

圖243

圖244

勁法簡圖・劈

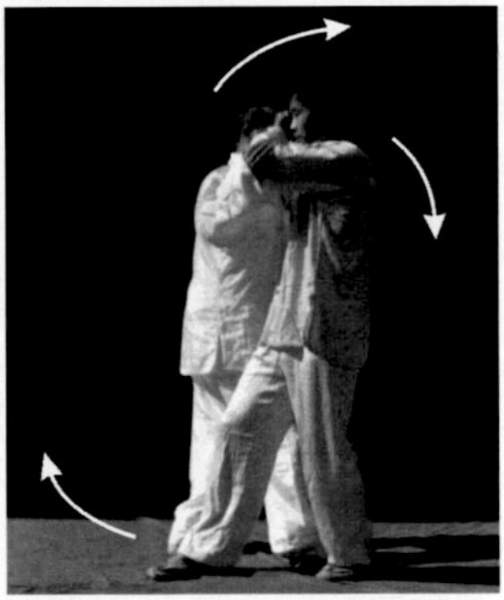

圖245

圖246

勁法簡圖・採↓

圖247

圖248

勁法簡圖・挒

圖249

圖250

圖251

勁法簡圖・採拿

圖252甲

圖252乙

圖252丙

圖253甲

圖253乙

圖253丙

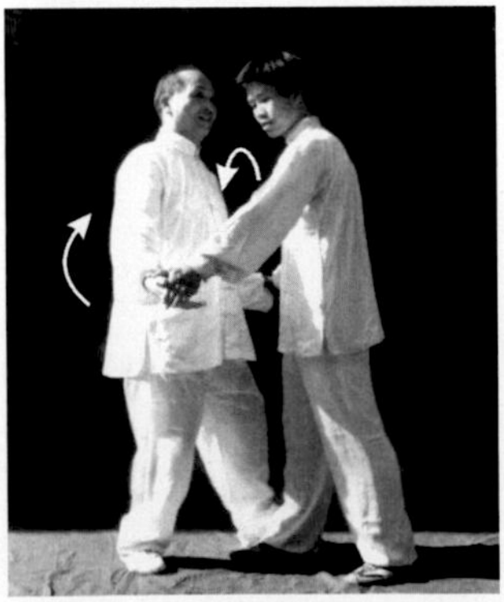

圖254

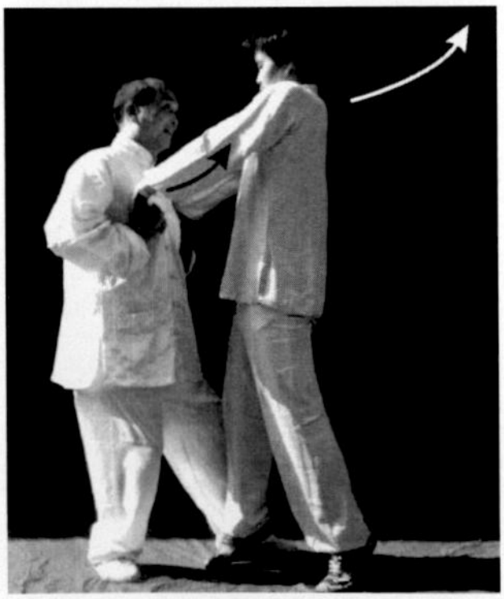

圖255

推手技法圖示・高探馬

圖256

圖257

推手技法圖示・野馬分鬃

圖258

圖259

推手技法圖示・十字手

圖260

圖261

圖262

推手技法圖示・白鶴亮翅

圖263

圖264

推手技法圖示・三步捶

圖265

圖266

推手技法圖示・攬扎衣

圖267

圖268

推手技法圖示・金鷄獨立

圖269

圖270

推手技法圖示・倒捲肱

圖271

圖272

推手技法圖示・閃通臂

圖273

圖274

推手技法圖示・起勢

圖275

圖276

圖277

圖278

推手技法圖示・左白鶴亮翅

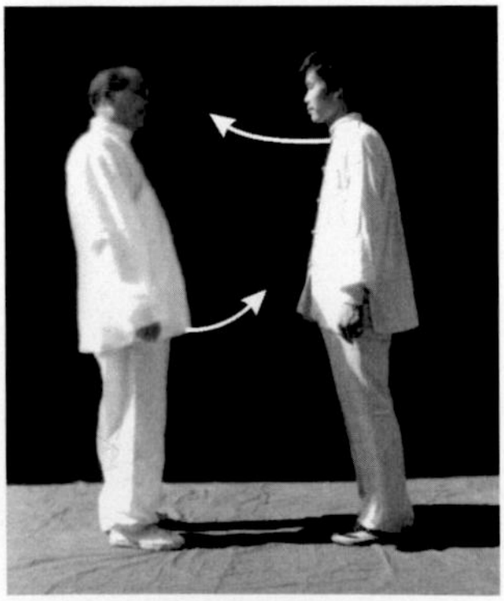

圖279

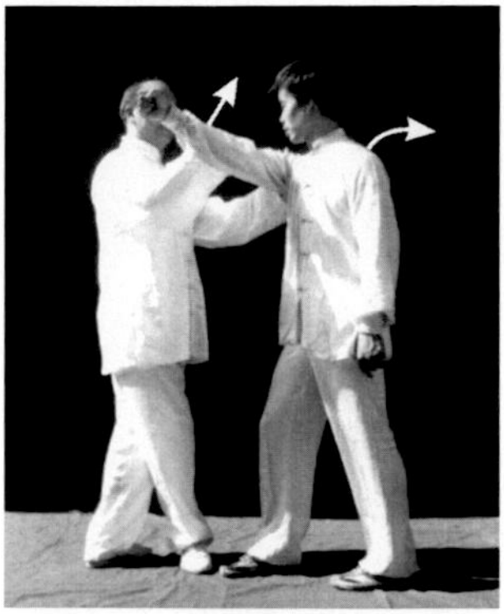

圖280

圖281

推手技法圖示・金剛↓

圖282

圖283

圖284

推手技法圖示・單鞭

圖285

圖286

圖287

圖288

圖289

圖290

圖291

圖292

圖293

圖294

圖295

圖296

圖297

圖298

圖299

圖300

圖301

圖302

圖303

圖304

圖305

圖306

圖307

圖308

圖309

圖310

圖311

圖312

圖313

圖314

圖315

圖316

圖317

圖318

圖319

圖320

圖321

圖322

圖323

圖324

圖326

圖325

圖328

圖327

圖330

圖329

圖331

圖332

圖333

圖334

圖335

圖336

圖337

圖338

圖339

圖340

圖341

圖342

圖343

圖344

圖345

圖346

圖347

圖348

圖350

圖349

第十一章　接定彼勁　彼自跌出

——談太極「一觸即發」之彈放

太極拳家李亦畬在談到推手技術時講：「人一挨我，我不動彼絲毫，趁勢而入，接定彼勁，彼自跌出」。這是對其師武禹襄「敷、蓋、對、吞」（敷者，運氣於彼身，敷佈彼勁之上，使不得動也。蓋者，以氣蓋彼來處也。對者，以氣對彼來處，認定準頭而去也。吞者，以氣全吞而入於化也。）《四字密訣》技術一針見血的具體表述。

人力進來，不加導引，不動其絲毫，而是對準其力頭，斜向上方迎上，抵緊堵實，破壞其力向（斜上）和堵截折斷其力所要到達的終點。給對方以刺激，使其發力被牽扯捆箍，極不舒服，難以掙扎。而且由於我的上迎是積極的、主動的、找其接火的，所以，一旦「接定彼勁」，便是在我「靜觀其變」的掌握和控制之中，控制有十分把握的情況下，借力「接火」對準其力，將對方堵彈而回，這便形成了「彼自跌出」的局面。恰似一個人，用猛力撞墻，而被墻彈回，反而倒地一樣，唯不同的是人是有意識的，是在意念控制下完成的。

要做到「接定彼勁，彼自跌出」，就必須練好掤勁，可以把《四字密訣》中的氣字，理解爲「掤」字，那麼，這一問題就可迎刃而解了。掤勁是太極拳的專利，也是彼自跌出的關鍵。掤法的首要體現，便是「迎接」與「堵截」其來勁，是一種積極而有效的主動行動，所謂「兵半渡而擊之」。「迎接」彼勁的方法是當對方的手或身的某部位攻擊過來時，摸准其前進方法，迎頭輕柔棉軟的迎伸抵緊，沾粘頂實對方，然後隨來力讓彼使勁推，接著在聽（感覺）走（運動）中不動聲色地將彼某處拿空，使其疲軟不得力，出現欲撤、轉換或掙扎時，合力從該接觸處將彼體擠拋出。

如果剛一接觸，對對方的脈把得很准，確有十分把握時，可不隨來力運動（費時），使我之掤彈直接指向來力，以「堵、湧、撐、彈」四勁合一之勢，將對方發出。因爲堵湧撐彈之勁，能使對方全身沖來之力在接觸處「潰決」。這種反彈之力運用恰到好處時，可使對方受到的力却被他自己放大幾倍或幾十倍，跌出的遠度和高度都很漂亮，這就是太極拳「一觸即發」高級彈放術的實質。

堵湧撐彈之法應用時，迎沾接粘時具有柔軟性，火力接實抵緊時，身體內部要表現出異常之剛硬（這就是常講的棉裹裹鐵），這時全身掤勁甚優。堵撐是消截對方的攻擊力，并能使之窩憋回縮，欲抽回再進行二次進攻但此時又極不舒服、又很不由己，湧彈恰好就是利用此一時機如彈簧壓足之勢，欲彈發而等到的時機，使湧彈的力度幾倍或幾十倍地大於對方縮回的速度和距離，因而對方被彈出相當漂亮。這種迎堵湧撐彈放的用法和過程還是概括成那一個字一「掤」。

「掤」是太極拳技擊的核心，也是太極拳的專利產品。掤勁的質量以其達到極柔軟與極堅剛爲衡量標準，也就是說在既能柔軟到極限的同時又可堅剛到極限（無堅不摧和工具鋼一樣）。此種柔軟與堅剛又可在忽然間轉換，又可忽然間全部消失（忽隱忽現），又可大可小，伸縮自如，靈活變化。功夫越高，此種變化莫測之「掤」的技能越顯神妙莫測。

掤勁的練習和掌握主要是從長期推手實踐中得來，而絕非單純調架子和站樁可以得到。掤勁的練習有輕推也有重推，以重推爲要，大力大勁推習方得大柔大軟大剛之掤勁；小力小勁只能得小柔小軟小剛之掤勁；無力無勁鬆鬆誇誇劃空圈的推轉，任何掤勁也得不到，於實踐沒有多大用場，甚至毫無用場，反而遺害無窮。大力大勁大剛推練成功之後，再和人推手較技時，高手便表現出不怎麼用力，甚至是輕描淡寫（旁觀者可能誤解甚多，以爲平時練習也如此，導致太極推手練習要輕，不用力的不正常現象長期存在，難以消除），但在一瞬間就可表現出驚天動地的「無堅不摧」，將對方遠遠地拋出的局面。人常說「練就千斤力，只用四兩功」，地確不無道理。

衆所周知，幾乎所有技術都强調不用蠻力，都推崇借力打人，四兩撥千斤。但這些技術都未因此在練習時要輕、不用力。看柔道、摔跤也與太極拳術一樣十分强調不用蠻力，要巧力，都推崇借力打人，四兩撥千斤，然而它的練習又是何等的强勁？再看前人練太極拳術，哪一家沒有强壯體能，沒有需大力大勁才玩得轉的練習？（參見《精武》一九九九年第五期拙作「理清概念、悟透真經——太極先輩練功啓示」）

故《拳經》云：「運勁如百練鋼，何堅不摧」、「差之毫厘，謬之千里，學者不可不詳辨焉」。

第十二章　太極拳各派别的歷史傳承應該得到尊重

近十幾年來發表於《武當》、《武林》、《精武》、《武魂》、《中國太極拳》、《太極》等刊物的批評性文章，已經充分證明了唐豪對太極源流的觀點是錯誤的。《中國武術史》應該全面地分析爭論中所發掘的史料，肯定并吸收已經證明了的新觀點和研究成果。

一、太極拳的源流傳承在各派是基本清晰的

實際上，太極拳源流史并不存在多大問題，只是枝節上的或斷代上的問題需要進一步研究，其主幹主流沒問題，特別是現今的六大派。按照各派太極拳的歷代傳承，太極拳的歷史比較清楚，特別是王宗岳和蔣發以後，其源流和傳遞關係都較爲明確，都是代代相傳太極拳爲武當派祖師張三丰所創。受王宗岳、蔣發一系之傳的趙堡派，流傳至今十多代，從未動搖過受張三丰之傳的信念，甚至稱自己的拳架爲張三丰的繼承架太極拳，很爲榮耀。尊張三丰爲祖師，頂禮膜拜。

源自趙堡太極拳第七代陳清平之傳的河北永年武禹襄的武家，在遠道慕名前往趙堡學拳之後，不但尊張三丰、王宗岳爲祖師，闡明太極拳傳入陳溝，更加繼承和發展了王宗岳的理論貢獻，「武禹襄起著承前啓後的主導作用」、「繼承發展了王宗岳太極拳說」（見吳文翰「武禹襄繼承發展了王宗岳太極拳

說」），這是衆所周知的。

同樣是永年同鄉人，也是武禹襄的好朋友，後來由於太極武功高超，和兒子一起（在清朝）打遍京城無敵手，人送美名「楊無敵」的楊露禪，亦學自趙堡鄰村的陳溝陳長興先生，先後三次，達十多年之久。也是毫無例外的尊張三丰爲祖師，祖祖輩輩供奉張三丰像，從無間斷，這恐怕和長興之傳分不開吧！

孫祿堂的孫式，源自武式；吳全佑、吳鑒泉父子的吳式，源自楊式；都尊張三丰爲祖師，以他們各自的理論著作爲證，自不待言，這都是實情！

這些，正像武式太極拳家吳文翰先生所指出的：「說明張三丰見鵲蛇厮鬥創編太極拳的傳說，在楊祿禪、武禹襄時代就已經有了」（見吳文翰「太極拳拳式名稱的一次重大變革」《武魂》一九九五年八期））。

其實，尊重師承，歷來都是國人的傳統，也是美德。這一點，楊家就是榜樣，儘管爲太極拳打出了美名，但還是實情相告，學自陳溝陳長興老師，不是別人。也不會攀附更有名的什麼人，是誠實守信的典範，不然也不會如此崇敬張三丰。

應該明確，張三丰是人不是神，只因他是一位高人，是一位德高望重的有道之人，正像有人給皇帝的奏摺裏講到的，說他「深有道法，廣具神通」。他創拳傳授後人的目的不是别的，就是爲了「天下英雄豪傑，延年益壽、不老春」，多大的胸懷啊！這是一般人能說到、做到的事情嗎？人們豈有不崇拜之理，更有他傳下來的太極拳真訣真經，這都是經過嚴格的、科學的考證過的事實（見路迪民、趙幼斌「太極拳經原貌考」《武當》一九九二年第一期）。

二、太極拳源流史出現混亂與「五四運動」後捲起的一股疑古思潮泛濫有關，其代表人物就是唐豪。

太極拳源流史出現混亂，與「五四運動」中國文化思想界捲起的一股疑古思潮有很大關係。正是學術界「疑古」思潮泛濫之時。在這股思潮的影響下，一些人對古代的人和事，都要懷疑否定，不管你是儒是釋是道，不管你是孔夫子、達摩，還是張三丰，一概懷疑，猶如「文革」中的「懷疑一切」。當時的胡適先生，甚至提出「先下結論，後找根據」，還說歷史就像人身上的衣服，可以換來換去。

要說魯迅是當時這股疑古思潮中文化界的一大代表人物的話（參見《武當》雜志二零零七年第三期張東寶《疑古思潮中的魯迅》）。唐豪（範生）便是當時這股疑古思潮中體育武術界的一大代表人物。在這種思想文化背景下，一九三零年前後，唐豪自然受這種疑古思潮的影響，「疑古思潮」便成爲了唐豪當初死心執頑否定傳統太極拳源流史的動因，難怪敢發表否定數百年來萬千弟子尊崇的太極拳祖師張三丰的欺世文章了。産生了他在太極拳源流史研究上的偏執、高傲、武斷、獨大的習性，使之能居高臨下的冷嘲、熱諷、批評、指責、乃至謾罵各家傳統太極拳門人如實宣傳太極拳祖師張三丰是在「扯謊」、宣揚「毒素」等等。

唐豪在《於「武藝叢書」的感言》中開宗明義地說：「『清算，整理』，一切理論全需要『清算』，全需要『整理』的目前，『武藝』這一門當然也沒有例外」；

在《武藝叢書・自序》中亦言道：「武術界中……以口頭或著作廣傳其荒誕的、邪魔的、神秘的謬論，毒害了中國一部分人的思想與行動」；

在《太極拳之根源》中又說「……這類拳家的著述內容，幾乎無一不含有賊人思想的毒素。」

抱著否定「賊人思想」的目的來考證太極拳，這就是唐豪最典型的例證。

爲了適應「一切理論全需要『清算』，全需要『整理』的目前。」爲此，他首先在一九三零年七月出版的《少林武當考》中，否定傳統說法，斷定張三丰「亦決不是太極拳的鼻祖」，緊接著，他的考證就開始了「捏泥人」「變魔法」（見《武當》二零零二年第十期路迪民「『疑古』思潮與唐豪的太極拳『考證』」）。

首先，爲了掩蓋事實真相，在《太極拳之根源》中串改陳氏《文修堂本》和《兩儀堂本》，（《文修堂本》和《兩儀堂本》目前皆已無存？）。然而在徐震《太極拳考信錄》中的白紙黑字，却成爲難以抹殺的鐵證。

其次，拒陳氏之說於不顧（「我陳氏自山西遷溫，帶有此藝」），從一個有「森批」字樣的假《家譜》旁注上捏出了一個沒有任何著作或詩文流傳的、就連陳鑫有意編寫的《陳氏家乘》有陳王廷「悶來時造拳」都不認可的、陳家溝人從未聽說過的「陳王廷」，樹爲太極拳的創始人，并「强加五派祖先」。

正像有專家指出的那樣：這真是古今考證史上的「奇迹」，可謂之「唐老爺亂點祖宗譜」。顯然。無論從資料分析、邏輯思考，以至文風和道德上，唐豪都與「古史辨派」的大學者不可同日而語。其太極拳考證，不過是疑古思潮中的一個怪胎而已。

最後，爲了捏造陳家溝爲發源地、陳王廷爲創始人，不惜一切掐斷和截流與陳家無關的太極拳及其人和事。一是不管宋書銘「自神其術」的「名利思想」有多重？爲了發揚光大而廣爲傳授的弟子有多少？武功又有多麼的高超（當時的幾位知名的太極名流高手，都在其腕下隨其所指而不能自持），一律用一句因動作和名稱都相似於楊氏，就「必定學了楊氏大架」而搪塞過去，并不究其學與誰？怎麼學的（確是有意强而爲之，可參見唐豪《太極拳的發展及其源流》）？二是製造所謂的地攤上購得的拳譜，叫做王宗岳《陰符槍譜》，又是所謂的王宗岳的「合抄本」，沒有王宗岳的名字，却署名「王先生」，作序者又不告訴自己的名字（試問天下有哪本書的序者不說明自己姓甚名誰？不然，序的作用在哪裏？更不提著者真名，這符合常理嗎？想必只有一個答案，那就是有意竄改原作者與序者）。然而又根據這個序言判决「王先生」就是王宗岳，進而推斷王宗岳到過洛陽、教過書，又「必定」學了陳家拳，又是不究其學與誰？怎麼學的？三是明明通過親自去陳溝實地調查得知「正如村人所言『蔣爲奏庭之師』」，却又拒不承認，而要顛倒黑白。

三、同出陳發科師門的唐豪、顧留馨可謂情投意合，特別是顧，他在極左思潮的影響下，比唐更是過之而無不及，捏造歷史，弄巧成拙。

顧留馨繼唐豪之衣鉢，「也是在捏泥人方面下了不少功夫」。他把《明史》中的遼東巡按御史、明末抗清戰將、河北盧龍縣人、文官陳王庭，包裝成了陳家溝的陳王廷，并以此人的功績硬往陳家溝的陳王廷臉上貼金，還以此人的生平推定陳家溝的陳王廷的生卒（現在陳溝及官方沿用的一六零零～一六八零，就是據此推出的，參見一九六四年版唐豪、顧留馨著《太極拳研究》），後被人揭穿，不得不登報糾正（參見一九八零年六月九日《體育報》及顧留馨一九八二年著《太極拳術》附錄部分。但一九九二年再版後的《太極拳研究》，仍然沒有捨得去掉包裝），已成爲衆所周知的大笑話。

顧還利用「審閱」之機，將《楊式太極拳》（傅鐘文著）、《吳式太極拳》（徐致一著）《孫式太極拳》（孫劍雲著）中早已流傳的《張三丰太極拳經》，一律改稱《武禹襄太極拳論》。他還進一步信口開河隨意編造故事，說陳清平因贅婿於趙堡，隨在那裡教所謂的有本新架。

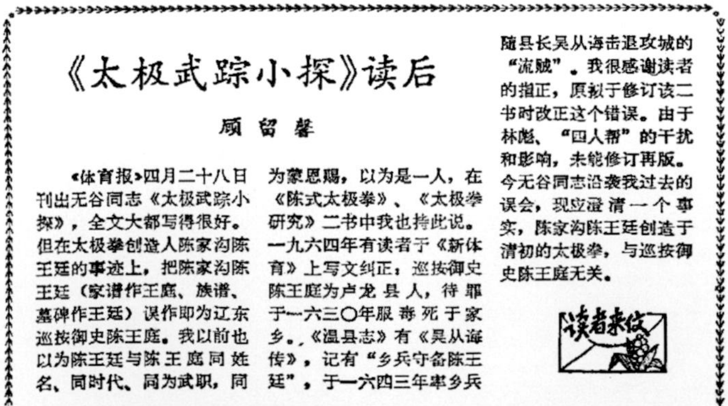

《太极武踪小探》读后

顾留馨

《体育报》四月二十八日刊出无谷同志《太极武踪小探》，全文大都写得很好。但在太极拳创造人陈家沟陈王廷的事迹上，把陈家沟陈王廷（家谱作王庭、族谱、墓碑作王廷）误作即为辽东巡按御史陈王庭。我以前也以为陈王廷与陈王庭同姓名、同时代、同为武职，同为蒙恩赐，以为是一人，在《陈式太极拳》、《太极拳研究》二书中我也持此说。一九六四年有读者于《新体育》上写文纠正：巡按御史陈王庭为卢龙县人，待罪于一六三〇年服毒死于家乡。《温县志》有《吴从海传》，记有"乡兵守备陈王廷"，于一六四三年率乡兵随县长吴从海击退攻城的"流贼"。我很感谢读者的指正，原拟于修订该二书时改正这个错误。由于林彪、"四人帮"的干扰和影响，未能修订再版。今无谷同志沿袭我过去的误会，现应澄清一个事实，陈家沟陈王廷创造于清初的太极拳，与巡按御史陈王庭无关。

读者来信

然而又說不出贅婿於誰家？爲什麼還是姓陳？甚至還有三房妻室，較多的田産？

唐、顧二人交情深厚，不但同出陳發科師門，而且是革命戰友（參見顧留馨《憶唐豪》），情投意和。顧留馨在極左思潮的影響下，繼承唐豪的思想在太極拳史的研究中，可以說達到了過之而無不及，在官方和陳溝的眼裏已成了「兩座神像」。

一九三五年，《廉讓堂本太極拳譜》在山西正式出版，公佈了武派太極拳輯錄的太極拳文獻。其中的兩篇序言，及武禹襄之孫武萊緒、武延緒的附記，均持張三丰創太極拳之說。一九三七年四月，徐震的《太極拳考信錄》出版，不承認陳王廷創太極拳。直到一九五零年，在北京市的一次太極拳研究會上，吳圖南還不承認陳氏太極拳，認爲陳發科練的是炮捶，不能作爲太極拳會議的正式代表。陳發科也只得自認列席（見吳圖南《太極拳之研究》，一九八四年商務印書館香港分館出版）。由此可見唐豪考證的影響實際效果并不很大，把唐豪考證固化爲定論的，正是顧留馨（參見《武當》雜志二零零六年第七～八期路迪民《極左思潮與顧留馨的太極拳研究》）。

顧留馨趁受命「整理」五式太極拳（儘管因故未能面世）之機，編寫了源流，即一九六四年出版《太極拳研究》（唐豪、顧留馨著）的一部分，通過權威出版社出版的《太極拳研究》，給太極拳的源流、歷史定了調，這比唐豪早年任何著作的威力都要大得多。此後的官方及院校論著，以及《中國大百科全書》的「太極拳」條，都以唐豪顧留馨的考證爲准。《中國大百科全書》的「太極拳」條目，就是顧留馨本人寫的。

顧留馨的造假同樣是拙劣的，許多都是不攻自破。譬如，他在其《太極拳術》中說：「張三丰創太極拳一說，是辛亥革命（一九一一年）後的一種附會而已。」（見三五零頁）在「附錄」中又說：「太極拳創始於張三丰的謊言，出現於十九世紀末到二十世紀初太極拳在北京享有盛譽之時。」（見四四二頁）但是，在《太極拳研究》一三三頁（人民體育出版社一九九六年第三版）和《太極拳術》三八六頁中，都引用了李亦畬一八六七年抄給馬印書的《太極拳小序》「太極拳始自宋張三丰……」，一八六七年，楊祿禪、武禹襄都健在，這顯然和「辛亥革命後」或「十九世紀末到二十世紀初」才出現張三丰創拳的「附會」、「謊言」之說前後矛盾。僅僅從張三丰創拳說的「謊言」出現的時間，在同一本書中就有不同叙述，又和自己引用的史料産生很大差距，這種信口開河的「考證」，還有可信度嗎？。

顧留馨在《太極拳術》中把《陳氏家譜》的全部「旁注」都公佈出來，他的本意，是要證實陳王廷創拳和陳家世傳太極。唐豪考證的一個重要論據，就是《陳氏家譜》中陳王廷的「旁注」：「陳氏拳手刀槍創始之人也」，并把它作爲「乾隆十九年最可信的史料」。然而，從公佈的史料可見，《陳氏家譜》的「旁注」，一直注到陳鑫（一八四九～一九二九）兄弟三人。在一個家譜的人名「旁」作「注」，并且注到了二十世紀，這些「旁注」是何時寫的，不就昭然若揭了嗎？并且也如實的記錄了家譜「末有『我高曾祖父皆文兼拳最優。森批。』字樣」（見三六頁）。這就很清楚地看出，「旁注」的編寫者，正是給唐豪提供《陳氏家譜》的陳森（一八四六～一九三五）。家譜本無「注」，故而陳森只能作「旁」注。難道乾隆十九年的人，能給二十世紀的人作注嗎？（見路迪民《陳氏家譜「旁注」考》）

《家譜》雖作了假旁注，但却沒有「太極拳」字樣，這樣陳鑫就再次編寫《陳氏家乘》，予以增加；明明是陳溝「不肯學習外來的拳法」，唐豪却又說陳王廷創造的太極拳吸取了戚繼光拳經三十二勢中的二十九勢，顧留馨則更有發現，指出陳氏拳架中有傳習於少林寺的「紅拳」，「羅盤棒訣」有「要知此棒出何處？羅盤流傳在邵陵（少林）」等；套用遼東巡按禦史陳王庭之錯，一九六四年就有人揭發，直到一九八零年，他才在《體育報》予以更正；文修堂本中槍法自序篇後有「道光癸卯年桂月（道光二十三年八月，一八四三年九月廿四日～十月廿二日）張文謨號開周重抄」十五字的題記，槍棍法後更有「以上槍棍譜係河北王保（堡）村得來，道光二十三年歲在癸卯中秋（一八四三年十月八日）張開周重抄錄謹志」三十二字的題記，結合文修堂本中有「民國十七年（一九二八年戊辰）九月二十二日歲貢生縣丞年八十歲，陳鑫字品三號應五別號安愚謹志」的附記，家譜末後，也有「我高曾祖父皆文兼拳最優，森批」的陳森批注，則可以確定，拳械譜和陳氏家譜的最後寫附記和批注的人，是陳氏十六世的陳鑫（一八四九～一九二九）和陳森。

由此可見，唐豪、顧留馨爲了自圓其說，對於和陳氏創拳說有矛盾的史料，一律採取裝聾賣傻、視而不見、决不承認的態度。

四、武術官方代言人、唐豪、顧留馨的追隨和維護者康戈武，更是對各派傳統說法和學者們的許多研究成果，採取裝聾作啞、視而不見，甚至反對各派學者做研究，有意攪局……

唐豪、顧留馨造假說教的忠實追隨者康戈武，更是繼承了「對於和陳氏創拳說有矛盾的史料，一律採取裝聾賣傻、視而不見、決不承認的態度」，甚至在用詞用語詭辯方面更勝一籌。由於他出身武術泰斗張文廣先生門下，又是文革以後，改革開放以來的首批武術專業研究生畢業，對八卦掌拳史研究較有影響，後身居國家体委武術研究院（後爲武術運動管理中心），集官員、專家於一身。這種特殊環境和極有利的位置，加上對唐豪顧留馨的崇拜，又代表著武術界的官方，推行起唐豪顧留馨的論說又不遺餘力，不但使唐豪、顧留馨理論在官方更加鞏固，而且還在沒有證據和廣泛論證的情況下，達到了强行推行的地步。譬如：

一、趁執筆《中國武術史》太極拳條之機，將虛假的「陳王廷創拳說」載入其中。寫到「趙堡太極拳早期傳人爲陳氏十五世拳師陳青萍（一七九八～一八六八年）。青萍師承於其族叔有本。有本所傳陳氏太極新架，架式與老架一樣寬大，逐漸揚棄了某些高難度動作。青萍得傳後創編了一套架式小巧緊湊，動作緩慢的套路，傳於陳家溝鄰鎮趙堡，後人遂稱之『趙堡架』或『趙堡太極拳』。」「陳青萍入室弟子和兆元（一八一一～一八九一年）得傳後，悉心研究，傳授子弟。後世傳習者，將此拳架稱爲『和式太極拳』。」

其實，對於趙堡太極拳的傳承，杜元化的著作（《太極拳正宗》），康先生是非常清楚的，陳清平傳承的是趙堡太極拳，與陳家溝無關，在他上面還有六代傳人，姓甚名誰清清楚楚。康先生曾親自到趙堡鎮調查過，當時接待和陪同他的就有和有祿，後來和有祿在臺灣《太極拳》雜志發表的《趙堡和式太極拳源流特點及傳人》，如實的寫到：「太極拳傳入趙堡鎮近四百年，代代承傳：由武當山張三丰輾轉傳至山西王林貞（字宗岳），文武兼備，學識淵博的王宗岳繼承了張三丰的太極拳經典，學而後化，創作了著名的《太極拳經》等理論。到明朝萬曆中葉，由王宗岳將太極拳傳給溫縣小留村人蔣發，再由蔣發將太極拳傳給趙堡鎮的邢西懷。以後邢西懷↓張諸臣↓陳敬柏↓張宗禹↓張彥等繩繩不絕歷經近二百年。趙堡鎮王圪壋村人陳清平，久慕張彥先生「拳藝非凡」，號曰「神手」，遂遷居趙堡拜師學藝（趙堡素有非趙堡人不傳之門規）。清平勤奮好學，經張彥悉心傳授，有繼承、有發展，成爲趙堡鎮一代太極拳名師。他打破舊俗，因才施教，除傳子景陽外，還教了和兆元、李景彥、李作智、任長春、武禹襄等一大批武林佼佼者，爲後來太極拳的傳播和發展付出了辛勤的勞動，他的功績爲後人所尊崇。」就是最好的證明。

《陳氏家譜》沒有陳清平之名，說明陳清平不是陳家溝的十五世孫，他世居王圪壋村，後遷趙堡經商，從趙堡拳師張彥學藝，張彥是其獲得真傳之業師。

康先生在這裡繼續玩手法，以便使和氏也歸入陳溝系列，之後的事實證明，康戈武不但是這麼說的寫的，更是這麼做的。

《中國武術史》中所述的趙堡拳史，完全是引用顧留馨《太極拳術》的說法，是不真實的。應該認爲，《中國武術史》太極拳源流執筆之人康戈武先生在繼續宣傳唐、顧虛假的「陳王廷創拳說」，是心知肚明的造假，故意趁機塞進《中國武術史》，欺騙世人。

康先生爲《陳氏太極拳圖說》重新出版寫序言時，曾經說，已經「三讀《陳氏太極拳圖說》了。經過精讀、研讀之後，肯定對陳鑫的原話記得很清楚。陳鑫在《陳氏家乘》中說：「陳王廷，精太極拳」。沒有說過「創造太極拳」的話。陳鑫在一九二八年寫《辨拳論》，附在《和式太極拳譜》之末，也是康先生親自審閱、作序的著作，其中也說：「陳氏之拳不知仿自何人？自陳氏遷溫帶下，就有太極拳，後攻此藝者，代不乏人，如明之奏廷（王廷）」這裡明明說，陳王廷是「後攻此藝者」當然不是「太極拳創始人」。

二、二零零七年八月廿一日，又以中國武術協會的名義，在溫縣陳家溝召開聲勢浩大的「揭牌儀式」，授予陳家溝爲「中國武術太極拳發源地」的稱號和牌匾。《人民日報》海外版，也向世界廣爲宣傳，影響面巨大。武術界的最高官員甚至還出面宣佈「經過衆多專家的潛心研究，認爲陳家溝是中國的太極拳發源地，并爲武術界所認可。」隨後，又在《中華武術》二零零七年十二期，發表《解讀溫縣被命名爲中國武術太極拳發源地》一文，有意弄虛作假，顛倒是非，其寫道：

「太極拳發源於溫縣，是一批批學者和武術研究、教學機構經過多年的考察和研究，反覆認定的結果。在這一考察和研究過程中，雖存有早於太極拳源自溫縣的傳說，但至今未發現經得住考證的翔實論據。」

「太極拳始自宋、張三丰」一語於一八六七年出現後，受到了當時健在的楊露禪和武禹襄等的質疑，作者李亦畬自己也感到此說無依據，因此，在「手訂」《太極拳譜》時將此語改定爲「太極拳不知始自何人」，并以「亦畬手訂」的落款形式，告知讀者以此爲准。

「王宗岳是位查無其人的托名符號」

「一而再的考察，都找不到山右王宗岳實際存在的依據。顯而易見的是，山右王宗岳僅僅是出自武禹襄一人之口的人名符號。王宗岳沒有實際存在的可能，所謂王宗岳傳蔣發，蔣再傳他人的說法，也就失去了依據。」

其實，康先生這裡的「一批批」，無非就是唐豪、顧留馨，和他本人而已，別無他人。因爲這裡所指的「武術研究」「教學機構」的「考察和研究」，最後只落到了幾個字——據唐豪考證。正像路迪民先生講的那樣：儘管唐豪的論點并不爲多數學者和陳氏以外的其它流派所接受，但無論詭辯也罷，捏造也罷，唐豪還刀對刀槍對槍地針對各種具體問題和別人辯論。如今的唐豪繼承人，只剩下「據唐豪考證」的「專家」了，反駁者千言萬語，無須理睬，甚至連唐豪、顧留馨都不敢捏造的事實，他們敢說敢寫（見路迪民《「疑古」思潮與唐豪的太極拳「考證」》）。

難道說陳家溝還有「經得住考證的翔實論據」嗎？回答只能是：肯定沒有！《陳氏家乘》及其注和陳王廷的遺詩，均出自陳鑫一人之手，并且陳鑫本人也不認爲陳王廷創拳；《陳氏家譜》陳王廷名旁的注釋是「森批」，即陳森的造假；至於《拳經總歌》則更無陳王廷的署名，陳家溝人還有說是陳長興的。其實，歸根結底，還是戚繼光的《拳經》，試想，戚繼光拳經三十二勢，陳氏就抄有二十九勢，難道不說明問題嗎？事實上，《拳經總歌》與太極拳根本不是一回事；陳王廷創造雙推手，更無從談起，根本壓根就不靠譜；陳王廷也無名無望，完全是顧留馨爲了包裝陳王廷的功名，而套用明朝做大官，與皇帝都有交情的河北省盧龍縣人陳王庭的事迹，就連生卒（一六零零～一八八零）都是照此而推測出的，被人揭發，顏面掃地；到此還不甘心，又找到《縣志》陳王廷，可是又有人指出，自古以來，重名重姓的何止一個縣、一個鄉、一個村啊！憑什麽說就一定是陳家溝的？再說，楊露禪、武禹襄、李亦畬、乃至楊澄甫，哪個說過陳家創拳？更不知陳王廷姓甚名誰！

「太極拳始自宋、張三丰」一語於一八六七年出現，至今少說也有一百三、四十年的歷史了，比起唐豪的「臆測」、顧留馨的包裝造假，其說服力要强萬倍。再說，李亦畬的自改前說，也并非「否定」或「已自糾其前說之無據」。對此，路迪民先生問過李亦畬的曾孫李光藩先生，李肯定地說，這是李亦畬認爲太極拳的創始比張三丰更早，而不是更遲，并非「糾其前說之無據」。

說「王宗岳是位查無其人的托名符號」，比唐、顧都狠毒，唐、顧亦不曾敢說。「一而再的考察」，其實是不想考察，不考察，一心想抹去。因爲王宗岳的實際存在，實在是唐、顧、康陳王廷創拳說的攔路虎，是剋星啊！山西新絳縣的太極拳家王宗岳早就在山西省武協副主席張希貴、中國武術學會副秘書長、原《中華武術》雜志副主編周荔裳的著作論文中就出現過。怎麼說「查無其人」呢？現今，山西新絳縣太極拳傳人劉曄挺先生，通過多年的親自走訪調研，不但找到了王宗岳的後人，而且基本弄清了王宗岳太極拳的傳遞脈絡，事實勝於雄辯啊！

再說，這裡「衆多專家」所指誰呀？能公佈個姓名嗎？恐怕連屈指可數的幾個都沒有！《太極拳源流與發展研究》課題多少年都未能通過，已毫無聲息地流産了，這「認可」二字，又從何說起？

路迪民先生在「王宗岳蔣發考辨——兼與康戈武先生商榷」一文中，當談到康戈武的「解讀」時，他認爲：這又是「一個費解的『解讀』」。他講到：

提到河南溫縣被命名爲「中國武術太極拳發源地」，并由中國武術協會爲其掛牌，使人不禁想起「此地無銀三百兩」的故事。埋了三百兩銀子，反要插上「此地無銀三百兩」的牌子。隔壁張三偷了，又換上「隔壁張三沒有拿」的牌子。河南溫縣的「太極拳發源地」，不正因爲愈來愈多的遭到駁斥，才要命名、掛牌，還得「解讀」嗎？而康先生的權威性《解讀》，倒使人們更加清楚地看到了這塊牌子到底有多大價值！

首先，作爲對「中國武術太極拳發源地」的解讀，却沒有拿出一條「太極拳發源」的證據。爲什麼

《陳氏家譜》中根本沒有「太極拳」的字樣？爲什麽直到《陳氏太極拳圖說》的出版，陳氏族人也未提出陳家創太極拳，反而把《杜育萬述蔣發授山西師傳歌訣》作爲附錄？《陳氏家譜》中陳王廷「陳氏拳手刀槍創始之人也」的「旁注」，是否可靠？如果可靠，爲何是「旁注」？而且一直注到二十世紀的陳鑫兄弟，後面還有「森批」二字？陳王廷的長短句「悶來時造拳」，出現在陳鑫所寫的《陳氏家乘》中，有何理由證明這是陳王廷幾百年前的原作？陳氏《文修堂本》只記載了五套「捶」，沒有太極拳；《兩儀堂本》才把「頭套捶」亦稱太極拳或十三勢，而唐豪顧留馨說陳氏拳有「五套十三勢」，算不算欺騙？所有這些關乎陳氏創拳的重要問題，康先生哪有一點一滴的「解讀」？

其次，康先生「謹取各式太極拳傳人的文據爲憑」，證明「現傳各式太極拳皆溯源至河南省溫縣」，但他只敘述了各式太極拳自溫縣之後的「流」，而回避了各派所述的太極拳之「源」。比如在敘述楊式太極拳和武式太極拳的「文據」時，都引用了李亦畬的《太極拳小序》，但都從原文中摘取拼湊了這樣一句話：「我郡楊某從『河南陳家溝陳姓』學太極拳」。而李亦畬的原文是：「其精微巧妙，王宗岳論詳且盡矣。後傳至陳家溝陳姓。神而明者，代不數人。我郡南關楊某，愛而往學焉……」康先生顛倒順序，改變原文的做法，實難掩人耳目。對於趙堡太極拳，康先生乾脆排除在外，改用了新近樹立起來的「和式」太極拳。試問，除了陳式和「和式」之外，楊式、吳式、武式、郝式、孫式、李式太極拳，哪一個主要傳人的「文據」認爲太極拳創自陳家溝？沒有！黃河經河南省流到山東出海，能否說黃河發源於河南？

康先生自然明白，回避「源」的論述，只敘述溫縣之後的「流」，實屬空談。於是他還要「截流」，截流的著眼點就是否認王宗岳蔣發的存在。截流的工具，就是「一+一=十」和「走出傳說」「查無史據」等。如果說發展，康先生在這一點比唐豪顧留馨多了一點技巧。可惜這些技巧，談不上真正的學術考證。《解讀》難解，也好解，「弄巧成拙，原來如此」而已。

路迪民先生發表在《武當》雜志二零零九年第四、五、六期的「王宗岳蔣發考辨——兼與康戈武先生商榷」一文，對康戈武先生在《解讀》中提出的「王宗岳是位查無其人的托名符號」一說，亦給予了質疑和批評，他講：這是前人未曾有過的看法，可謂批判張三丰創拳說的「最新成果」。然而他依然忽略或有意回避了一些重要史料，并不能解釋與王宗岳有關的諸多問題。

就王宗岳名字的出現，路迪民先生指出最少有以下幾個渠道：

第一，當屬楊家的傳說和記載。楊家的祖傳說法，不是靠別人「考證」賦予的，王矯宇就親自聽到過楊祿禪講述王宗岳收蔣發爲徒的故事，《北平實報》的訪問記就是「記載」。許禹生、陳微明、楊澄甫的書都有記載。這比陳王廷創拳說屬外人「考證」得來要可靠得多。如果硬要說楊家的傳說和記載是錯誤的，你得講出個道理來。是楊祿禪數典忘祖，出賣陳王廷，編造了一個師爺蔣發和師爺之師王宗岳嗎？有何證據？楊祿禪爲什麽這樣做？這對楊家有何好處？否則，楊氏傳人能够欺師滅祖地認爲楊祿禪是數典忘祖嗎？

第二，是趙堡太極拳的傳說。趙堡太極拳有蔣發以下的明確傳承順序，蔣發之師，在杜元化《太極拳正宗》中稱王林楨，其他著作將王林楨亦稱王宗岳。西安侯春秀先生（一九零四～一九八五），是趙堡太極拳第七代傳人張應昌的後傳弟子。張應昌是張彥之子、陳清平的師弟，其傳授與和家無關（和兆元是陳清平弟子），也與杜元化無關（杜元化從學於陳清平再傳弟子任長春）。路迪民先生早年得到侯春秀弟子傳抄的「武當趙堡太極拳源流」，稱「祖師：張三丰，宗師：王宗岳（林真）」，後面是蔣法（發）↓邢西懷↓張初臣↓陳敬柏↓張宗雨↓張彥↓張應昌、陳清平等。其中一些字的寫法與杜元化不同，如把「蔣發」寫成「蔣法（發）」，「邢喜懷」寫成「邢西懷」，「張楚臣」寫成「張初臣」，「張宗禹」寫成「張宗雨」。這顯然和杜元化所傳是兩個相似而互補的記載。其中的宗師是「王宗岳」，只把「林真」作爲王宗岳的別名，說明「王宗岳」和「王林楨」是趙堡傳人早就知道的同一個人。康戈武先生在《解讀》中認爲杜元化的書中有「王林楨」而沒有「王宗岳」之名，就斷定「『山右王宗岳』再次失去了實際存在的可能」，只能說明他只知其一，不知其二罷了。

第三，是李亦畬《太極拳小序》中「王宗岳論詳且盡矣」的記載。李亦畬的記述，必來自武禹襄，而武禹襄所聞，從楊家、趙堡。康戈武先生對王宗岳的出現，在同一篇文章中也有兩說。他先認爲姚繼祖在《武氏太極拳全書》所載的李亦畬《探太極拳之源》「是讀聊齋李超武技傳後……把王漁洋原文中的『關中人王宗』，寫成了『關中人王宗岳』」。後面又根據姚繼祖「文存」中武秋瀛爲《太極拳論》寫的

《跋》：「右論不知創自何人」，認爲「山右王宗岳僅僅是出自武禹襄一人之口的人名符號」。到底是武禹襄作假，還是李亦畬附會？康先生也是一筆糊塗賬。那麼，楊家、趙堡、吳式、孫式太極拳傳人，包括唐豪顧留馨，是否都昏了頭，去盲從武禹襄和李亦畬的造假呢？

再說，李亦畬《探太極拳之源》和武秋瀛爲《太極拳論》寫的《跋》，都是姚繼祖前些年才說的。路迪民先生問過李亦畬的曾孫李光藩先生，他否認李亦畬《探太極拳之源》和武秋瀛《跋》在李家的流傳。若有，李亦畬必然寫在「老三本」中，李福蔭、李懷蔭及武禹襄之孫武延緒也必然收入一九三五年的《李氏太極拳譜》中，但是都沒有。李光藩先生說，李亦畬的小序是寫給李氏後人看的，不涉及爭論。若要造假，爲何不把《太極拳論》的作者加到自己頭上？徐震在《太極拳考信錄》中，也充分肯定李亦畬《太極拳小序》中「王宗岳論詳且盡矣」的記載。他說：「武氏之學，出於陳氏，李氏既不諱言，寧需無端引王宗岳以自重。既不需引王宗岳以自重，自無僞造授受以欺人之理。然則謂王宗岳後傳陳家溝者，可爲實錄矣。」

第四，是唐豪發現的《廠本拳經》。此本雖然發現較晚，但屬乾隆抄本，其中太極拳經的標題就是「先師張三丰王宗岳傳留太極十三勢論」（見唐豪《太極拳宗師王宗岳考》中的照片）。有人懷疑《廠本拳經》的真實性，路迪民先生也認爲，這本書在考證王宗岳的同時，也是張三丰創拳說的證明，這是唐豪不希望的。而唐豪保留了全部原文，說明唐豪造假的可能性不存在。唐豪只是根據《廠本拳經》中的《陰符槍譜序》斷定「山右王先生」就是「山右王宗岳」，康先生卻用王宗岳「是明代人」的說法否定了唐豪的考證，而《廠本拳經》中「先師張三丰王宗岳傳留太極十三勢論」的標題，又該如何否定呢？

綜上所述，王宗岳是無法否定、確實存在的太極拳大師。

三、敢說「王宗岳沒有實際存在的可能」，認爲《太極拳論》是出自武禹襄之手，只有康戈武辦得到！

王宗岳《太極拳論》被太極拳界奉爲經典，它像航標、像燈塔、像北斗七星指引著在太極拳這塊土地上耕耘的人們去探索太極拳的最高境界。

康戈武在一九九一年河北永年國際太極拳聯誼會上的學術發言中，即認爲《太極拳論》是出自武禹襄之手。

爲探求這篇著名拳論出處的客觀情況，嚴翰秀先生（參見《中國太極拳》一九九四年第五期「《太極拳論》出處新說」）曾先後兩次到武禹襄的家鄉河北省永年縣廣府鎮、河南溫縣趙堡鎮趙堡鄉（即武禹襄向陳請萍學拳的地方）瞭解、訪問。在趙堡村，逐戶訪問了陳青萍的後代，陳青萍所傳的趙堡太極拳的傳人。在村黨支部書記、村長的大力支持下，召開了老拳師座談會，參加座談會的有陳青萍的直系傳人、和式太極拳的傳人十多人，他們是：和學儉、鄭鈞、王海洲、陳學忠、劉火森、劉清喜等。在逐戶訪問和座談會中，他們暢所欲言，回憶了趙堡太極拳代代相傳的歷史，也說到了武禹襄在趙堡學拳的情況，說到了

《太極拳論》。在談到《太極拳論》時，他們一致認爲：《太極拳論》是陳青萍直接傳給武禹襄，并不是武禹襄的哥哥從鹽店所得再給武禹襄的。

據趙堡老拳師們說，武禹襄到趙堡村學太極拳時，正值陳青萍吃緊兩個官司。一是陳青萍與義和團的頭領「鍾大哥」有厚交，清政府捉拿「鍾大哥」，陳青萍保護了他被官府知道而受牽連，這種官司是吃死罪的。二是陳青萍的土地官司，他賣了土地未辦妥手續涉及繳交租稅的問題，這官司如果輸了就是變賣全部家産也不够賠償。陳青萍面臨傾家蕩産、家庭崩潰和被殺頭的危險。武禹襄恰好在這關鍵時候找到陳青萍學拳，瞭解到陳青萍的險惡處境。當時武禹襄的哥哥在舞陽縣當縣令，武禹襄通過他哥哥幫陳青萍疏通關係，使陳青萍免去了官司之危。陳青萍爲報武禹襄救命大恩，授他趙堡太極拳的精要，并傳他自己所得到上代相傳的拳論，包括現在流傳的《太極拳論》。

爲何武氏返鄉後說《太極拳論》在舞陽鹽店所得而不說師傳的呢？

原因是這樣：趙堡太極拳自古以來嚴格遵守只傳村人，不傳外鄉人的村規，按村規，陳青萍是不能向武禹襄傳拳的，更不能將秘訣相授。但陳青萍教了武禹襄「月餘」，村人從陳青萍的境況出發，可以理解他授拳給武氏的行爲。陳青萍怕授秘訣給武禹襄讓村人知道了不理解，就叮囑武不要說在他處得到這些要訣，說是在「舞陽縣鹽店」得到，舞陽縣是武禹襄哥哥當官的地方，屬武禹襄拳離不開他哥哥的幫忙，「鹽店」是「閻王殿」的諧音，授武氏拳訣是因爲武氏將他從「閻王殿」裏救了出來，所以說從「閻王殿」得到。這樣說，不暴露陳青萍傳訣的秘密，不使陳青萍公開違背村規，又暗示了陳青萍對武氏救命大恩的回報，也暗示了《太極拳論》的來源。「舞陽鹽店」一說，可說是非常巧妙地處理好了這一極難處理的問題。

那麽，武派太極的傳人對此有沒有真實的說明呢？回答是肯定的！

據《永年太極拳大事記》載：「咸豐壬子年（一八五二年），武河清與楊露禪較藝，河清負，是年赴豫從師陳清平，爲師救難，師贈《王宗岳太極拳譜》；咸豐甲寅年（一八五四年），武河清與二甥李亦畬、李啓軒苦研陳清平所授《拳譜》、《拳論》，并寫拳詮解。本年，楊露禪由武汝清介紹，到端王府教授太極拳。」（見《武當》二零零四年第五期）

據武式太極拳家喬松茂發表在《中華武術》一九九四年第四期《武式太極拳的源流及特點》所講：

武式太極拳是由清代永年人武河清在原趙堡太極拳的基礎上加以改創，由其外甥李亦畬進一步完善的。

素聞河南趙堡鎮陳師清平拳藝精湛，禹襄乃於赴兄任所之便訪而從學。正值陳師有售出土地未撥丁名之憂和受人誣告入獄殺身之難，禹襄通過在舞陽當知縣的兄長武秋瀛，代爲奔走而解之。陳師甚感其恩，隨傾心授藝相報，體示口解，備極詳盡。

陳師所授拳技與禹襄從太和堂學得的拳架大不相同，禹襄邊學邊練，并將所學拳理、拳訣作出札記，晝夜研習，悉得其髓，理法盡知。復將陳師所贈的《王宗岳定太極拳論》、《太極拳勢概要圖》、《拳論》一并抄繪携歸。

魏坤梁先生在《武當》雜志二零一一年第六期發表的「武禹襄太極拳古拳譜來源之謎」一文，對武禹襄所得《王宗岳太極拳譜》的途徑作了卓有成效的研究，最後分析指出：

顯然，「此譜得於舞陽縣鹽店」無論如何設想都存在著很難合理解釋的疑點，存在著難以自圓的破綻和邏輯推理上的不合理性。其中武禹襄於舞陽鹽店得譜的可能性是極小的或不可能的，武澄清於舞陽鹽店得譜的可能性也是不大的，很有可能「此譜得於舞陽縣鹽店」原本就子虛烏有，沒有這麼回事。

而這「此譜……有者甚屬寥寥，間有一二者」必然就是指楊露禪和陳清平。也就是說，李亦畬先生的《太極拳譜・跋》中包含著一個不容否定的信息，那就是李亦畬先生確認楊露禪和陳清平也是有王宗岳拳論等古太極拳譜的。由此也十分容易地使人聯想到武禹襄的古太極拳譜有可能是得自於楊露禪和陳清平的。

現在確有事實反映武氏的太極拳譜有可能是得自於陳清平的。如李亦畬先生後裔李錦藩先生的弟子喬松茂先生，在其所著的《武式太極拳詮真・武式太極拳的源流及特點》中講述說：武禹襄在趙堡「復將陳師所贈的王宗岳《太極拳論》、《太極拳勢概要圖》、《拳論》一并抄錄携歸」。李錦藩先生的另一弟子孫建國先生在二零零九年也認同了這種說法，他在《武當》雜志二零零九年第八期中的一文《武式太極拳之特點》中說：「武禹襄……到趙堡後得有《王宗岳太極拳論》《太極拳概要圖》等」。另外，鄭瑞、譚大江先生編著的《武當趙堡太極拳小架》也記載了一位非武術人士保存有清雍正時趙堡太極拳傳人的手抄本拳譜，內有殘缺的王宗岳太極拳譜，反映清代雍正時趙堡太極拳傳人就收藏有王宗岳太極拳譜。陳清平的二傳弟子杜元化先生一九三五年出版的《太極拳正宗》中所載的陳清平之《太極拳總論》，其實就是《乾隆抄本》的第二首古歌訣與部分王宗岳拳譜。因此，陳清平有王宗岳拳譜的可能性是存在的。既然如《永年縣志》和李亦畬先生的《太極拳小序》所記載的武禹襄在陳清平處對於太極拳「精妙始得」，怎麼會沒有得到王宗岳拳譜。

另外，武秋瀛《跋文》和李亦畬《太極拳小序》，對此也是一個極好的說明！

武式太極拳家賈樸先生早在《武林》雜志二零零五年第七期發表「武秋瀛拳史《跋文》考——兼談太極拳的創始人」，其表述如下：

武式太極拳創始人武禹襄長兄武秋瀛老人酷愛太極拳，咸豐二年中進士，簽分浙江，後於一八五四年任河南舞陽縣知縣。後於光緒九年（一八八三）撰有太極拳史《跋文》一篇。

《跋文》第一段記載：「明季山右王宗岳傳於懷慶府武陟縣趙堡鎮蔣姓，蔣氏父子藝皆精越，數傳有張宗禹、張言，叔侄俱有盛名。」

《跋文》第三段記載：「近日趙堡鎮等村，習是拳者尚夥，若真能懂勁，藝且純熟者，未知有無其人也。」

按：《跋文》說明：「咸豐年間武陟縣趙堡鎮還是太極拳的活動中心」

此處又一次有力的證明，趙堡太極拳及其歷史真實可靠！

李亦畬一八六七年《太極拳小序》即云：太極拳始自宋‧張三丰，其精微巧妙，王宗岳論詳且盡矣，後傳至河南陳家溝陳姓，神而明者，代不數人。我郡南關楊某，愛而往學焉。專心致志，十年有餘，備極精巧。旋裏後，市諸同好，母舅武禹襄見而好之，常與比較，伊不肯輕易授人。僅能得起大概。素聞豫省懷慶府趙堡鎮，有陳姓名清平者，精於是技。逾年，母舅因公赴豫省，過而訪焉。研究月餘，而精妙始得，神乎技矣。予自咸豐癸丑，時年二十餘，始從母舅學習此技，口授指示，不遺餘力，奈予質最魯，廿餘年來，僅得皮毛。竊意其中更有精巧。茲僅以所得筆至於後，名曰五字訣，以識不忘所學云。——光緒辛巳中秋念六日亦畬氏謹識

李濱先生對李亦畬《太極拳小序》很有研究，曾於《武當》雜志二零零九年第十二期發表「李亦畬《太極拳小序》研究」一文，明確說明：

李亦畬初稿所本者……其中，《十三勢論》題下標注：「先師張三丰，王宗岳存留十三勢論。」馬印書從姨丈李亦畬處抄得《太極拳譜》，小序末題「丁卯端陽日亦畬李氏識」，乃李氏於一八六七年之初稿，首句作：「太極拳始自張三丰」。

「啓軒藏本」《廉讓堂太極拳譜》公開，馬甲鼎序說：「太極拳術，技而進乎道者也。溯自李唐，以迨明季，抱殘守缺，代有傳人。而集大成者，則武當張三丰真人也，故又稱武當派，蓋別於少林而言之。」

此拳譜還附錄「賜進士出身翰林院庶吉士裏人武延緒撰并書」《先王父廉泉府君行略》和《李公兄弟家傳》。《行略》說：

「太極拳自武當張三丰後，雖善者代不乏人，然除山右王宗岳著有論說外，其餘率皆口傳，鮮有著作。」

《家傳》說：

「王父府君，公所從學拳法者也。先是河南陳某善是術，得宋・張三峰之傳。先王父好之，習焉而精。」

很清楚，武、李後人都認爲太極拳行功的歷史可以上溯到李唐而爲武當張三丰繼承發揚。這種認識當得之於武禹襄和李亦畬之親口相傳。可見李氏《小序》定稿抄寫時修改首句，乃是把太極拳創始的歷史放到張三丰以前的悠久年代去考察。

四、康戈武利用他的身份、講話，混淆視聽。

《中華武術》於二零零七年第七至八期，發表了康戈武先生在杭州楊式太極拳名家聯誼會上的講話，其中講到：

「從太極拳已經國際化來說，只要明確太極拳源於中國，由中國人創始，就足以詔告天下了。」

「有的先生，太極拳功夫很好，往往因爲將一些毫無依據的傳說掛在嘴上，遭到人們不必要的非議。源流問題，讓擅長史學研究的人、專致學術研究的人去挖掘史料，考證論據，依實探究。」

至今，還未發現哪一個練太極拳的外國人不知道太極拳源於中國。好像外國人都是小孩子，都是可以蒙的，愛追根求源，打破砂鍋問到底，日本人幾十年前即追尋少林祖根，幷且立碑，難道康先生不知嗎？說白了，就怕外國人弄明白唐顧之說是假的。康先生作爲國家武術管理中心科研部門負責人加武學專家之尊的身份說出這等話，的確令人費解、哭笑不得。

如果這個「傳說」真是「毫無依據」，傳人們能掛在嘴上嗎？肯定是師傳，「尊師重道」絕不含糊。真正「毫無依據」的才是唐、顧，是造假的源頭，傳人們肯定要毫不留情的予以揭露，就這一點，各家傳人們最有發言權，而不是相反。

武術源流研究的土壤也是各流派的傳承人，離開武術傳承人的研究，還稱得上此項的「擅長史學研究的人、專致學術研究的人」嗎？

大家知道，關於太極拳源流史的研究，早年既有徐震、吳圖南等人的研究成果批駁唐豪之說。近幾十年來，在各家太極拳傳人的不懈努力下，又產生出了大量的研究成果。特別是徐震、吳圖南、路迪民、李師融、于志鈞、李濱、戚建海、譚大江、嚴翰秀、孟乃昌、原寶山、張傑、王海洲、劉會峙、趙增福、顏紫元、裴錫榮、馮福明、鄭鈞、魏坤梁、金仁霖、歐陽學忠等人，特別值得一提的是李師融先生，他所著的《北派太極拳源流揭秘》、《古今太極拳譜及源流闡秘》更是這一研究的集大成。他們這些人，大多都是太極拳界和武術界的傳人、專家、學者，他們中本身許多就是具有中高級職稱者，或是對武術史研究特別感興趣，且有相當研究水平的人。許多都有專著問世，研究成果的質量之高，幾乎很少有人能比，他們哪個拿過國家的專項經費？哪個不是懷著滿腔的熱情和正義感，安貧樂道，默默奉獻，嚴謹考究，揭露虛假和欺騙，正本清源，還歷史本來面目，這是康先生所指的那些「擅長史學研究的人」，所能相比的嗎？

康先生對於趙堡太極拳的傳人、傳承及其傳遞關係，無論是從「講話」還是「解讀」，都不曾看到其真實的講述，明知趙堡太極拳及其源流都是真實存在，從未間斷，并且蔣發、邢西懷、張楚臣、陳敬柏、張宗禹、張彥等，在陳溝、趙堡一帶都是家喻戶曉的歷代太極拳著名人物，大師或掌門人，這在陳鑫、陳子明的著作裏多多少少都有反應，然而，康先生就是不願提及，唯恐觸及唐、顧假說的神經，因爲這其中的、公認的太極拳大師與陳家溝無關，會揭穿造假者的老底，所以康先生採取了視而不見、拉走和氏（誘入陳溝）截留趙堡，并說「暫且不就杜育萬《太極拳正宗》一書的史料價值進行評述。」由此，將太極拳著名的一大明宗趙堡太極拳，排除在陳、楊、武、吳、孫、李（李瑞東）之外，這正常嗎？歸根到底，趙堡太極拳的真實存在和源流史，是唐、顧、康論說的剋星！

五、招降納叛，投其趙堡和氏之所好（得以扶持、推廣和發展），支持和氏放棄祖傳的源流觀，只述至陳清平（以便官方將其歸入陳溝門下、陳王廷系列，之後的《陳氏太極拳志》已這麼作了）。爲《和式太極拳譜》寫序，認可和兆元爲和式太極拳的創始人（其實，無論是和式還是忽雷架，都是趙堡太極拳的分支，不但多年以前都認可，而且既就是把他們各自的拳架動作名稱、動作順序、甚至演練風格與陳鑫書中的動作、杜元化書中的動作，以及現有的蔣發→邢西懷→張楚臣→陳敬柏→張宗禹→張彥→張應昌→張汶→張金梅→張敬之→侯春秀→劉會峙書中的動作相比，很像同胞兄弟，僅是忽雷架的演練風格有變化，就這一比較，其後會有專文，不再贅述）。康的這種做法，與唐顧也是同出一轍。

五、楊志英附和康戈武，陷武禹襄於不義，使武氏蒙羞！

楊志英何許人也？

網上查找的資料是：楊志英 男，一九六五年十一月生，河北省永年縣人。從小酷愛武術，尤喜太極拳。十八歲，上曲周師範期間，學習陳式太極拳，習練不輟。一九八九年始學武式太極拳。一九九七年正式拜武式太極拳大師胡鳳鳴先生爲師，精研拳理，德藝雙修。現擔任武式太極拳研究會理事，永年武式太極拳推廣中心教師；廣府武式太極拳學校主任教練；多處武式太極拳活動中心輔導員。

此人更是了不得，不知是出於什麼目的，不但繼承康戈武的王宗岳只是個符號、《太極拳論》爲武禹襄所作，更提出太極拳的創始人是武禹襄！真是大膽至極啊！

這位仁兄，先後發表了「王宗岳及其拳論之謎」（見《武魂》二零零六年第四期）、「王宗岳其人」（見《太極》雜志二零一零年第五期）、「李亦畬手書拳譜『丁丑本』發現始末及分析」（見《太極》二零一一年第一期）、「『王宗岳太極拳譜』考」（見《武魂》二零一零年第一一期）等，都集中表現了他的思想。

其實，早在二零零六年，楊志英的說法拋出的當時，李秒豐先生即針對楊志英發表在《武魂》二零零六年第四期的《王宗岳及其拳論之謎》的論點，在《武魂》二零零六年第七期發表「《王論》豈能戲說」一文，對此給予了有力的批評，指出：

縱觀楊先生全文，不僅王宗岳的《太極拳論》爲武禹襄之作，就連太極拳也是楊（祿禪）、武（禹襄）共研、共創。這一結論對於沒有拳史研究的人，或蔑視其他拳派的人可能認同或有同感。倘若你細心研究太極拳的發展史，瞭解各派之淵源，你就會發現，楊先生之言仍不過一種想像而已，似乎是在否了唐、顧之妄斷後有再造第二個陳王廷之嫌！

關於王論，武氏未諭已作，李氏、郝氏等後人亦未明示或指正爲武禹襄而作，單憑想像和推測是難成定論的，這樣做不僅不能解決問題，而且還會對太極拳史的研究造成更大的混亂！關於王論，不僅只有一篇拳論孤立存在，尚有《十三勢歌》和《打手歌》佐證。另外還有雖公世晚於武、李譜訣的，被太極界公認的「乾隆抄本」的太極拳古拳譜相校！

另外還要多掌握資料，不能因自己沒見過就否定！

路迪民先生也針對楊志英《王宗岳其人》和《李亦畬手書拳譜「丁丑本」發現始末及分析》，於《太極》雜志二零一一年第二期發表「王宗岳及其『太極拳論』是武禹襄臆造的嗎？——兼論李亦畬抄本之演變及淵源」，對楊的論點提出了嚴厲的駁斥，指出：

在太極拳源流問題上，楊武兩家歷尊張三丰爲太極拳始祖，以王宗岳爲近代太極拳的開拓者。唐豪爲了維護其陳王廷創拳說，把臆造「張三丰創拳」的罪名加在了武禹襄頭上。他說：「祿禪出身僮僕，無能臆造張三丰。禹襄廩貢生，博覽書史，若太極拳之附會張三丰，不出於禹襄，祿禪、亦畬、萊緒、延緒之說豈能盡同。」近年來，又有人否定王宗岳的存在，認爲「王宗岳是位查無其人的托名符號」。令人驚奇的是，武派傳人中也有人否定王宗岳，認爲武禹襄假托王宗岳寫了太極拳論。其觀點見永年楊志英先生在《太極》二零一零年第五期發表的《王宗岳其人》和二零一一年第一期發表的《李亦畬手書拳譜「丁丑本」發現始末及分析》。此說似乎在抬高武禹襄，實際是給武禹襄又加了一個造假的罪名。

通過實事求是的分析，路先生進一步指出：王宗岳的名字并非最早見於「老三本」，亦并非在李亦畬抄本中首次出現，丁卯本和丁丑本都比老三本要早，「王宗岳論詳且盡矣」之句以及王宗岳太極拳論早就在這裡出現了；王宗岳及其太極拳論的早期流傳，與老三本沒有必然聯繫，更不是李亦畬臆造。

在武禹襄李亦畬之前，王宗岳的名字早已出現，這是鐵定的事實，不容質疑！

楊家歷來認爲楊式太極拳是王宗岳傳蔣發。楊式早於武式，故而更早知道并尊崇王宗岳，難道是楊祿禪在武禹襄假造了一個王宗岳之後，才給自己編造了一個師爺的師父嗎？

武禹襄初學於楊祿禪，後在趙堡鎮向陳清平學習。而趙堡太極拳傳人一直堅持其拳是由山西王宗岳（亦名王林楨）傳蔣發（第一代），蔣發傳邢喜懷……，陳清平是趙堡太極拳的第七代傳人。難道趙堡傳人也是在武禹襄假造了一個王宗岳之後，才給自己編造了一個七代之前的祖師？

近年還發現了雍正六年（一七二八年）的趙堡太極拳資料，其中有部分王宗岳《太極拳論》，此時距武禹襄出生還有八十多年，又該作何解釋？

楊志英先生引用了唐豪在《太極拳宗師王宗岳考》中的前幾句話：「試把太極拳著述中所記的王宗岳來一看，只見得一股附會、標榜、盲從交織的烏烟瘴氣……」并抄錄唐豪書中關百益的資料進行批判。殊不知，關百益認爲內家拳的王宗就是王宗岳，固然有失誤，而關百益和唐豪都發現有王宗岳的太極拳論，却是事實。關百益說：「辛亥秋，余獲太極拳經抄本於京師，其題有：山右王宗岳先生太極拳論。又題有：武當山先師張三丰，王宗岳留傳」。唐豪所得廠本拳經，標題就是《先師張三丰、王宗岳傳留太極十三勢論》。唐豪所得與關百益所得的拳經并非同一渠道，標題幾乎完全相同，都有王宗岳的名字和拳論，難道乾隆的人也能得到武禹襄的臆造嗎？

抄本作爲公開文獻，恐怕是一九三五年李福蔭、李槐蔭兄弟在山西出版的《廉讓堂太極拳譜》，這大概也是武派太極拳的第一本書。此時，楊式、吳式、陳式、趙堡的正式出版物都已問世。而其他流派在後期公開的早期文獻，在沒有充分證據之前，恐怕也不能隨意否定其早期存在吧！

最後，路先生又講，如果實事求是而不是閉目塞聽地面對這些從乾隆時代流傳至今的太極拳論，能說王宗岳及其太極拳論是武禹襄臆造的嗎？

著名學者、太極拳源流研究專家李師融先生針對楊志英的怪論，在《太極》雜志二零一一年第四期上發表「太極拳『發源地』『創始人』豈能隨意揑造——評楊志英先生《王宗岳其人》」，也進行了有力的駁斥，指出：

一、武禹襄不是《王宗岳拳譜》的作者。

既然王宗岳的拳論都是武禹襄所著，爲什麽李亦畬不說「太極拳之精微巧妙，武禹襄論，詳且盡矣。」武禹襄有沒有傳譜給陳家溝，陳家溝的「神而明者」是不是武禹襄造就的結果。既然是武禹襄傳藝陳家溝，爲什麽在一八五二年還要到陳家溝向陳長興學習。

武禹襄、武萊緒、李亦畬、武萊緒的遺言就是最可信的證據，爲什麽楊先生說「在沒有新的、有說服力的證據出現之前，讚成李紫劍的推論」。楊先生以李紫劍的推論，否定李亦畬、武萊緒的可靠證據。連自己的祖宗都不相信，這不是自欺欺人嗎？

二、這個論點，比唐豪的「清初陳王廷創造太極拳」，還要砍短二百年的太極拳史，對我國的太極拳源流有損無益。

楊先生是否掌握了全國各派的源流資料？如果對陳家溝、趙堡兩派的《王宗岳拳譜》的流傳一無所知，僅僅依靠永年的局部資料而作結論，無疑是坐井觀天。

「王宗岳拳譜」是王宗岳親自授予蔣發而在趙堡派內秘傳的，趙堡的歷代掌門都擁有全套的《王譜》，不單是陳清平擁有，在雍正六年，趙堡第四代傳人王柏青編著《太極秘術》的拳譜小册子裏，其中也載有王宗岳的《太極拳論》。

楊祿禪所得的「王譜」來自陳長興之授予，時間是在第三次向陳長興學習，滿師歸家之時，即在祿禪宗師四十歲時（一八三九年），比武禹襄於一八五二年獲得陳清平授譜要早十三年。這個事實，有楊祿禪的親口敘述爲據。

三、以訛亂真掩蓋不了王宗岳的存在

既然已經弄清楚前人的誤導，時至今日，就不應該再把已經淘汰了的前人錯誤反覆炒作，干擾王宗岳的最新考證。

要鑒別有沒有「王宗岳」的存在，應該根據前人已經確認的綫索深入調查，這兩個綫索就是：王宗岳是山西人，王宗岳是蔣發的師父。因此，山西的太極拳傳人是最有發言權的人，趙堡傳人保留的關於王宗岳的史料，也很有參考價值。

新絳縣的劉曄挺先生就是決心繼承前人的調查，主動承擔了把家鄉的拳聖王宗岳光輝形象恢復起來的重任，爲國家、爲人民做出應有的貢獻。劉曄挺先生花了五年以上的時間，取得大量的王宗岳生平及太極拳在山西流傳的資料。這些考證結果均說明楊先生的《王宗岳其人》一文的觀點是完全錯誤的。

二零一零年八月，筆者曾以通訊報道的形式，在《太極》雜志二零一零年第五期上，以「太極拳史研究的最新突破——明代山西王宗岳家族譜系被發現」爲題，向社會公開傳遞了山西新絳縣（古絳州）人劉曄挺先生經多年研究挖掘和整理王宗岳的情況，亦引起了楊志英先生的關注，隨即，楊先生即在《太極》雜志二零一零年第六期上，以「對《太極拳史研究的最新突破》的兩點質疑」爲題，對拙文中「王宗岳，字林楨」提出質疑，并指出：

要知道，古人「名」與「字」屬兩個概念。解放前，凡有點社會地位者，大都於本名之外，另起一個「字」，還可再加一別號。如蘇軾，姓蘇，名軾，字子瞻，號東坡。然而「字」不是隨隨便便而起，要與本名息息相關。所謂「名以正體，字以表德」。以「字」來表達本名的含意。古人「名」與「字」的使用格式大致有十種：并列式、連貫式、注釋式、對立式、縱橫式、因果式、推理式、借典式、同一式、綜合式。

本人愚笨，才疏學淺，還不知哪個朝代把這十種格式納入法令頒佈！只是據劉曄挺先生的研究如實相告，并不知在人的「名」和「字」上，還有如此多的道道，便開始向學者們請教……，得到的答案也是沒見過有如此的規定。

爲此，我訪問劉曄挺先生，他的回答是：「那只是『無聊者』與『無知者』拼湊的一種『八股』」、「如果說硬把每個人的『名』與『字』混扯一處，那完全是風馬牛不相及的牽強附會。試問『孫逸仙』和『中山樵』有什麼關係？『毛澤東』和『毛潤之』作何解釋？」。他還進一步的比方說，取名爲「阿猫」「阿狗」的，它按你的格式來麼？

李師融先生也爲此撰寫了「論山西絳州關於王宗岳考證的真實性——兼與楊志英先生商榷」一文（見新浪網李師融博客），針對楊志英的文章和質疑，進行了回應！李先生講到：

上海的拳友張森生先生，於（二零一零年）國慶長假期間專程乘飛機來到劉曄挺的家中，實地考察了一切調查證據。最後與曄挺先生結爲知己的新友，歸程時，對劉曄挺先生表示：「陳家溝的『發源地』，假的就真不了，新絳縣的王宗岳考證，真的也假不了」。王宗岳的考證是太極拳源流大論戰的焦點。因爲有了明代王宗岳的存在，清初的「陳王廷創拳說」就沒有立足之地。有了王宗岳的真實證據，張三丰首創太極拳（十三勢）的歷史事實，就有更充分的人證和物證。

認爲山西絳州王宗岳實有其人，證據確鑿。立足於王宗岳家鄉的實地調查，劉曄挺先生就是王宗岳的家鄉人，也是王宗岳拳藝的當代傳人。向王宗岳後人（王武辰等）調查，具有極爲優越的條件，而且已經進行了五年以上的調查，收集的材料很多。比外地的考證者，具有更多的發言權；堅持以兩份同源異流的證據互相印證，符合歷史事實而作結論。以王宗岳親傳弟子蔣發傳下的史料（趙堡太極拳的史料）爲第二份同源異流的證據。例如：趙堡傳人鄭悟清的有關論述：「明代萬曆年間，有山西陽城王宗岳者一行二人，有太行經趙堡渡黃河赴鄭州檢查生意。住宿趙堡，偶爾看見有練拳者，在店中議論，穿紫花佈衫的天資好。被店主人聽見告知蔣發。蔣發當時求店主人同去見客人，經多方懇求允收門下。約定日期由鄭州回來，同路上山西學藝，歷時七年，蔣發忠誠於老師家庭，如同父子。因師年高，由師姐代師傳授藝術。因此，人稱趙堡太極拳爲大姑拳。王宗岳老夫子無子，只有獨生女兒。對太極拳有高度修養。人稱「華北大俠」。寫有《太極拳論》等著作，傳授藝術重選賢而教。傳授拳藝給女兒和鄭州孫某（因名字失傳，拳藝亦不傳人）。晚年傳授蔣發。」（引自《武當》雜志創刊十周年精華本下卷，第一五四頁）

這與劉曄挺先生從山西王氏後人調查的結果，非常吻合：

王宗岳的身世，具有王氏後人和蔣發傳下的史料，爲兩份同源異流的證據完全吻合，是無可非議的真憑實據；

「太極拳」的名稱，在明末的蔣發後期已經出現，王宗岳的《太極拳論》，原本是爲注釋張三丰六首拳訣的歌訣三、四而譜寫。

劉曄挺先生向王氏後人調查所得的古拳名，就是「道士太極拳」。這是王氏後人的說法，并沒有超越時空的意思。

最後，李先生進一步確認「王林楨」就是王宗岳。說劉曄挺先生從王氏後人的調查中得知，王宗岳的父親是王祖通。其長兄王宗行。說明其父是「祖」字輩。下一代是「宗」字輩。所以，「宗岳」就是本名。「林楨」就是表字。「王林楨」的名稱，是蔣發傳下來「王老夫子」的表字，爲趙堡一派傳人所公認，杜元化在《太極拳正宗》一書，正式以文字公之於世。「王林楨」就是王宗岳，是蔣發傳下的歷史證據，無可非議。

古人的本名和表字的命名。是由古人根據自己對某一個名稱的鍾愛而選擇的。既可以將「名」和「字」以一定的涵義聯繫起來，也可以按照自己的鍾愛而選定，楊先生所提出的十種格式不是法律，不能作爲人人必須遵守的規定。歷史上古人的「名」和「字」，互不相關者不乏其例。例如：張三丰的姓名有：張通，張全一、張君實，張三丰、張三峰。可以說其「名」和「字」沒有什麽必然的聯繫。孫中山的本名是「孫文」，字「逸仙」。其「名」和「字」也沒有什麽聯繫：唐宋八大家的韓愈（七六八—八二四），字「退之」，其名和字也沒有任何聯繫。類似的例子還有許多。不論古人或今人，每個公民都有自己的姓名權，自己認定的姓名應該得到社會的保護和尊重，不受詆毀和侵犯。對於自己的朋友、長輩、老師、先賢的既定表字，應該尊重，亂提意見是很不禮貌的行爲。王宗岳是六百年來深受歷代太極拳宗師的尊重的先賢，其親傳弟子蔣發向後人傳達，「王宗岳字林楨」是一個歷史事實。歷史事實與主觀推測相矛盾，應服從歷史事實，不能亂改古人的姓名。

六、強行掛牌，弄虛作假，欺世盜名，貽害無窮。

一、虛假的發源地和太極拳創始人之說，的確爲地方贏得了不少的好處，這就是從上到下以官方行政的力量予以支持的根源。

且看歷屆國際太極拳年會的情況資料，便會一目了然（見焦作市檔案局二零零七年八月十八日內部資料第四期總第二三期）：

第一屆國際太極拳年會一九九二年九月五日至九日，在溫縣舉行。「本屆年會始終把『武術搭台、經貿唱戲』作爲主旋律，舉行了大型商貿活動，積極吸引外商在溫縣經商辦企業。全縣共有一二四家工業企業的二四七類一千二百多種產品參展。經貿來賓達一二五七人，業務洽談成交總額逾十七億元，引進資金一點三億元人民幣、四百萬美元，成立或商談創辦『三資』企業十五家，爲溫縣地方經濟注入了新的生機。」

第二屆國際太極拳年會一九九三年九月五日至九日，在溫縣舉行。「同時開展了大型經貿活動。」

第三屆國際太極拳年會一九九四年九月五日至九日，在溫縣舉行。「同時經貿活動也取得豐碩成果。年會期間，五家企業開工奠基，二十一家企業竣工剪彩；項目洽談簽訂意向五十二個；業務洽談簽訂銷售合同二點五五億元；引進資金實到位二千二百六十萬元，近期可望到位一千七百五十萬元；聘用非在職五大畢業生三十八人，大中專畢業生雙向選擇十人；物貿大會成交額達一百五十萬元。」

第四屆國際太極拳年會一九九六年八月二十二日至二十六日，在溫縣舉行。「年會期間，經貿活動碩果累累。洽談高科技項目九十四個，達成初步合作意向五十五家，正式簽訂合作意向書十一份，尚有四十四個項目正在進一步洽談中；商貿活動參加單位五十家，展銷商品上千種，累計成交額一百七十五萬元；全縣各工業企業與年會應邀的二十二家大集團公司進行了業務交流、洽談，已正式簽訂合同四家，累計成交額達八四八八萬元。」

第五屆國際太極拳年會一九九八年八月廿二日至廿六日，在溫縣舉行。「武術搭台，經貿、旅遊唱戲，是舉辦此屆年會的宗旨。經貿暨高新技術項目洽談會掀起了年會經貿活動的高潮。年會期間，全市共有二百一十五戶企業參展，洽談會共發佈項目五六零項，簽訂經濟技術合作項目意向或合同三十個，總投資一點九七億元；高新技術項目發佈會和洽談會共有五十餘家企業、二百餘人參加，五十五個高新技術項目將進一步洽談；簽訂貿易合同九十二份，合同金額二點八三億元，商品交易會成交額四十點三萬元。與此同時，規模空前的旅遊熱在全市掀起，陳家溝、雲臺山、青天河、嘉應觀等一處處景點向中外賓朋展現了獨具特色的魅力。」

中國・焦作第二屆國際太極拳年會二零零二年八月二八日至九月一日，焦作市舉行。「此屆年會實現了太極文化與焦作山水旅遊資源的有機結合，帶動了焦作旅遊開發和各項事業的發展，達到了以武會友、以景悅賓、宣傳焦作、共同進步的目的。」

中國·焦作第三屆國際太極拳交流大賽二零零五年八月二十日至二四日，焦作市舉行。「在重點項目發佈暨項目簽約儀式上，共有廿五個項目現場簽約，總投資二十一點五八億元人民幣，合同利用外來資金十九點五七億元人民幣。以武會友，不僅讓全市經貿、旅遊唱了一場大戲，也使全市企業界的經管理念得到了一次飛躍。」

二、强行掛牌，弄虛作假，也爲地方武館趁機斂財開了方便之門。

現以《二零一零中華太極拳傑出傳承人評選活動暨首屆中華太極拳傳承人大會通知》（以下簡稱「通知」）爲例，看看具體內容和情況，也會一目了然。

「通知」講：「二零一一年四月上旬在太極拳發源地溫縣召開首屆「中華太極拳傳承人大會」，幷舉行「中華太極拳傑出傳承人」、「中華太極拳優秀傳承人」的命名、表彰儀式（具體方式和日期另行通知）。幷在「中華太極拳傳承人大會」上進行首批拳師級傳承人、名師級傳承人和大拳師級傳承人的命名活動。」

在「入選權益」方面講：

入選「中華太極拳傑出傳承人」稱號的，組委會向其頒發：

一、「中華太極拳傑出傳承人」榮譽證書一個；
二、「中華太極拳傑出傳承人」水晶獎杯一個；
三、「中華太極拳傑出傳承人」綬帶一條；
四、「中華太極拳傑出傳承人」（入選標識刺綉）太極服一套；
五、贈送「中華太極拳傑出傳承人」彩色紀念畫册一套。
入選「中華太極拳百名優秀傳承人」稱號的，組委會向其頒發：
一、「中華太極拳優秀傳承人」榮譽證書一個；
二、「中華太極拳優秀傳承人」獎牌一枚；
三、「中華太極拳優秀傳承人」綬帶一條；
四、「中華太極拳優秀傳承人」（入選標識刺綉）太極服一套；
五、製作「中華太極拳優秀傳承人」彩色紀念畫册（如需要，另付工本費）。
在「參選費用」方面（這是關鍵）：
提交資料時預交「中華太極拳優秀傳承人」評選費、宣傳費五百元（未通過初選的將全額返還），當選「中華太極拳傑出傳承人」稱號後後經組委會通知須補交評選費、宣傳費一千五百元（共計二千元），不能按時交費即視爲棄選。

會後標明：

開戶行：中國建設銀行溫縣支行

賬　號：4100-1544-5100-5020-3669

全　稱：溫縣太極拳傳承人聯合會

聯繫方式

通訊地址：中國河南溫縣黃河路太極武術館中華太極拳傳承譜系編纂委員會　郵編：454850

連絡人：劉洪奇

根據以上的通訊地址，可以看出，這個組織可能是溫縣太極武術館下屬的民辦組織，或者是憑空虛構的一個符號。

據說評選結果爲：「傑出傳承人」四十五名，「優秀傳承人」一百名（名單從略）總共入選一四五人，達二十九萬元。

榮譽是無價的，變相的用金錢來買賣「榮譽」，可想而知，除了賣者斂財，就是買者有利可圖，別無其它，這就更加助長了壞的社會風氣。

說白了，出賣「榮譽」就是非法斂財。

可以看出，河南省溫縣太極拳傳承人聯合會是一個縣級以下的民辦組織，按照常識，它是無權對溫縣以外全國太極拳傳承人進行評選的，更無權授予全國級別的中華太極拳「優秀（傑出）」傳承人榮譽稱號的。號的。其評選活動不但是越權行爲，而且對被評選者每人收費貳仟元，也不符合評選先進的精神，這就是出賣「榮譽」。其性質與不法分子出賣假學歷（博士、碩士畢業證），以及買官賣官的非法行爲沒什麽兩樣，只是程度不同罷了。可以認爲，這就是欺詐斂財，結果是玷污了中華太極拳的神聖名譽。爲此，只要有點責任心的人，都應該站出來予以無情的揭露。

綜上所述，太極拳史的研究，必須尊重歷史事實，尊重各太極拳派別的歷史傳承，絕不能人爲的製造混亂，更不能爲了私利或某種目的而瞎攪局，要抱有對歷史負責、對後人負責的態度，正如已故著名的太極拳大師、拳史研究專家吳圖南先生所說的决不「寃枉古人、欺騙今人、貽誤後人」，否則，就助長了極壞的風氣。

參考文獻：

1、吳文翰「武禹襄繼承發展了王宗岳太極拳說」（見網絡）發表於：2008.8.16 17:28:39
2、路迪民、趙幼斌「太極拳經原貌考」《武當》雜志一九九二年第一期
3、張東寶「疑古思潮中的魯迅」《武當》雜志二零零七年第三期
4、路迪民「『疑古』思潮與唐豪的太極拳『考證』」《武當》雜志二零零二年第十期
5、路迪民「極左思潮與顧留馨的太極拳研究」《武當》雜志二零零六年第七～八期
6、和有祿「趙堡和式太極拳源流特點及傳人」臺灣《太極拳》雜志
7、路迪民「王宗岳蔣發考辨——兼與康戈武先生商榷」《武當》雜志二零零九年第四、五、六期
8、路迪民「王宗岳蔣發考辨——兼與康戈武先生商榷」《武當》雜志二零零九年第四、五、六期
9、嚴翰秀「《太極拳論》出處新說」《中國太極拳》雜志一九九四年第五期
10、孫建國「永年太極拳大事記」《武當》雜志二零零四年第五期
11、喬松茂「武式太極拳的源流及特點」《中華武術》雜志一九九四年第四期
12、魏坤梁「武禹襄太極拳古拳譜來源之謎」《武當》雜志二零一一年第六期
13、賈樸「武秋瀛拳史《跋文》考——兼談太極拳的創始人」《武林》雜志二零零五年第七期

14、李濱「李亦畬《太極拳小序》研究」《武當》雜志二零零九年第一二期
15、李秒豐「《王論》豈能戲說」《武魂》雜志二零零六年第七期
16、江喬路「不必爭論的爭論——就太極拳源流的幾個常識問題與康戈武先生上去榷」《武當》二零零七，十期
17、路迪民「王宗岳及其『太極拳論』是武禹襄臆造的嗎？——兼論李亦畬抄本之演變及淵源」《太極》雜志二零一一年第二期
18、李師融「太極拳『發源地』『創始人』豈能隨意揑造——評楊志英先生《王宗岳其人》」《太極》雜志二零一一年第四期
19、李萬斌「太極拳史研究的最新突破——明代山西王宗岳家族譜系被發現」《太極》雜志二零一零年第五期
20、李師融「論山西絳州關於王宗岳考證的真實性——兼與楊志英先生商榷」見新浪網李師融博客
21、《內部資料》第四期（總第二三期）「歷屆國際太極拳年會（交流大賽）簡介」焦作市檔案局二零零七年十八月十八日
22、溫縣太極拳傳承人聯合會《二零一零中華太極拳傑出傳承人評選活動暨首屆中華太極拳傳承人大會通知》

第十三章　太極拳經典要論

一、張三丰承留

天地即乾坤。伏羲爲人祖。劃卦道有名。堯舜十六母。微危允厥中。精一級孔孟。神化性命功。七二乃文武。授之至予來。字著宣平許。延年藥在身。元善從復始。虛靈能德明。理令氣形具。萬載永長春。心兮誠真蹟。三教無兩家。統言皆太極。潔然塞而沖。方正千年立。繼往聖永綿。開來學常續。水火濟既焉。願至戎畢字。

二、張三丰著《打手歌》

掤攦擠按須認真，上下相隨人難進。
任他巨力來打我，牽動四兩撥千斤。
引進落空合即出，粘連粘隨不丟頂。

三、王宗岳著《十三勢歌訣》

十三總勢莫輕視，命意源頭在腰隙。
變轉虛實須留意，氣遍身軀不少滯。
靜中觸動動猶靜，因敵變化示神奇。
勢勢存心揆用意，得來不覺費工夫。
刻刻留心在腰間，腰內鬆淨氣騰然。
尾閭中正神貫頂，滿身輕利頂頭懸。
仔細留心向推求，屈伸開合聽自由。
入門引路須口授，功夫無息法自修。
若言體用何爲準，意氣君來骨肉臣。
想推用意終何在，益壽延年不老春。
歌兮歌兮百四十，字字真切義無遺。
若不向此推求去，枉費工夫貽嘆惜。

四、十三勢行功訣

掤手兩臂要圓撑，動靜虛實任意攻。
搭手握開擠掌使，敵欲還招勢難逞。
按手挫根必傾倒，二把採捲不放鬆。
來勢凶猛挒手破，肘靠近身任意行。
起落進退騰轉走，慢中寓快須自明。
遇敵上前迫近打，顧住三前盼七星。
敵人逼近來擊我，閃開正中定橫中。
太極十三字中法，精意揣悟妙更生。

五、十三字用功訣

搭手握虛莫入盤，粘粘順隨得著難。
閉手採挒法爲上，二把得實莫等閑。
按定四正隅方變，觸手意佔先上先。
握擠二法得機使，肘靠攻在脚跟前。

起落騰閃進退走，八卦七星顧盼間。
周身防禦意中定，聽探順化神氣關。
盤練不按體中用，修到終期藝難精。

六、八字法訣

三換二履一擠按，搭手遇掤莫讓先。
柔中有剛攻不破，剛中無柔不爲堅。
避人攻守要採挒，力在驚彈走螺旋。
逞勢進攻貼身肘，肩胯膝打靠爲先。

七、虛實訣

虛虛實實神會中，虛實實虛周身功。
練拳不諳虛實理，枉費工夫終無成。
虛守實攻變中竅，中實不發藝難精。
虛實自有虛實在，實實虛虛攻不空。

八、亂環訣

亂環訣法最難通，上下隨合妙無窮。
陷敵落入亂環內，四兩千斤著法成。
手脚齊進橫竪找，掌中亂環落不空。
欲知環中法何在，發落點對即成功。

九、陰陽訣

太極陰陽少人修，吞吐開合問剛柔。
正隅收放任君走，動靜變化何須愁。
生克二法隨著用，閃進全在動中求。
輕重虛實怎的是，重裏現輕勿稍留。

十、太極拳經訣

順項貫頂兩膀鬆，束脅下氣把襠撑。
胃音開勁兩捶爭，五指抓地上彎弓。

舉步輕靈神內斂，莫教斷續一氣研。
左宜右有虛實處，意上寓下後天還，
拿住丹田練內功，哼哈二氣妙無窮。
動分靜合屈伸就，緩應急隨理貫通。
忽隱忽現進則長，一羽不加至道藏。
手慢手快皆非似，四兩撥千運化良。
極柔即剛極虛靈，運若抽絲處處明。
開展緊凑乃縝密，待機而動如猫行。
掤搌擠按四方正，採挒肘靠斜角成。
乾坤震兌乃八卦，進退顧盼定五行。

十一、對待用功法守中土

定之方中足有根，先明四正進退身。
掤搌擠按自四手，須費功夫得其真。
身形腰頂皆可以，沾粘連隨意氣均。

運動知覺來相應，神是君位骨肉臣。
分明火侯七十二，天然乃武并乃文。

十二、八字歌

掤攦擠按世間稀，十個藝人十不知。
若能輕靈并堅硬，沾粘連隨俱無疑。
採挒肘靠更出奇，行之不用費心思。
果得沾粘連隨字，得其環中不支離。

十三、心會論

腰脊爲第一之主宰，喉頭爲第二之主宰，
心地爲第三之主宰。丹田爲第一之賓輔，
指掌爲第二之賓輔，足掌爲第三之賓輔。

十四、周身大用論

一要心性與意靜，自然無處不輕靈。
二要遍體氣流行，一定繼續不能停。
三要喉頭永不拋，問盡天下衆英豪。
如詢大用緣何得，表裏精細無不到。

十五、十六關要論

活潑於腰，靈機於頂，神通於背，氣沉丹田。
行之於腿，蹬之於足，運之於掌，通之於指。
斂之於髓，達之於神，凝之於耳，吸之於鼻。
呼吸往來於口，縱之於膝。渾噩一身，全體發之於毛。

十六、功用歌

輕靈活潑求懂勁，陰陽既濟無滯病。
若得四兩撥千斤，開合鼓蕩主宰定。

十七、太極拳掌法訣

陰陽掌法變不盡，
空心拳打穿透功，
不得已時撮手用，
撮手點打致命功。

十八、八法秘訣

掤勁義何解，如水負舟行。
先實丹田氣，次須頂頭懸。
全體彈簧勁，開合一定間。
任有千斤重，飄浮亦不難。
擸勁義何解，引導使之前。
順其來勢力，輕靈不丟頂。
力盡自然空，丟擊任自然。
重心自維持，莫爲他人乘。

擠勁義何解，用時有兩方。
直接單純意，迎合一動中。
間接反應力，如球撞壁還。
又如錢投鼓，躍然聲鏗鏘。
按勁義何解，運用如水行。
柔中尤寓剛，急法勢難擋。
遇高則膨滿，逢窪向下潛。
波浪有起伏，有孔無不入。
採勁義何解，如權之引衡。
任爾力巨細，權後知輕重。
牽動只四兩，千斤亦可平。
若問理何在，杠杆之作用。
挒勁義何解，旋轉若飛輪。
投物於其上，脫然擲丈尋。
君不見旋渦，捲浪若螺紋。

落葉墜其上，倏爾便沉淪。
肘勁義何解，方法有五行。
陰陽分上下，虛實須辨清。
連環勢莫當，開花捶更凶。
六勁融通後，運用始無窮。
靠勁義何解，其法肩背胸。
斜行勢用肩，肩中亦有背。
一旦得機勢，轟然如山崩。
仔細維重心，失中徒無功。

（注：六勁即六合勁也。即螺旋、擰裹、鑽翻、驚彈、崩炸、抖搜）

十九、通變歌

進退顧盼定，五位喻五行。
生克分制化，陰陽實錯綜。

虛實互乘變，開合是樞機。
剛柔相摩蕩，八法顯機能。
粘連與粘隨，相互起作用。
運動知往返，被動轉主動。
學者時體驗，應用妙無窮。
傳之爲心法，得機樂融融。

二十、生克制化解

推手運動中，雙方互相對待，全是相生相剋，互制互化。如能掌握生克制化，則穩操勝券，兹分述如下：

一生：助我爲生。助我以力或助我以勢，則我有力可借，有勢可乘。

二克：背我則克。柔極克剛，剛極克柔，遇剛則以柔克之，遇柔則以剛克之。

三制：約我爲制。靜能制動，是以處靜以待，以逸待勞。正能制邪，中能制偏，是以在勢在勁，必須得其中正。圓能制方，是以必須圓活，切忌方滯。

四化：順我爲化。勢大化小，勢小化無，合而解之，消於無形。

二十一、二十四在訣

掤在身臂，攦在掌中。
擠在身臂，按在中攻。
採在十指，挒在兩肱。
肘在屈使，靠肩背胸。
進在雲手，退在轉肱。
顧在三前，盼在七星。
定在有隙，中在得横。
滯在雙重，通在單輕。
虛在當守，實在必沖。
勁在知變，意在先承。
動在知返，須在調衡。
妙在借力，引在落空。

二十二、五字經訣

拔從側方入，閃展全無空。擔化對方力，搓磨試其功。
歉含力蓄使，粘沾不離宗。隨進隨退走，拘意莫放鬆。
拿閉敵血脈，扳挽順勢封。軟非用拙力，掤臂要圓撐。
摟進圓活力，摧堅戳敵峰。掩護敵猛入，撮點致命攻。
墜走牽挽勢，繼續勿失空。擠他虛實現，攤開即成功。

二十三、十三法

掤擺，擠按，採挒，肘靠，進退，顧盼，定（中）；
正偶，虛實，收放，吞吐，剛柔，單雙，重（輕）。

二十四、打手秘訣

擎、引、鬆、放。（像）敷、蓋、對、吞。（氣）

二十五、六合勁

擰裹、鑽翻、螺旋、抖搜、驚彈、崩炸。

二十六、撒放密訣

擎開彼力借彼勁（中有靈字）。
引到身前勁始蓄（中有斂字）。
鬆開我勁勿使屈（中有靜字）。
放時腰脚認端的（中有整字）。

二十七、太極拳真義

無形無象，全身透空。
應物自然，西山懸磬。
虎吼猿鳴，泉清水淨。
翻江播海，盡性立命。

二十八、太極拳經歌訣六首

歌訣一：

順項貫頂兩膀鬆，束烈下氣把襠撐，
胃音開勁兩捶爭，五指抓地上彎弓。

歌訣二：

舉動輕靈神內斂，莫教斷續一氣研，
左宜右有虛實處，意上寓下後天還。

歌訣三：

拿住丹田煉內功，哼哈二氣妙無窮，
動分靜合屈伸就，緩應急隨理貫通。

歌訣四：

忽隱忽現進則長，一羽不加至道藏，
手慢手快皆非似，四兩撥千運化良。

歌訣五：

掤攌擠按四方正，採挒肘靠斜角成。
乾坤震兌乃八卦，進退顧盼定五行。

歌訣六：

掤攌擠按四方正，採挒肘靠斜角成。
乾坤震兌乃八卦，進退顧盼定五行。

二十九、師傳張三丰老師之言

予知三教歸一之理皆性命學也。皆以心爲身之主也。保全心身永有精氣神也。有精氣神才能文思安安。武備動動。安安動動。乃文乃武大而化之者聖神也。先學者得其寰中超乎象外矣。後學者以效先覺之所知能。其知能雖人固有之。知能然非效之不可得也。夫人之知能天然武文。目視耳聽天然文也。手舞足蹈天然武也。孰非固有也明矣。前輩大成文武聖神授人以體育修身。進之不以武事修身。傳之至予得之手舞足蹈之。採戰借其身之陰以補助身之陽。身之陽男也。身之陰女也。然皆於身中矣。男之身祇一陽。全體皆陰女。以一陽採全體之陰女。故云。一陽復始斯身之陰女不獨七二。以一姹女配嬰兒之名變化千萬。姹女採戰之可也。亦安有男女後天之身以補之者。所謂自身之天地以扶助之。是爲陰陽採戰也。如此者。是男子之身皆屬陰。而採戰自身之陰。戰己身之女不如兩男之陰陽對待修身速也。予及此傳於武事然不可以末技視依然體育之學修身之道性命之功聖神之境也。今夫兩男之對待採戰於己身之採戰。其理不二。己身亦遇對待之數。則爲採戰也。是爲貢鉛也。於人對戰坎離之陰陽兌震陽戰陰也。爲之四正乾坤之陰陽艮巽陰採陽也。爲之四隅此八卦也。爲之八門身足位列中進步之陽以戰之。退步之陰以採之。左顧之陽以採之。右盼之陰以戰之。此五行也。爲之五步。共爲八門五步也。夫如是予授之爾終身用之不能盡之矣。又至予得武繼武必當以武事傳之而修身也。修身人首無論武事文爲成功一也。三教三乘之原不出一太極。願後學以易理致於身中留於後世也可。

三十、張三丰著《十三勢》

長拳者，如長江大海滔滔不絕也。十三勢者：掤、攦、擠、按、採、挒、肘、靠，此八卦也；進步、退步、左顧、右盼、中定，此五行也。掤、攦、擠、按即乾、坤、坎、離四正方也。採、挒、肘、靠即巽、震、兌、艮四斜方也。進、退、顧、盼、定即金、木、水、火、土也。

（附錄一至五原注爲：此係武當山張三丰老師遺論，欲天下豪傑延年益壽，不徒作技藝之末也。）

三十一、張三丰著《太極拳論》

一舉動，周身俱要輕靈，尤須貫串。氣宜鼓蕩，神宜內斂。無使有缺陷處，無使有凸凹處。其根在脚，發於腿，主宰於腰，形於手指。由脚而腿而腰，總須完整一氣，前進退後，乃能得機得勢。有不得機得勢處，身便散亂，其病必於腰腿求之。上下前後左右皆然。凡此皆是意，不在外面。有上即有下，有前即有後，有左即有右。如意要向上即寓下意，若將物掀起而加以挫之之意，斯其根自斷，乃壞之速而無疑。虛實宜分清楚，一處自有一處虛實，處處總此一虛實，周身節節貫串，無令絲毫間斷耳。

又曰：彼不動，己不動，彼微動，己先動。勁似鬆非鬆，將展未展。勁斷意不斷。

三十二、師傳《穴之存亡論》

穴有存亡之穴，要非口授不可也。一因其難學，二因其關係存亡，三因其人才能傳。

一不授不忠不孝不義之人；二不傳根底不好之人；三不授心術不正之人；四不傳魯莽滅裂之人；五不

傳目中無人之人；六不傳知禮無恩之人；七不授反覆無常之人；八不傳得易失易之人；九不傳好事好狠鬥勇之人；十不傳歹人。如其可以傳，再口授之秘訣。傳忠孝知恩者、心氣平和者、守道不失者、真以爲師者、始終如一者，此五者果真有始有終不變如一，方可將全體大用之功授之於徒也明矣。於前於後代代相繼皆如是之所傳也。意抑亦知武事中烏有匪人哉。

三十三、王宗岳著《太極拳經》

太極者，無極而生，動靜之機、陰陽之母也。動之則分，靜之則合。無過不及，隨曲就伸。人剛我柔謂之走，我順人背謂之粘。動急則急應，動緩則緩隨。雖變化萬端，而理爲一貫之。由著熟而漸悟懂勁，由懂勁而階及神明。然非用力之久，不能豁然貫通焉。虛領頂勁，氣沉丹田。不偏不倚，忽隱忽現。左重則左虛，右重則右杳。仰之則彌高，俯之則彌深。進之則愈長，退之則愈促。一羽不能加，蠅蟲不能落。人不知我，我獨知人。英雄所向無敵，蓋皆由此而及也。斯技旁門甚多，雖勢有區別，概不外乎壯欺弱，慢讓快耳。有力打無力，手慢讓手快，是皆先天自然之能，非關學力而有爲也。察四兩撥千斤之句，顯非力勝；觀耄耋能禦衆之形，快何能爲！立如平準，活如車輪。偏重則隨，雙重則滯。每見數年純功不能運化者，率皆自爲人制，雙重之病未悟耳。欲避此病，須知陰陽。粘即是走，走即是粘。陰不離陽，陽不離陰，陰陽相濟，方爲懂勁。懂勁後，愈練愈精，默識揣摩，漸至從心所欲。本是捨己從人，多誤捨近求遠，所謂差之毫厘，謬之千里，學者不可不詳辨焉！是爲論。

三十四、王宗岳著《十三勢行功心解》

以心行氣，務令沉著，乃能收斂入骨。以氣運身，務令順遂，乃能便利從心。精神能提得起，則無遲重之虞，所謂頂頭懸也。意氣須換得靈，乃有圓活之趣，所謂變動虛實也。發勁須沉著鬆淨，專注一方。立身須中正安舒，支撑八面。行氣如九曲珠，無微不至。運動如百煉鋼，何堅不摧！形如搏兔之鵠，神如捕鼠之猫。靜如山嶽，動若江河。蓄勁如開弓，發勁如放箭。曲中求直，蓄而後發。力由脊發，步隨身換。收即是放，斷而復連。往復須有折疊，進退須有轉換。極柔軟然後極堅剛。能呼吸，然後能靈活。氣以直養而無害，勁以曲蓄而有餘。心爲令，氣爲旗，腰爲纛。先求開展，後求緊凑，乃可臻於縝密矣。

又曰：先在心，後在身，腹鬆淨，氣斂入骨。神舒體靜，銘刻在心。切記一動無有不動，一靜無有不靜。牽動往來氣貼背，斂入脊骨。內固精神，外示安逸。邁步如猫行，運動如抽絲。全身意在精神，不在氣，在氣則滯。有氣者無力，無氣者純剛。氣如車輪，腰如車軸。

三十五、五字訣

一曰心靜。心不靜則不專一。一舉手，前後左右，全無定向，起初舉動，未能由己，要悉心體認。隨人所動，隨屈就伸，不丟不頂，勿自伸縮。彼有力，我亦有力，我力在先；彼無力，我亦無力，我意仍在先。要刻刻留心。挨何處，心要用在何處，須向不丟不頂中討消息。從此做去，一年半載，便能施於身。此全是用意，不是用勁。久之則人爲我制，我不爲人制矣。

二曰身靈。身滯則進退不能自如，故要身靈。舉手不可有呆像，彼之力方礙我皮毛，我之意已入彼骨裏。兩手支撑，一氣貫穿。左重則左虛，而右已去；右重則右虛，而左已去。氣如車輪，周身俱要相隨。有不相隨處，身便散亂，便不得力，其病於腰腿求之。先以心使身，從人不從己，後身能從心，由己仍從人。由己則滯，從人則活。能從人，手上便有分寸。秤彼勁之大小，分厘不錯；權彼來之長短，毫髮無差。前進後退，處處恰合。工彌久而技彌精。

三曰氣斂。氣勢散漫，便無含蓄，身易散亂。務使氣斂入骨，呼吸通靈，周身罔間。吸爲蓄，呼爲發，蓋吸則自然提得起，亦拿得人起；呼則自然沉得下，亦放得人出。此是以意運氣，非以力運氣也。

四曰勁整。一身之勁，練成一家。分清虛實，發勁要有根源。勁起於脚根，主宰於腰，形於手指，發於脊背。又要提起全副精神，於彼勁將出未發之際，我勁已接入彼勁，恰好不後不先。如皮燃火，如泉湧出，前進後退，無絲毫散亂。曲中求直，蓄而後發，方能隨手奏效，此謂借力打人，四兩撥千斤也。

五曰神聚。上四者俱備，總歸神聚。神聚則一氣鼓蕩，練氣歸神，氣勢騰挪，精神貫注，開合有數，虛實清楚，左虛則右實，右虛則左實。虛非全然無力，氣勢要有騰挪；實非全然佔煞，精神要貴貫注。

力從人借，氣由脊發。胡能氣由脊發？氣向下沉，由兩肩收入脊骨，注入腰間，此氣之由上而下也，謂之合。由腰形於脊骨，佈於兩膊，施於手指，此氣之由下而上也，謂之開。合便是收，開便是放。能懂得開合，便知陰陽。到此地位，工用一日，技精一日，漸至從心所欲，罔不如意矣。

三十六、太極拳四字不傳密訣

敷：敷者，運氣於已身，敷佈彼勁之上，使不得動也。

蓋：蓋者，以氣蓋彼來處也。

對：對者，以氣對彼來處，認定準頭而去也。

吞：吞者，以氣全吞而入於化也。

此四字無形無聲，非懂勁後，練到極精地位者，不能知全。是以氣言，能直養其氣而無害，使能施於四體，四體不言而喻矣。

三十七、太極拳解

身雖動，心貴靜；氣須斂，神宜舒。心爲令，氣爲旗；神爲主帥，身爲驅使。刻刻留意，方有所得。先在心，後在身。在身，則不知手之舞之，足之蹈之，所謂「一氣呵成」、「捨已從人」、「引進落空」、「四兩撥千斤」也。須知：一動無有不動，一靜無有不靜。視動猶靜，視靜猶動。內固精神，外顯安逸。須要從人，不要從己。從人則活，從己則滯。尚氣者無力，養氣者純剛。彼不動，己不動；彼微動，己以動。以己從人，務要知己，乃能隨轉隨接；以己粘人，必須知人，乃能不後不先，精神能提得起，則無滯重之虞；粘依能跟得靈，方見落空之妙。往復須分陰陽，進退須有轉合。機由己發，力從人借。

三十八、走架打手行工要言

昔人云：能引進落空，便能四兩撥千金。不能引進落空，便不能四兩撥千金。語甚概括，初學未由領悟。予加數語解之，俾有志斯技者，得所從入，庶日進有功矣。欲引進落空，四兩撥千金，先要知己知彼，先要捨己從人。欲要捨己從人，先要得機得勢。欲要得機得勢，先要周身一家。欲要周身一家，先要周身無缺陷。欲要周身無缺陷，先要神氣鼓蕩。欲要神氣鼓蕩，先要提起精神。欲要提起精神，先要神氣不外散。欲要神氣不外散，先要神氣收斂入骨。欲要神氣收斂入骨，先要兩股前節有力，兩肩鬆開，氣向下沉；勁起於脚根，變換在腿，含蓄在胸，運動在兩肩，主宰於腰。上與兩膊相繫，下與兩腿相隨，勁由內換，收便是合，放即是開。靜則俱靜，靜是合，合中寓開。動則俱動，動是開，開中寓合。觸之則旋轉自如，無不得力，才能引進落空，四兩撥千金。平日走架是知己工夫。一動勢先問自己周身合上數項否？

少有不合，即速改換。走架所以要慢，不要快。打手是知人工夫，動靜固是個人，仍是問己，自己安排得好，人一挨我，我不動彼絲毫，趁勢而入，接定彼勁，彼自跌出。如自己有不得力處，便是雙重未化。要於陰陽開合求之。所以知己知彼百戰百勝也。

三十九、太極拳說十要

虛靈頂勁　頂勁者，頭容正直，神貫於頂也。不可用力，用力則項强，氣血不能流通，須有虛靈自然之意。非有虛靈頂勁，則精神不能提起也。

含胸拔背　含胸者，胸略內涵，使氣沉於丹田也。胸忌挺出，挺出則氣擁胸際，上重下輕，脚跟易於浮起。拔背者，氣貼於背也，能含胸則自能拔背，能拔背則能力由脊發，所向無敵也。

鬆腰　腰爲一身之主宰，能鬆腰然後兩足有力，下盤穩固；虛實變化皆由腰轉動，故曰：「命意源頭在腰際」，由不得力必於腰腿求之也。

分虛實　太極拳術以分虛實爲第一義，如全身皆坐在右腿，則右腿爲實，左腿爲虛；全身皆坐在左腿，則左腿爲實，右腿爲虛。虛實能分，而後轉動輕靈，毫不費力；如不能分，則邁步重滯，自立不穩，而易爲人所牽動。

沉肩墜肘　沉肩者，肩鬆開下垂也。若不能鬆垂，兩肩端起，則氣亦隨之而上，全身皆不得力矣。墜肘者，肘往下鬆垂之意，肘若懸起，則肩不能沉，放人不遠，近於外家之斷勁矣。

用意不用力　太極拳論云：此全是用意不用力。練太極拳全身鬆開，不使有分毫之拙勁，以留滯於筋骨血脈之間以自縛束，然後能輕靈變化，圓轉自如。或疑不用力何以能長力？蓋人身之有經絡，如地之有溝壑，溝壑不塞而本行，經絡不閉則氣通。如渾身僵勁滿經絡，氣血停滯，轉動不靈，牽一髮而全身動矣。若不用力而用意，意之所至，氣即至焉，如是氣血流注，日日貫輸，周流全身，無時停滯。久久練習，則得真正內勁，即太極拳論中所云：「極柔軟，然後極堅剛」也。太極拳功夫純熟之人，臂膊如綿裹鐵，分量極沉；練外家拳者，用力則顯有力，不用力時，則甚輕浮，可見其力乃外勁浮面之勁也。不用意而用力，最易引動，不足尚也。

上下相隨　上下相隨者，即太極拳論中所云：其根在脚，發於腿，主宰於腰，形於手指，由脚而腿而腰，總須完整一氣也。手動、腰動、足動，眼神亦隨之動，如是方可謂之上下相隨。有一不動，即散亂也。

內外相合　太極拳所練在神，故云：「神爲主帥，身爲驅使」。精神能提得起，自然舉動輕靈。架子不外虛實開合；所謂開者，不但手足開，心意亦與之俱開，所謂合者，不但手足合，心意亦與之俱合，能內外合爲一氣，則渾然無間矣。

相連不斷　外家拳術，其勁乃後天之拙勁，故有起有止，有綫有斷，舊力已盡，新力未生，此時最易爲人所乘。太極拳用意不用力，自始至終，綿綿不斷，周而復始，循環無窮。原論所謂「如長江大河，滔滔不絕」，又曰「運勁如抽絲」，皆言其貫串一氣也。

動中求靜　外家拳術，以跳擲爲能，用盡氣力，故練習之後，無不喘氣者。太極拳以靜禦動，雖動猶靜，故練架子愈慢愈好。使則呼吸深長，氣沉丹田，自無血脈憤張之弊。學者細心休會，庶可得其意焉。

四十、太極拳九要論

一、一要論

從來散之必有其統，分之必有其合也。故天壤問四面八方，紛紛者必有所屬，千頭萬緒，攘攘者自有其源。蓋一本可散爲萬殊，而萬殊可成歸於一本，事非必有然哉。且武事之論，亦甚繁矣。而要之千變萬化，無往非勢，即無往非氣，勢雖不類，而氣歸於一。夫所謂一者，下至足底，內有臟腑筋骨，而外有肌肉皮膚，五官百骸，相連而爲一貫者也。破之而不開，撞之而不散，上欲動而下自隨之，下欲動而上自領之，上下動而中節攻之，中節動而上下和之，內外相連，前後相續，所謂一以貫之者，其斯之謂歟。而要非勉强以致之，襲焉而爲之也。當時沉靜，寂然堪然，居其所而穩如山岳。當時而動，如雷如塌，出手而則如閃電，且靜無不靜，表裏上下，全無參差牽掛之意。動無不動，左右前後，并無抽扯遊移之形。詢乎若水之就下，沛然莫之能禦也，若火機之內攻，發之而不及掩耳，不假思索，不煩疑義。誠不期然而然，莫之致而至，是豈無所自而云然乎。蓋氣以日積而有益，并功以久練而終成。觀聖門一貫之傳，必俟多聞強識之後，才能豁然之境，不費格物致知之功，始知事無難易，用功惟自進，不可躐等，不煩急遽，按部就班，循次而進，百骸肢節，自有通貫，上下表裏，自不難聯絡，庶乎散者統之，分者合之，四體百骸，終歸於一氣而已矣。

二．二要論

天地間森羅萬象新陳代謝，未有一往而不返者也，亦未尚有直而不曲者也，蓋物有對待，勢有回還，今古不移之理也。常有世之論捶者，而兼論氣者矣，夫氣主於一，何分爲二，所謂二者，即呼吸也。呼吸即陰陽也。捶不能無動靜，氣不能無呼吸，吸則爲陰，呼則爲陽，主乎靜者爲陰，主乎動者爲陽，上升爲陽，下降爲陰。陰氣上行而爲陽，陽氣下行而爲陰，陰氣上行而爲陽，陰氣下行仍爲陰，此陰陽之所以分也。何爲清濁？升而上者爲清，降而下者爲濁，清氣上升，濁氣下降，輕清者爲陽，重濁者爲陰，而要之，陽以滋陰，陰以濟陽，混其用而言之，爲勁爲氣，分而言之，爲陰陽，即所謂人不能無動靜，口不能無呼吸，鼻不能無出入，而所爲對待循環陰陽不易之理也：然則氣分爲二，而實在於一，有志於斯途者，慎勿以是爲拘拘焉。

三. 三要論

夫氣本諸身，而身之節無定數，何分爲三，三節云者，上、中、下焉。以一身言之：頭爲上節，身爲中節，腿爲下節。以頭面言之：天庭爲上節，鼻爲中節，海底爲下節。以中節言之：胸爲梢節，腹爲中節，丹田爲根節。以下節言之：足爲梢節，膝爲中節，胯爲根節。以肱言之：手爲梢節，肘爲中節，肩爲根節。以手言之：指爲梢節，掌爲中節，掌根爲根節。至於足則不必論矣。然則自頂自足，莫不各有三節。要之，既莫非三節之所爲，既莫非著意之處。蓋上節不明，無依無宗，中節不明，渾身自空，下節不明，自家吃跌。豈可忽乎，至於氣之發動，要皆自梢節起，中節遂之，根節催之，然此猶是節節而分言之也，若合而言之，上自頭頂，下自足底，四體百骸。總爲一節，夫何三節之有哉？又何三節中之各有三節云乎哉？

四. 四要論

試於論身論氣之外，而進論乎梢者焉，夫稍者，身之餘續也；言身者初不及此，言氣者亦所罕聞。捶以內而發外，氣由身而達梢，故氣之爲用，不本諸身，則虛而不實，不行諸梢，則實而仍虛。梢亦可費講乎？然此特身之梢耳，而猶未及乎氣之梢也。四梢維何？髮其一也。夫髮之所繫，不列於五行，無關於四體，似不足論矣；然髮爲血之梢，血爲氣之海，似不必本諸髮以論氣，要不能離乎血而生氣，不離乎血，即不得不兼及乎髮，髮欲衝冠，血梢足矣。抑舌爲肉之梢，而肉爲氣囊，氣不能行諸肉之梢，即氣無以沖其氣之量，故必舌欲摧齒，而後肉梢足矣。至於骨梢者，齒也。筋梢者，指甲也。氣生於骨，而聯於筋，不及乎齒，即未及乎筋之梢，而欲足乎爾者，要非齒欲斷筋，甲欲透骨不能也。果能如此，則四梢足矣。四梢足而氣亦自足矣，豈復有虛而不實，實而仍虛者乎。

五．五要論

今夫拳以言勢，勢以言氣，人得五臟以成形，即由五臟而生氣，五臟實爲性命之源，生氣之本，而名爲心肝脾肺腎也。心爲火，而有炎上之象；肝爲木，而有曲直之形；脾爲土，而有敦厚之勢；肺爲金，而有從革之能；腎爲水，而有潤下之功；此乃五臟之義，而必准之於氣者，皆各有所配合焉。此所以論武事者，皆不外乎斯也。其在內胸膈爲肺經之位，而爲諸髒之華蓋。故肺經動，而諸臟不能靜。兩乳之中爲心，而肺包護之，肺之下，胃之上，心經之位也。心爲君，心火動，而相火無不奉合焉。兩肋之間，右爲肝，左爲脾，背脊十四骨節爲腎，此固五臟之位也。然五臟之繫，皆繫於背脊，通於腎髓，固爲腎。至於腰，則兩腎之本位；而爲先天之第一，尤爲諸髒之根源。故腎水足，而金木水火土莫不合顯生機，此乃五臟之部位也。且夫五臟存於內者，各有其定位，而具於身者，亦有其專屬，領頂腦骨皆腎是也。兩耳亦爲腎，兩唇，兩腮，皆脾也。兩鬢則爲肺，天庭爲六陽之首，而萃五臟之精華，實爲頭面之主腦，不啻一身之座督矣。印堂者，陽明胃氣之衝，天庭欲起，機由此達，生發之氣，由腎而達於六陽，實爲天庭之樞機也。兩目皆爲肝，而究之上包爲脾，下包爲胃，大角爲心經，小角爲小腸，白則爲肺，黑則爲肝，瞳子爲腎，實亦爲五臟之精華所聚，而不得專爲之肝也。鼻空爲肺，兩耳爲腎，耳門之前爲膽經，耳後之高骨亦爲腎也。鼻居中央之地，而爲土，萬物滋生之源，實乃中氣之主也。人中爲血氣之會，上沖印堂，達於天庭，亦至要之所。兩唇之下爲承漿，承漿之下爲地閣，上與天庭相應，亦腎經位也。領頂頭項者，五臟之道途，氣血之總會，前爲食氣出入之道，後爲腎氣升降之途，肝氣由之而左旋，脾氣由之而右旋。其繫更重而爲周身之要領。兩乳爲肝，肩爲肺，兩肘爲腎，四肢屬脾，兩肩背膊皆爲脾，而十指則爲心肝脾肺腎是也。膝與脛，皆爲腎也。而脚跟爲腎之要，湧泉爲腎穴也。大約身之所繫，凸者爲心，心窩者爲肺，骨之露處皆爲腎，筋之聯處皆爲肝，肉之厚處皆爲脾。像其意，心如猛虎，肝如箭，脾氣力大甚無窮，肝經之位最靈變，腎氣一動快如風。此其爲用也，用其經，舉凡身之所繫屬某經者，終不能無意焉。是在當局者，自爲體驗，而非筆墨之所能罄者也。至於生克制化，雖另有論，而究其要領，自有統匯，五行百體，總爲一元，四體之心，合爲一氣，奚必昭昭於某一經絡，而枝枝節節言之哉。

六、六要論

心與意合，氣與力合，筋與骨合，內三合也。手與足合，肘與膝合，肩與胯合，外三合也。此爲六合。左手與右足相合，左肘與右膝相合，左肩與右胯相合，右之與左者亦然。以及頭與手合，手與身合，身與步合，亦係外合。心與眼合，肝與筋合，脾與肉合，肺與身合，腎與骨合，亦係內合。豈六合而已哉。然此特分而言之也，總之一動而無不動，一合而無不合。五行百骸一在其中矣。

七．七要論

頭爲六陽之首，而爲周身之主，五官百骸莫不本次是賴，故頭不可不進也。手爲先行，根基在膊，膊不進則手而脚不可前矣，此所以膊貴於進也。氣聚諸腕，機關在腰，腰不進，而氣則餒而不實矣。此所以腰貴於進也，意貫周身，運動在步，步不進而意則索然無能爲矣。此所以步必取其進也。以及上右必須要進左，上左必須要進右，共爲七進，孰非所以著力之地歟，而要之未及其進，合周身而毫無關動之意，一言其進，統全體而俱無抽扯遊移之形也。

八．八要論

身法維何？縱橫高低進退反側而已。縱則放其勢，一往而不返，橫則裹其力，開拓而莫阻，高則揚其身，而身若有增長之勢，低則折其身，而身若有攢提之行，當進則進，彈其力而勇往直沖，當退則退，淩其氣而回轉伏勢。至於返身顧後，後即前也。側顧左右，左右無敢當我哉，而要非拘拘焉。必先察乎人之强弱，運吾之機關，有忽縱而忽橫，縱橫因勢而變遷，不可一概而推論。有忽高而忽低，高低隨時以轉移，不可執格而論。時而宜進，故不可退，以餒其氣。時而宜退，即當以退，而鼓其進，是進固進也，即退而實以助其進，若返身顧後，而後亦不覺其爲後也。側顧左右，而左右亦不覺其爲左右矣。總之，機關在眼，變通在心，而握其要者，則本諸身，身而前，則四體不令而行矣。身而却，則百骸自莫不冥然而處矣。身法豈可置而不論哉。

九．九要論

今夫五官百骸，主於動，而實運以步，步乃一身之根基，運動之樞紐也。以故應戰對敵，皆本諸身，而實所以爲身之底柱者，莫非步。隨機應變在於手，而所以爲手之轉移者，亦在步。進退反側，非步何以作鼓蕩之機，抑揚伸縮，非步何以示變化之妙。所謂機關者在眼，變化者在心，而所以轉彎抹角，千變萬化，而不至窘迫者，何莫非步爲之司命歟。而要非勉强以致之也。動作出於無心，鼓舞出於不覺，身欲動而步已爲之周旋，手將動而步亦早爲之催逼，不期然而已然，莫之驅而若驅，所謂上欲動而下自隨之者，其斯之謂欲。且步分前後，有定位者步也；然而無定位者，亦爲步。如前步進之後步隨之，前後自有定位矣，若前步作後，後步作前，更以前步作後之前步，後步作前之後步，則前後亦無定位矣。總之拳以論勢，而握其要者爲步，活與不活，亦在於步，靈與不靈，亦在於步，步之爲用大矣哉。

此捶亦名爲心意，蓋心意者，意自心生，拳隨意發，總要知己知彼，隨機應變。心氣一發，四肢皆動，足起有地，膝起有數，動轉有位，合膊望胯，三節對照，心意氣內三相合。拳與足合，肘與膝合，肩與胯合，外三相合。手心，足心，本心三心一氣相合，遠不發手，捶打五尺以內，三尺以外，不論前後左右，一步一捶，發手以得人爲准，以不見形爲妙。發手快似風箭，響如雷鳴，出沒如兔，亦若生鳥之投林，逢單敵，似巨炮摧薄壁之勢，眼明手快踴躍直吞，未曾交手，一氣當先，既人其手，靈動爲妙。見孔不打，見横打，見孔不立，見横立，上中下總氣把定，身足手規矩繩束，既不望空起，亦不望空落，精明靈巧，全在於活，能去能就，能柔能剛，能進能退，不動如山岳，難知如陰陽，無窮如天地，充實如太蒼，浩渺如四海，炫耀如三光，察未勢之機會，揣敵人之短長，靜以待動有上法，動以處靜有借法，借法容易上法難，還是上法最爲先。交勇者不可患誤，思誤者寸步難行。起如箭攢，落如風萎，蒿催烹絕於樓手，昏合閣迷中義路如閃電，兩邊抵防左右，反背如虎搜山。斬捶勇猛不可擋，斬梢迎面取中堂，搶上搶下勢如虎，好如鷹鷂下鶏場。翻江攪海不需忙，單鳳朝陽總爲强，云背日月天地交，武藝相爭見低高。步路一寸開把尺，劈面就去上右腿，進左步，此法前行，進人要進身，身手齊到是爲真，發中有絕何從用，解開其意妙如神。鷂子攢林麻雀翅，鷹捉小鳥勢四平，取勝四梢要聚齊，第一還要手護心。計謀施運化，霹靂走精神，心毒稱上策，手眼方勝人。何爲閃？何爲進？進即閃，閃即進，不必遠求。何爲打？何爲顧？顧即打；打即顧，發手便是。心如火藥，拳如子，靈機一動鳥難飛；身似弓弦，手似箭，弦響鳥落顯神奇。起手如閃電，閃電不及合眸；打人如迅雷，迅雷不及掩耳。五道本是五道關，無人把守自遮攔，左腮手過，右腮手去，右腮手過去，左腮手來，兩手束拳迎面出，五關之門關得嚴。拳從心內發，手向鼻尖落，足從地下起，足起快時心火作。五行金木水火土，火炎上而水就下，我有心肝脾肺腎，五行相推無差錯。

四十一、古傳論法

佔右進左，佔左進右。發步時脚跟先著地，脚以十趾抓地，步要穩當，身要莊重。捶要沉實，而有骨力，去是撒手，著人成拳。用拳拳要攥緊，用把把有氣，上下氣要均停，出入以心爲主宰，眼手足隨之去，不貪不歉，不即不離，肘落肘窩，手落手窩。右足當先，膊尖向前，此是換步。拳從心發，以身力摧手，手以心把，心以手把，進人進步，一步一捶，一枝動，百枝俱隨。發中有絕，一握渾身皆握，一伸渾身皆伸，伸要伸得盡，握要握得狠，如播炮捲得緊，綳得有力。不拘提打、按打、群打、烘打、旋打、斬打、沖打、鎊打、肘打、膊打、胯打、掌打、頭打、進步打、退步打、順步打、横步打以及前後左右上下百般打法，皆要一氣相隨。出手先佔正門，此之謂巧。骨節要對，不對則無力。手把要靈，不靈則生變。發手要快，不快則遲誤。舉手要火，不火則不快。打手要狠，不狠則不濟。存心要毒，不毒則不准。脚手要活，不活則擔險。存心要精，不精則受愚。發作要鷹捉勇猛，外靜膽大，機要熟運，切勿畏懼遲疑，心小膽大，面善心惡，靜似書生，動似雷發。人之來勢亦當審察。脚踢頭歪。拳打膀炸，窄身進步，伏身起發，斜行換步，攔打側身，括腿伸發，脚趾東顧，須防西殺，上虛下必實，著詭計，指不勝屈。靈機自揣摸。手快打手慢，俗言不可輕，的確有識見。

起望落，落望起，起落要相隨，身手齊到是爲真。剪子股，望眉斬，加上反背如虎搜山。三尺羅衣，掛在無影樹上，起手如閃電，打下如迅雷，雨行風，鷹捉燕，鷂攢林，獅搏免，起手時三心相對，不動如書生，動之如龍虎。遠不發手打，雙手護心旁。

右來右迎，左來左迎，此謂捷取。遠了便上手，近了便加肘，遠了使脚踢，近了便加膝，過近宜知。拳打膀炸，脚踢頭歪，頭至把勢，審人能教一思進，有意莫帶形，帶形必不贏。捷取人法，審顧地形，拳打上風，手要急，足要輕，把勢走動如猫行。心要整，目聚精，手足齊到定能贏。若是手到步不到，打人不得妙，手到步亦到，打人如蒿草，是以善拳者，先看地形，後下手勢，上打咽喉下打陰，左右兩肋中在心，前打一丈不爲遠，近者只在一寸間，身動時如山崩墻倒，脚落時如樹栽根。手起如炮直沖，身要如活蛇，擊首則尾應，擊尾則首應，擊中節則首尾呼應，打前要顧後，知進須知退，心動快似馬，臂動速如風，操演時面前如有人，交手時有人如無人。起前手，後手緊催，起前脚，後脚緊隨，面前有手不見手，胸前有肘不見肘，如見空不打，見空不上，拳不打空起，亦不望空落，手起足要落，足落手要起，心要佔先，意要勝人，身要攻人，步要過人，前腿似跏，後腿似忝。首要仰起，胸要現起，腰要長起，丹田要運氣，自頂至足，要一氣相貫。膽戰心寒，必不能取勝，未能察言觀色者，必不能防人，必不能先動。先動者爲師，後動者爲弟，能教一思進，莫教一思退。三節要停，三心要實，三尖要照，四梢要齊，明瞭三心多一力，明瞭三節多一方，明瞭四稍多一精，明瞭五行多一氣，明瞭三節不貪不歉，起落進退多變化，三回九轉是一勢，總要以心爲主宰。統乎五行，運乎二氣，時時操演，勿誤朝夕盤打，時時勉强，功用久而自然，誠哉是言，豈虛語哉？

附錄一：一心撲在太極拳事業上的人

——記武當趙堡太極拳第十四代傳人劉會峙先生

李萬斌

公元一九八六年十月三十日晚，湖北省丹江口市體育場燈火輝煌，人山人海。偌大個燈光球場門前已被人流擠得水泄，不透原來「特邀全國部分省市武術家和在廟道人來丹表演」正在此隆重舉行。故而轟動了丹江口市的各界人士和群衆紛紛前來觀賞，從而使這個新建的現代大型體育場熱鬧非常。應邀參加表演的有：著名老武術家、老紅軍、陝西省武協主席劉俠僧、老武術家武當火龍八卦掌傳人九十三歲高齡的呂紫劍、武當在廟道人八十五歲高齡的氣功大師朱誠德等……」他們都是幼小習武均有數十年的深厚純清的功夫和精湛的技藝，深受廣大群衆的歡迎與讚揚。

特別引人注目的是最後登場的一老一少，先是太極推手，老者用武當太極秘傳的絕妙腿法和巧採妙拿之術，使得那小夥連連翻跌於丈外。其後，老人乾脆也不動手脚，讓那小夥子隨意進擊，誰能料到在那壯小夥進擊的同時，只聽老者「哈」的一聲，那進擊老人前胸的小夥像觸電一樣，已仰面遠跌於地。當他從地上爬起只向老者背後偷襲，眼看即將得乘之際，又只聽老者「哼」的一聲，那壯小夥應聲又被淩空擲起摔落於地面。頓時全場觀衆掌聲雷動，盛讚長者武當太極紳功，真正以靜制動，暗不露形的「哼哈」二氣的淩空彈放，周身一太極，無處不太極，依那那兒發之的上乘功法和奇妙之絕技。這位年近花甲的老人就是武當趙堡太極拳第十四代傳人劉會峙先生。他把自己數十年如一日的勤學苦練所繼承的武當太極真諦純功和絕技首次公開表演，以奉獻給生他養他的故鄉。

劉老生於湖北均縣青山港一個文武世家，其尊祖父劉陶安是清代的「貢生」。至今健在年逾九十歲高齡的劉老祖母還親自告訴我們說她青年時代住湖北女子師範專科時，還親聽過陶安先生的講課哩！他老人家是桃李滿鄉里。劉老的四尊祖父在八十歲高齡之年若有興致時，還時而練練武舉所用的一百二十斤重的大刀哩！劉老的父親劉仲芳也是深得武當內家拳真諦并身懷絕技而不露的內家高手。一生教書行醫，佈善施道。他的醫術在鄉里遠近聞名，爲廣大群衆救死扶傷，不辭辛勞，不記報酬，治愈過許多疑難疾病，深受鄉親們的愛戴，劉會峙先生在父輩崇文尚武精神的熏陶下，五歲即隨父習文學武，練武當內家拳。轉八卦、習太極十三勢、站混元樁功。父親對其學習要求極嚴，特別是武德的教育更重於技。常常諄諄教導說：「習武必重德，學武重練功，要德藝兼修。」在幼小時，習武打礎基站樁，一站就是一柱香的功夫。因而他從小就在嚴父的要求下，苦練下了一身扎實的基礎功夫。爲後來他在參加革命部隊，在解放戰爭年代裏，轉戰南北幾十年，始終能保持健壯的體魄，爲革命作出了有益貢獻。不論在部隊還是轉業到陝西省文化局主管對外文化繁忙的外事工作活動中，他都未忘堅持習武和鍛煉，研究氣功和太極拳，故在氣功和太極拳的醫療健身方面取得了很好的成效。他幷以助人爲樂的精神，以氣功和太極拳爲許多人祛病、健體解除了疼痛。劉老勤奮好學，尤重德藝兼修，故而德高藝精。更有强烈的事業心和高度的責任感，幾十年如一日的發展武術運動，傳藝育人，不辭辛勞。爲進一步搞好挖掘、繼承，整理和發揚武當內家拳，特別是古傳武當太極拳趵精髓和真諦，於一九七四年他拜武當趙堡太極拳十三代名師侯春秀爲師，被侯春秀先師選爲入室高足，成爲十四代傳人。但劉老總是謙遜地說，「在知識的海洋裏，個人所知總是極少極少，而不知道的却又是很多很多。何況人外有人，山外有山，天外有天哩！活到老，要學到老，在知識和群衆面前，我們始終是個小學生！」劉老把自己的精力都用於宏揚民族瑰寶，努力造福人類之上了。

武當趙堡太極拳爲武當張三丰所創。它講究以意承先，因循爲用，順勢借力，四兩撥千斤。以柔克剛，剛柔相濟，以防爲主，防中寓攻。起落進退，騰閃圓轉，意領身隨，處處皆靈。虛領頂頸，沉肩墜肘，鬆腰落胯，捲尾斂臀．刻刻腰間，後突命門，對拉拔長，進有後撐。氣沉丹田，循環周天，意氣運轉，鼓蕩無間。含胸拔背，氣貫周身，寓於無形，保健防身。旋轉乾坤，太極功純，出其不意，抖接入榫。分筋挫骨，節拿抓閉，分寸毫厘，切切慎用。武當授真，冷脆快狠，八法能明，歸於正宗。三節九曲，陰陽奧蘊，貴在知變，動即法生。動知往返，折迭寓中，必於挫之，斯根自斷．太極上乘，哼哈淩空，混元一體，處處太極。陰陽五行，七星八卦，四明八法，融會貫通。武當太極三層功，實乃爲重輕空。重不如輕，輕不如空，空空洞洞悟真功。

名師出高徒，在侯先師的嚴傳身教下，經緊隨侯師身邊細盤調架子三年，站柱、盤招、推手、散手，加之他心細聰穎好學又有武功基礎，循序漸進，十幾年如一日的隨師苦學勤研，悟通幷掌握了武當趙堡太極拳的拳經、歌譜、秘訣等理論和高妙的絕技，運用起來從心所欲，恰到好處。故而深得侯先師的憐愛，成爲侯先師的承徒和高足，成爲武當趙堡太極拳真正傳人。在老師的口授下，劉老整理編著了《武當趙堡傳統三合一太極拳》一書，從而使這一古老而完整的瑰寶留給人民和後代。劉老練拳以意行氣，以氣運身，內功深厚，身法中正，不偏不倚，剛柔相濟，沉穩厚渾。武當趙堡太極自古以來，以靜鬆正穩，輕靈圓活，勻均沉緩，冷脆快狠而著稱。他和人推起手來，輕靈圓活，勁道變化萬端，。以柔克剛，順勢借力，連招串用，巧採妙拿，抖捌彈發，含而不露，捨己從人，引進落空，使對方在無察中失掉重心　而顛栽或淩空跌出丈外，真是奧妙無窮。其運用起「纏跪挑撩劈壁掛蹬」密腿八法來，真是異常自如，得心應手。其哼哈二氣的淩空勁無形發放乃更叫人莫測高深，正如八五年國際武術邀請賽在西安舉行期間，十六國家和地區的武林同道與西安形意八卦散手研究會三次交流劉老曾顯露過的武當太極秘傳腿法絕技一樣，受到了同道們的高度讚揚。交流會後，他們異口同聲的稱道，「中華武術的真諦在民間」。

劉老不僅身懷絕技，更注重於太極拳理論的研究，在太極「順勢借力、引進落空、四兩撥千斤」理論的基礎上，經多年的實踐探索，他提出了「極限加一」的理論。從而使太極拳理論上升到了一個新的、科學的高度，爲太極拳理論的發展做出了新的貢獻。他又不遺餘力，四處奔波，訪問、考查、擦閱了大量文獻資料，分析，比較和研究太極拳發展史問題，解决了太極拳史中的許多疑難問題。指出太極拳己具六百多年的歷史，實爲武當丹士張三丰所創。劉老自八三年離休後，一心撲在太極拳事業上，除將他繼承全面、體會深刻的武當趙堡太極拳著書立說外，他還應邀爲許多刊物撰寫論文，如《武當》八七年一、二、三、四期和八八年第一期發表的劉老有關趙堡太極拳的文章，就受到了武術界極大的關注。他已曾兩次應邀四返武當山故里去作交流表演，特別是八七年六月盛況空前的武當武術首屆擂臺邀請賽，受到了行家們的稱道。爲了發揮自己的餘熱，他還擔任了西安形意八卦散手研究會和西安武當趙堡太極拳研究會的副會長以及武當山武當拳法研究會的顧問。劉老不顧年事已高，多次應聘於西安冶金建築學院、西北工業大學、西北大學、西安交通大學等高等院校講授太極拳史及舉辦武當趙堡太極拳訓練班，傳授武當拳法之真諦，盡力推廣高校太極拳運動，增强了這些院校師生的身體健康，使古老的武當太極拳進入高等學府，使其在古城西安的教育界和知識層內開花結果，爲人類造福，爲發揚中華武術作出了貢獻。正像他說的那樣：「我願把這束武壇奇葩，具有六百多年歷史的武當太極之花，盛開於祖國神州大地和世界各地」。

原載《武當》雜志一九八九第二期

附錄二：

一代宗師出均州

——記武當趙堡傳統三合一太極拳第十四代傳人劉會峙大師

本報記者 葛景華

六十一歲的劉會嶼先生是武當文化武術節第一個報到的武術名家。十一月四日，記者在武當山鎮一家設備簡陋的旅社裏採訪了他。

劉先生目光炯炯、精神抖擻，毫無花甲之年的龍鍾之感，一看便是個「練家子」。劉先生現爲武當山武當拳法研究會等三個武學研究機構的顧問，又是西安形意八卦散手研究會和西安武當趙堡太極拳法研究會的副會長。在武術實踐和武學理論上造詣深厚，著述頗豐堪稱北派太極的一代宗師，而劉先生卻毫無「名家」之派頭，謙遜隨和，平易近人。

劉先生是丹江人，一九三零年夏，他降生在古均

丹江口報

DANJIANGKOU BAO

第234期 1991年11月8日 辛未年十月初三 星期五

中共丹江口市委主办 国内统一刊号：CN42—0058 代号37—65

一代宗师出均州

——记武当赵堡传统三合一太极拳第十四代传人刘会峙大师

本报记者 葛景华

州青山港的一個私塾教師家庭，父親劉仲芳崇文尚武。是位深得武當內家拳真諦并身懷絕技而不露的內家高手。劉先生幼時體弱多病，他五歲時，其父就教他習練太極樁功，三九三伏，雨天雪地，經年不輟，爲日後打下了堅實的武功基礎。他天資聰穎，敏而好學，其父遂傳之太極十三勢，後轉習八卦、練混元氣功；十一歲時，日本人打到離青山港三十里的三官殿。戰亂逃難中，他仍堅持習武練功。

一九四八年，十八歲的劉會峙參加了中國人民解放軍，開始了嶄新的生活。在倥傯的戎馬生涯中，依然忙裏偷閑，堅持不懈地習練。轉業地方後，許多老戰友驚奇的問他——你功夫那麽高，怎麽沒有見你練！他微微一笑——偷偷練的，這足見他的持之以恒。

習練內家武功，使劉先生深受裨益。他的球後視神經炎及中風偏癱、失語等暴篤疾病全愈了，這更激發了他對功法及理論研究的興趣。近年來，他整理出版了《武當趙堡傳統三合一太極拳》等專著，挖掘了武當內養採光功等獨門功法，并辦班授功，使之益受於廣大群衆，在全國響很大。

一九七四年，劉先生幸遇武當趙堡太極拳第十三代傳人、身懷絕技的侯春秀。經過「一不授不忠不孝不義之人；……九不傳好事好狠鬥勇人；十不傳歹人」等「十不傳」師說的多方考查，侯春秀收他爲入室弟子。劉先生爲人誠摯忠厚，對武功朝夕捶練，深研不輟，深得師傅的器重和賞識，終以得師耳提面命、口傳心授，并將共神妙莫測、精奧難窮的武當太極看家絕學——上、中、下三盤秘技、明暗腿之八法秘訣和無形無象、全身透空的哼哈二氣絕技全盤傳授於他。

劉先生身懷絶技而武德高尚，他從陝西省文化廳離休後，創辦武當內養採光功訓練班，後中國老年報社及陝西省氣功科學研究會聯合邀他傳功授徒，治愈各種眼疾數十例，深受群衆擁戴。

少小離家老大還，幾十年來，劉先生先後回來四次，給家鄉人民帶來了珍貴的禮物——武當內養採光功就是首次在丹江口市披露的。

劉先生談風頗健，他認爲，武林同道既然以强身健體、益壽延年爲宗旨，就應摒棄門派之見，携手并進，共同挖掘祖先寶貴的武術遺産，服務於廣大人民群衆。

採訪結束時，劉先生拿起他新著的《武當趙堡傳統三合一太極拳》一書説：「武當山的道教武術、文化滋養了我，我的根在武當，這本書是我獻給家鄉父老的薄禮。」

見《丹江口報》第二三四期
一九九一年十一月八日　辛未年十月初三　星期五
中共丹江口市委主辦
國內統一刊號：CN四二—〇〇六八
代號：三七——六五

附錄三：

武當情深

——著名太極拳家劉會峙先生側記

朱道瓊

當代著名太極拳家劉會峙先生，是張三丰太極拳一代傳人，他不僅全盤繼承了老師口傳心授的秘訣，是養生健身的極大受益者。也是武當拳法的積極耕耘者。筆者與其交往有年，深深傾慕其德技，故作側記，以表真情。

中和立根基

一九三零年六月廿四日，劉會峙出生在武當山下青山港一個文武世家。其父劉仲芳崇文尚武，以私塾爲業。清末，一位武當山道長傳授他武當內家拳法，深得真諦，懷絕技而不顯露。

劉會峙在武當背景和父輩崇文尚武環境熏陶下，五歲隨父習文學武，習練太極樁功、轉八卦、武當內養採光功、太極十三勢等武當內家拳法，三九三伏，雨天雪地，十年不輟。由此，告別了體弱多病的童年，進入了精力旺盛、朝氣蓬勃的少年。在教拳藝時，其父更注重品德教育。談及此事，現已年逾古稀的劉會峙老師仍十分感慨。幼時，其父在他房間裏書寫條幅作爲座右銘。其一：涵養怒中氣，提防順口言，當心忙裏錯，愛惜有時錢。其二：言出如箭不可亂發，一入人耳有力難拔。可以說。父親留下的座右銘，伴隨著他度過幾十年平靜平安的生涯。這種樸實無華的爲人之道，表面上看，明顯烙有那個時代的印記；其實，蘊含有道家深刻的哲理——中和。《道德經》曰：「中（冲）氣以爲和。」

正是幼年練武重習德的良好教育，奠定了他人生的良好基礎。一九四八年，他十八歲參加中國人民解放軍，一九四九年畢業於陝南公大。歷任分隊長、隊長等職，一九五二年曾爲郭沫若《消滅細菌戰》一劇主題歌譜曲，爲全軍所採用。一九五五年轉業地方，任陝西省文化局外國文化藝術團體接待辦主任，現爲陝西省文化廳離休幹部，西安市武協委員、教練，武當山武當拳法研究會等群衆武術團體顧問。但凡與劉會峙老師接觸過的記者、武林同道、學生等等，都被他那誠摯忠厚、謙遜隨和、平易近人、名人不「派頭」的品德所感動，被他那尊師重教，繼承發揚張三丰太極拳的真誠赤熱之情所打動。正因如此，他才能成爲登堂入室的武當真傳弟子。

因禍得太極

那是「文革」的畸形歲月，身爲陝西省文化廳幹部的劉會峙，被劃爲「劉鄧黑綫人物」下放陝西農村。這一沉便是十餘年。正是這場災難，因禍得福，確立了他後半生的人生道路。

一九七三年，他步入不惑之年不久，在惡劣生活環境和痛苦心境的雙重折磨中，他身體病變接踵而來，先是患雙眼球後視神經炎，視力爭驟下降。右眼十．十二、左眼十．十六，手掌放在眼前竟分不清五指，雖經著名眼科大夫醫治，仍收效甚微。在焦急中突然想起父親傳授的武當內養採光功，於是便在病榻上練了起來。又在家人照顧下偷偷到蓮湖公園習練，經數月練功，視力恢復很快。後來雙目視力奇迹般達到一．五，至今看書寫字都不用戴眼鏡。真是禍不單行，當視力還未完全恢復時，又發生腦意外，不幸中風失語。此刻他想到的依然是自救，仍然堅持在蓮湖公園練功，期望通過練功恢復健康。

一九七四年，正是在革命公園幸遇恩師侯春秀。侯老師爲民間隱士，是武當趙堡太極拳第十三代傳人，盡得武當內家拳精髓，身懷絕技而無人知曉。經一段時間的交往、考察，侯春秀覺得劉會峙天資聰穎，敏而好學，確係忠孝知恩者、心氣平和者、守道不失者、真以爲師者、始終如一者。完全符合「可將全體大用之功授之於徒」的條件，遂接納爲武當內家拳入室弟子。經老師耳提面命，口傳心授，劉會峙盡得全體大用之功。由此可知，武當真傳往往是擇徒而傳，據說有「寧可失傳，不可誤傳」之戒律。

七十年代，他每天都在蓮湖公園練拳，有一位貧寒的不速之客，一連數日默默不語地看著他，又不動聲色的離去。當那人確認他倆掌握的是同宗真功時，才開始真誠地交談。原來那人叫金立貴，是一位傳奇人物。早在中央國術館時就學會了武當內家拳，由於主持正義、高風亮節，有人說他是共産黨。一九三六年金立貴同溫敬銘、劉玉華等組隊，參加在柏林舉行的奧運會武術比賽。在此次國際大賽上，金立貴打敗了著名的德國大力士，使中華武術名聲大震。希特勒聞訊後，專門找他合影留念。因爲這段歷史，金立貴就成了有嚴重政治歷史問題的反動派。雖身懷絕技却派不上用場，一直過著窘迫的生活。他不忍心民族瑰寶被淹沒，到西安來尋訪知音，結果同老紅軍劉俠僧、老幹部劉會峙結下不解之緣。

侯春秀恩師根據劉會峙潛心靜志、躬行不輟習練拳功的進展情況，不斷地單獨教誨，將其神妙莫測精奧無窮的武當太極拳上中下三盤秘技、明暗腿之八法秘訣和無形無象、全身透空的哼哈二氣絕技，全盤傳授給他。還把多年秘藏的文獻資料出示給會峙，使其成爲全面掌握張三丰太極拳繼承架拳功的當代傳人。侯春秀恩師再三叮囑：「得之武當應歸還武當。」這已成爲劉會峙先生的人生夙願。

反哺獻真情

劉會峙先生多次重返故里傳播武當內家拳。談及武當張三丰太極拳及其偉大貢獻，吐辭滾滾，滔滔不絕。二零零零年春天，隨著新世紀的脚步聲，他再次回到故鄉——丹江口市（原均州），受到家鄉親人的盛情接待。雖說是「少小離家老大回，鄉音無改鬢毛衰」，然而，親朋相聚似孩提，笑問「道童」何處來？親情正濃，一時興起，會峙吟出聯語一幅：天高山高武當高，山親水親武當親。

是啊，一九八七年武當山的首屆擂臺賽他回來了，把鮮爲人知的張三丰太極拳繼承架生動地展示給觀衆。并在本年度《武當》第一、二兩期上發表了「武當趙堡太極拳的源流及特點」和「七十五式」套路圖解。首次向世人公佈武當太極拳歷代承傳譜系。上自開山祖師張三丰，下至人們所熟知的當代著名太極拳家，這是前所未有的壯舉。應筆者之邀，演示他秘而不宣的無形彈放真功，每當青年武術運動員向他攻擊的一瞬間，都遭到跌出丈餘的結果。使我們親眼目睹了黃梨洲《王征南墓志銘》中所記錄的「以靜制動，犯者應手即仆」的場景。驚詫之際，他談及這種功夫的來歷：三丰祖師創拳的本意是「欲今天下豪傑延年益壽，非徒作技藝之末也」。無形彈放的技擊能力，似乎是養生之道的「副産品」，練習方法得當，會自然而然産生，非刻意追求之所得。當他具備這種能力時，自己并不知道。有次陪客人在西安街頭散步，一位青年騎自行車過快，突然撞住劉會峙小腿，還沒弄清是怎麽回事，那青年竟連同單車被彈出丈餘。那青年爬起來急忙跑來看望老者是否受傷，發現他僅在小腿處褲子上留下一段直直的車輪灰印。他除告誡青年日後多加小心外，才發現自己的功夫已經上身了。

一九九一年，他應邀回武當參加「首屆中國湖北武當文化武術節」，并向家鄉奉獻出專著《武當趙堡傳統三合一太極拳》，榮獲優秀奬證書。

一九九二年，他支持《武當》雜志舉辦「武當內養採光功」函授班，廣東、廣西、湖北、四川、江蘇、陝西、寧夏、甘肅、深圳等省區患有眼疾的學員，通過函授收到很好的效果，使許多斜視、弱視、散光、近視眼患者，逐漸恢復了一雙雙明亮的眼睛。他共收到來信六千餘封。此功奇效，引起醫學界的關注，有的眼科專家已表示願與劉先生合作，共同進行深入研究。一九九二年一二月，在西安市科技館成立「武當內養採光功研究會」，陝西省人大副主任毛生銑同志出席并講話。劉會峙擔任該研究會主任，正式接收在西北大學執教的日本籍老師町田勝重先生和山中倭子女士爲徒，會上舉行了拜師儀式，按中國傳統，兩位日本弟子向劉老師送交拜帖。

早在一九八五年，舉行西安武術國際邀請賽，西安形意八卦散手研究會的趙文華、劉會峙、孫豹隱、付文璽、黃國亮同外國朋友進行武術交流，英國、泰國、西班牙、美國、法國、香港、澳門的運動員和教練員看後讚嘆不已，得出「中華武術的真諦在民間」的結論。衆所周知，沒有真功夫是不敢掛「散手」招牌的，而他們是全國第一家。

劉會峙這次回到家鄉，一是想正本清源，還武當本來面目，把他練的張三丰繼承架太極拳，正式定名爲「武當張三丰太極拳」；二是利用繼承架傳統，整理出便於普及推廣的「三十六式三丰太極拳」，奉獻給家鄉。

一九八七年，武當山武當拳法研究會召開部分武當拳名家座談會，劉會峙老師說過這樣一段話：

「……在海外的炎黃子孫對武當內家拳，都有深厚的感情。每逢四月初九，無論哪個流派都要舉行盛大集會，紀念張三丰誕辰。武當山是內家拳的發祥地，希望家鄉能辦學校、辦訓練班，在座的武當拳法傳人獻資料、獻套路、獻拳藝，回來受聘傳經，培養自己的骨幹隊伍。外國人要學，請到我們武當來，讓人家看看真正的中國武當武術」（見《武當》一九八七年第四期）。十幾年過去了，劉會峙仍然保持著同樣的心情。他是那樣說的，也是那樣做的。

《武當》二零零一 九期

附錄四：

劉會峙：將張三丰太極拳展示於衆

文、圖／記者海月實習生蒙媛

「今年四月，得知第三屆世界傳統武術節的舞臺設在我的故鄉十堰，我感到萬分高興！」目前，遠在西安的劉會峙接受記者電話採訪時，仍掩飾不住激動的心情。他說，這是夢寐以求的北京奧運會之後，我國迎來的又一件大喜事。

劉會峙五歲即隨其父學文習武，練習武當內家拳，轉八卦，習太極十三式，練武當內養採光功，勤學苦練成就了一身扎實的武功。由於他尊師重道，爲人誠懇忠厚，且聰穎過人，師傅將神秘莫測的武當太極拳絶學全盤傳授給了他。一九八七年，劉會峙應邀參加武當山首屆武術擂臺賽，將鮮爲人知的張三丰太極拳展示給觀衆，并首次向世人公開了武當張三丰太極拳歷代傳承譜系，引起轟動。

劉會峙認爲，武術節是發掘、弘揚和繼承世界傳統武術的一個平臺，必將更好地造福人類。

他說，少林以拳勇而聞名。武當則以三丰祖師所創內家拳而聞名天下。「張三丰

劍立科學的、獨有的、能以自我鍛煉的方法，達到強腎、養心、補腦、開發人體自身的潛能，從而實現養生、強身、健體、益智、益壽的目的。」劉會峙希望通過本屆武術節，讓全世界的人都能真正認識到張三丰所創太極拳的文化魅力。

談及武當武術發展時，劉會峙說，爲保護張三丰所創武當太極拳的知識產權，建議當地有關部門儘快尋求申報武當武術非物質文化遺產知識產權保護。「這樣，武當不僅以秀麗風景和獨特古建築而聞名天下，還將以張三丰祖師創立的優秀文化遺產而屹立於世界文化之林。」

《十堰晚報》二零零八年十月廿六日　星期日

附錄五：劉會峙老師給上海世博盛會的獻辭等

给上海世博盛会的献辞

世博盛会定上海，五洲朋友神州来。
中华民族展辉煌，华夏儿女豪情迎。
劳动智慧创新奇，和平盛世显神威。
世博科技交流展，互利双赢促和谐。

同陈毅元帅一起钓鱼有感

1960 夏

自把钓竿后，其乐在水涯。
不为鱼得失，只爱浪淘沙。

注：陈毅元帅是上海解放第一任市长，适逢上海世博盛会。特将1960年夏天，陈毅元帅当时荣任国务院副总理兼外交部长，出国访问东南亚多国，回国来到陕西西安期间，稍示休息并对陕西进行考察，驻中共陕西省委第二招待所。我能与陈毅元帅一起钓鱼是人生中永生难忘的一件幸事，当时曾写小诗一首，请元帅斧正，而今不揣冒昧的将其献出并公诸于世，诚表对陈毅老帅的崇敬与缅怀。（2010 年夏刘会峙）

写于陕西省委第二招待所

给 2008 北京世界奥运盛会的献辞

世界奥运定北京，北京牵动世人心。
北京奥运高美精，五洲健儿神州亲。
中华民族的辉煌，华夏儿女之豪情。
只为团结护和平，造福人类献丹心。

格言：

勤奋是学业、事业、创业、立业、立人的根本。

练浩然之正气，悟太极之奥蕴。

人生最亮丽的颜色是爱心。爱心即德心，爱心德心是人类最崇高的品质。

涵养怒中气，提防顺口言，当心忙里错，爱惜有时钱。

刘会峙，1930 年 6 月 24 日出生在湖北省均县青山港一个文武世家。中共党员，大学学历。陕西省文化厅离休干部。1949 年毕业于陕南公大行政高级系，同年 5 月参加中国人民解放军，历任分队长，队长等职。1952 年抗美援朝时，曾为郭沫若所写“消灭细菌战”一剧谱曲作主题歌，为全军、全国所用。1955 年转业到陕西省文化局工作，曾任外国文化艺术团体接待办公室主任。1974 年拜民间隐士身怀绝技的武当赵堡传统三合一太极拳第十三代名师侯春秀为师。1987 年应邀参加武当山首届武术擂台赛，将鲜为人知的张三丰太极拳展示给观众，并首次向世人公开了武当张三丰太极拳历代传承谱系。整理出版了《武当赵堡传统三合一太极拳》、《武当养生长寿功(以称武当内养采光功)》、《诗词·格言》等著作。其事迹先后被载入《中华武术大词典》、《中国民间武术家名典》、《武当武术名家大典》、《中国大百科专家人物传集》、《世界优秀专家名典》荣获世界优秀专家荣誉称号。被载入《中国精神文明大典》、《共和国功勋人物志》、《共和国六十年功勋文艺家》并授予“共和国60年功勋文艺家”荣誉称号。荣获“中国百佳名人”荣誉称号并被授予“中华名人杰出成就”金奖，同时荣获“民族之光”奖。在入编《中国当代诗词·格言名家精品集》一书活动中，被评为特等奖，同时被授予“中国当代文学之星”荣誉称号。还荣获“世界武林联盟长老”荣誉称号。现任世界华人文化名人协会副会长，中国当代艺术协会名誉主席。

羅名花簡介

羅名花　女　師從著名武術家張桐和馬賢達先生。現任長安大學體育部副教授，西安市武術協會委員、陝西省武術協會委員、國家武術一級裁判，武術六段。曾獲第五屆全國大學生運動會體育道德風尚獎裁判員稱號，多次榮獲長安大學教學優秀獎和被評爲優秀教師，曾任西安神州武術院常務副院長，二零零六年五月被世界武術聯盟授予教授團教授稱號。

一九六七年入西安市體育場武術隊開始訓練，一九六八年正式拜著名武術家張桐爲師，從事系統的專業武術學習，先後獲得一九七四—一九七六年西安市武術比賽全能冠軍，一九七四—一九七八年陝西省武術比賽全能亞軍、季軍及單項冠軍。一九七八年二月考入西安體育學院運動系武術班，一九八一年十二月以優秀的成績畢業，獲體育教學學士學位。

二十多年來一直從事高校武術專項教學和科研工作，曾先後發表論文二十多篇，著作五部（合著），著有專著《太極拳技擊實踐》一書。「探究特徵 定義武術」一文，在二零零五年五月榮獲北京大學首屆「中華武術國際論壇優秀論文獎」。在擔任本科生體育基礎課教學的同時，還擔任本科生社會體育專業學生的武術課程、研究生的武術選修課，留學生武術課，以及武術代表隊運動員的教練和培訓工作。

李萬斌簡介

李萬斌 男 一九五九年一月生，陝西永壽人，一九八一年畢業於西安體院武術專業班，國家武術套路、散打一級裁判，武術六段。師從著名武術家王繼武、馬賢達、劉會峙先生，長期從事體育教學和武術科研工作，高級教師，曾被評爲長安大學雙十佳體育工作者。

一九八九年以來，先後在《中華武術》、《武當》、《武術健身》、《武林》、《精武》、《中國太極拳》、《武魂》、《少林與太極》、《太極》等雜志發表論文數十篇，其《武術概念之研究》、《陳氏「新架」與「趙堡架」太極拳源流研究》、《太極拳史研究的最新突破——明代山西王宗岳家族譜系被發現》都是較有影響的論文。著作有《太極拳技擊實踐》及與他人合著《太極拳源流與發展研究》、陝西省高級中學課本《體育》、《體育與健康》多部。